U0554252

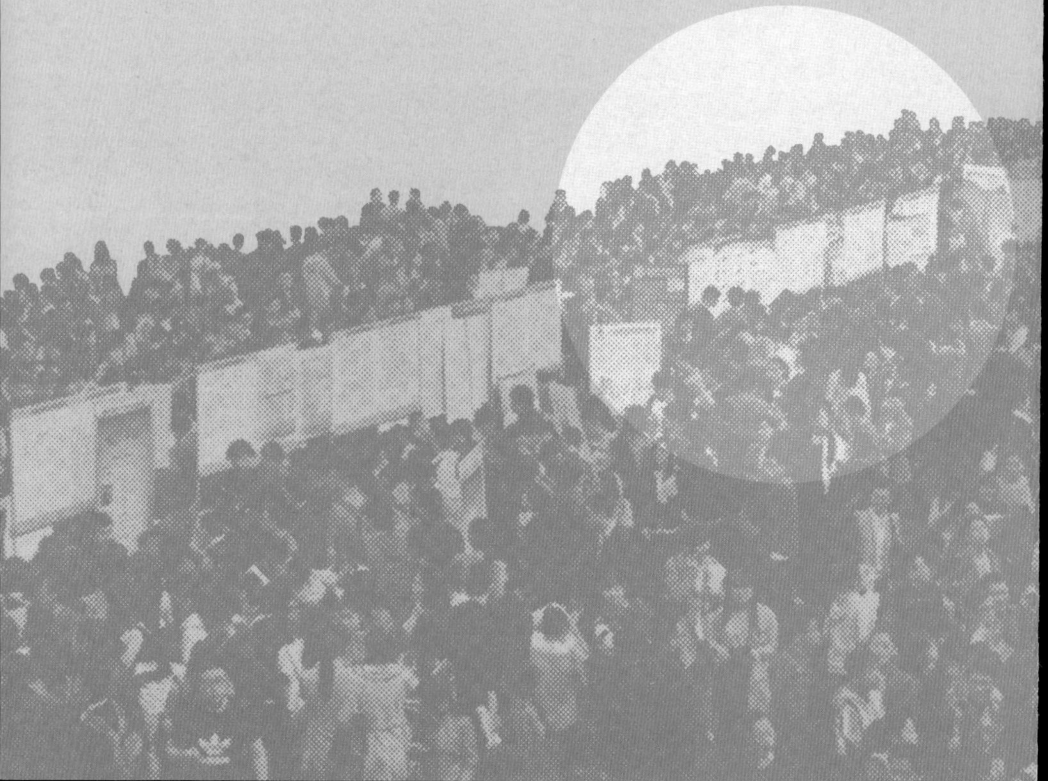

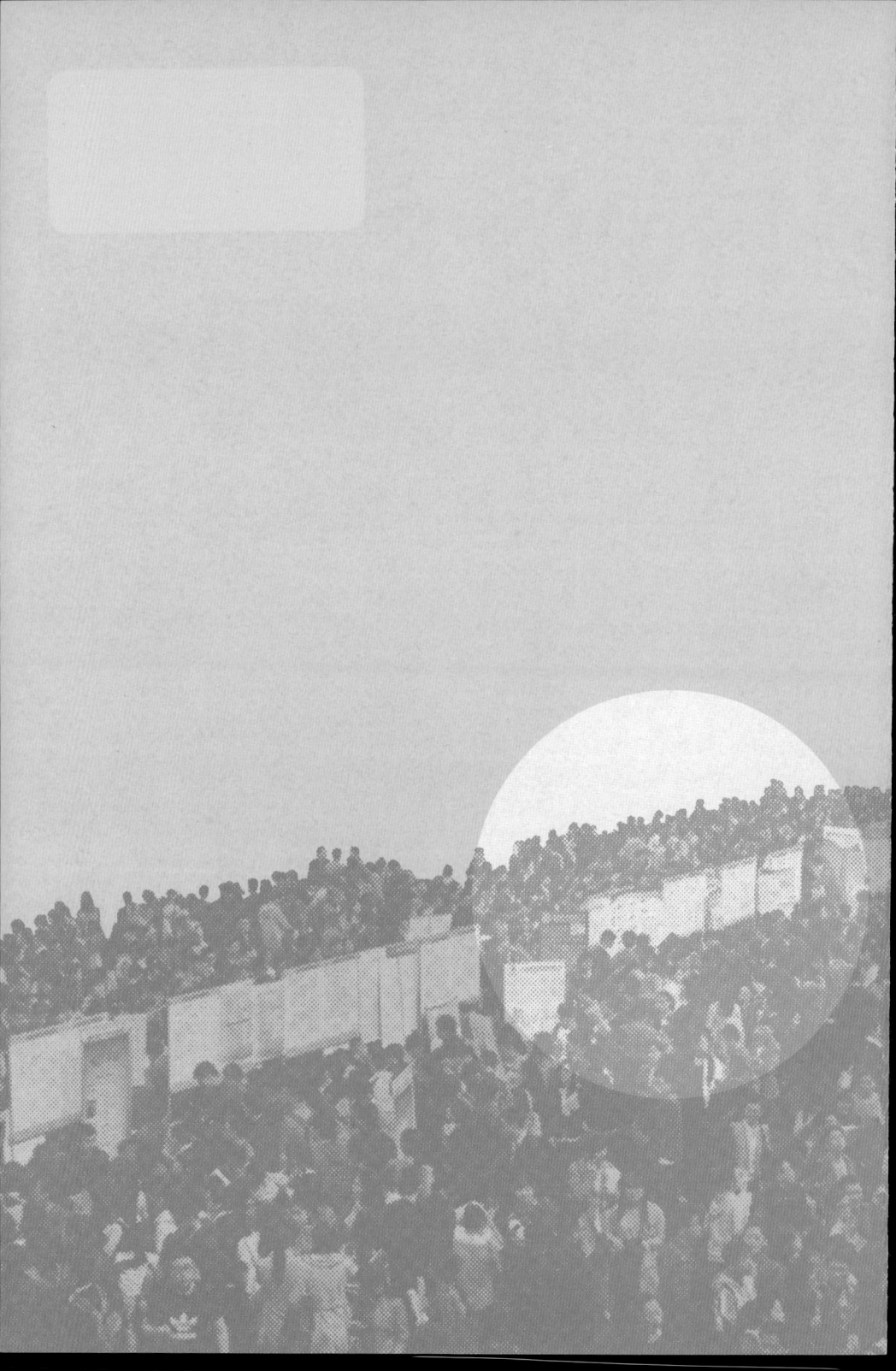

我的二本学生

My Students

黄灯 著

人民文学出版社

图书在版编目(CIP)数据

我的二本学生/黄灯著.—北京：人民文学出版社，2020(2025.8重印)
ISBN 978-7-02-016187-4

Ⅰ.①我… Ⅱ.①黄… Ⅲ.①纪实小说—中国—当代 Ⅳ.① I247.5

中国版本图书馆CIP数据核字(2020)第064684号

责任编辑	樊晓哲
装帧设计	崔欣晔
责任校对	李晓静
责任印制	王重艺

出版发行	人民文学出版社
社　　址	北京市朝内大街166号
邮政编码	100705

印　　刷	侨友印刷（河北）有限公司
经　　销	全国新华书店等

字　　数	197千字
开　　本	880毫米×1230毫米　1/32
印　　张	8.5　插页3
印　　数	180001—185000
版　　次	2020年8月北京第1版
印　　次	2025年8月第28次印刷

书　　号	978-7-02-016187-4
定　　价	45.00元

如有印装质量问题，请与本社图书销售中心调换。电话：010-59905336

目　录

序言　看见他们　　　　　　　　　　001

一　在龙洞　　　　　　　　　　　　001
　　39路公交　　　　　　　　　　001
　　租住者　　　　　　　　　　　004
　　另一个龙洞　　　　　　　　　016
二　公共课　　　　　　　　　　　　019
　　来到课堂　　　　　　　　　　019
　　作业完成者　　　　　　　　　022
　　期末试卷　　　　　　　　　　033
三　班主任（062111班）　　　　　　043
　　迎接新生　　　　　　　　　　043
　　四任班长　　　　　　　　　　048
　　夹缝中的光芒　　　　　　　　056
　　分化已经开始　　　　　　　　074

	对照记	091
四	"导师制"	098
	刘婉丽	101
	徐则良	120
	李沐光	135
	子然和芳坤	148
五	班主任（1516045班）	168
	来到九零后身边	168
	两份名单与网络原住民	174
	乡村留守女生	182
	历史的尘埃飘过课堂	194
	"从未想过留广州"	207
六	广东学生	212
	潮汕女孩	216
	深漂二代	239

序言　看见他们

读者即将翻开的这本书，其实是一本教学札记。换言之，本书更像普通高校教务处要求老师提供的教学反馈，我不过用另一种语言、另一种形式，表达了对多年从教经历的审视。

1995年，我毕业于湖南一所地方院校，按今天的划分，也算是二本院校的学生。2005年，我博士毕业，进入广东F学院当了一名教师，见证了八零后、九零后两批年轻人的成长。我的人生经验，包含了双重视域下的自我成长和见证他者成长的参差图景，这种亲历，伴随对现实的体察和感慨，让我直观地感受到一个问题：短短二十多年，那些起点像我一样的二本学生，到底面临了怎样的机遇和挑战，又承担了多少不为人知的压力？通过念大学，他们在立足社会的过程中，在就业、深造、定居等具体的人生节点，是否如我一样，总能倚仗高等教育提供的屏障，越过一个个在今天看来无法逾越的暗礁？

我的教育工作，为我提供了审视这一问题的机会。从保留的学生名单看，我教过的学生多达四千五百多名，无数课堂课后的近距离、不间断的师生交流，让我充分接触到一个群体，并真正看见他们。细数我的从教日常工作，也无非就是教公共课、当班主任、以导师制的形式私下里带学生，参与日常的教学、教研活动，辅导学生的学年论文、毕业论文、三下乡实习、挑战杯项目，给各类比赛当评委，随时接受学生的求助和咨询等，但这种琐碎、立体的职业体验，却让我获得了诸多见证学生群体成长的维度。随着时光的推移，以及对学生毕业后境况的跟踪，我深刻意识到，中国二本院校的学生，从某种程度而言，折射了中国最为多数普通年轻人的状况，他们的命运，勾画出中国年轻群体最为常见的成长路径。

众所周知，在大众化教育时代，越来越多的年轻人获得机会接受高等教育，但不可否认，只有少数幸运者能进入几十所光彩夺目的重点大学，更多的则只能走进数量庞大的普通二本院校。以我任教的广东F学院为例，尽管学校处于经济发达的广东地区，但从生源而言，接近一半来自广东的粤北、粤西和其他经济落后区域。我的学生，大多出身平凡，要么来自不知名的乡村，要么从毫不起眼的城镇走出，身后有一个打工的母亲，或一个下岗的父亲，和一排排尚未成人的兄弟姐妹。务农、养殖、屠宰、流连于建筑工地，或在大街小巷做点小生意，是他们父母常见的谋生方式，和当下学霸"一线城市、高知父母、国际视野"的高配家庭形成了鲜明对比。尽管在高校的金字塔中，他们身处的大学毫不起眼，但对于有机会进入大学的年轻人而言，他们可能是村里的第一个大学生，是寂寥村庄的最亮光芒和希望。来到繁华的都市后，他们对改变命运的高考充满了感激，并对未来摩拳擦掌、跃跃欲试。

他们来到大学的路径，完全依赖当下高考制度提供的通道。在应试教育的机制里，他们一律经过了紧张的课堂教学、题海战术、千百次考试的淬炼，从高考中艰难突围，就这样一步步来到大学的校园，来到我的课堂，并在不知不觉中养成温良、沉默的性子。

他们的去向，更是在严酷的择业竞争中，有着触目可见的天花板。根据我的观察，在中国大学的层级分布中，不同级别的大学，学生去向会对应不同的城市。顶级大学对应的是全球最好的城市；重点大学对应的是一线城市、省会城市；一般大学对应的是中小城市、乡镇甚至乡村。一层层，一级级，像磁铁吸附着各自的隐秘方阵，干脆利落，并无多少意外发生。任何群体中，若要跨越不属于自己的城市和阶层，个体要经历怎样的内心风暴和艰难险阻，只有当事人知道。作为二本学生，他们踏进校门，就无师自通地找准了自己的定位，没有太多野心，也从未将自己归入精英的行列，他们安于普通的命运，也接纳普通的工作，内心所持有的念想，无非是来自父母期待的一份过得去的工作。毕业以后，他们大多留在国内、基层的一些普通单位，毫无意外地从事一些平常的工作。

我得承认，作为教师，我对世界安全感边界的认定，来源于对学生群体命运的勘测。二本学生作为全中国最普通的年轻人，他们是和脚下大地黏附最紧的生命，是最能倾听到祖国大地呼吸的年轻群体。他们的信念、理想、精神状态，他们的生存、命运、前景，社会给他们提供的机遇和条件，以及他们实现人生愿望的可能性，是中国最基本的底色，也是决定中国命运的关键。多年来,在对学生毕业境况的追踪中,负载在就业层面的个人命运走向,到底和大学教育呈现出怎样的关系,是我考察学生成长过程中,追问最多的问题,也是本书竭力呈现的重点之处。我想知道,学生背后的社会关系、原生家庭,以及个人实际能力,在就业质量中所占的具体权重。如果其权重越来越被个人实际能力以外的因素左右,那么,对大学教育的审视,将成为一个不容回避的命题。

在中国快马加鞭的教育背景中,无论名校的光环怎样夺人眼球,都不能否认多数的年轻人,无论如何努力,都不可能挤过这座独木桥,而只能安守在各类普通大学,这是我写作本书一个基本的观照和讨论前提。毫无疑问,在自我瓦解、自我提问式的写作过程中,本书承载的落脚点,意在探讨中国转型期青年群体尤其是普通青年群体的命运和可能,换言之,这些文字不仅面对教学日常,更面对青年成长、命运和去向,它打开和呈现了一个群体隐匿的生命境况,是有关年轻个体的生命史和心灵史。

在本书的写作中,我之所以将目光更多对准广东学生,这固然和我所在的高校是一所地方院校有关;和我作为一个内地人来到广东生活后,所经历的异质性生活经验有关;更和广东复杂维度与我先前的南方想象的落差有关,但其直接动因,则源于一次课堂的偶遇。

2006年5月17日,周三。课表上,排给我的是计算机系的《大学语文》,根据教学进度,当天安排的是作文课。因为天气是少有的大台风,学生在二栋简陋的教室,都能感受到大风在龙洞山脉中的肆虐和威力。我将原本准备好的作文题，临时改为《风》，让学生现场完成。作业收上来后，一个名叫邓桦真的女孩所写的内容，让我无法平静。从她简短的叙述中，我还原了一个家庭的基本脉络：多子女、半年没拿到生活费、家庭月收入不足一千，因为父母年龄不到四十五岁，桦真申请的助学贷款被拒。她所描述的状况和无奈，让入职不久的我极为震撼，以致在一种不安和难以放下的焦虑中，当天就通过校内邮箱，向全校的老师为她发起了募捐。

多年来，看惯广东经济发达和改革开放的宏大叙事，亲闻珠三角火热的经济势头对全国吹起的号角，我对南方的理解和想象，始终停留在发达、开放的单一向度。偶然的《风》，让我第一次纠偏了这单一的印象，我从来没有想到，在我的班上，仅仅通过一次课堂作业，就能窥视到比我年轻很多的学生群体中，竟然还有面临吃饱穿暖层面的现实困境。因为顾及学生的自尊，我没有打听这个女孩的更多消息，毕业多年，也不知道她身处何处。

但她的作业，她的《风》，却让我对流水线般的课堂，从此多了一份驻留的聚焦。

在完成《大地上的亲人》后，我曾多次追问，我笔下触及的一个重要人群，我的外甥、侄子、堂弟，那些八零后、九零后、零零后的亲人，如果没有遭遇留守儿童或者外出打工的经历，如果考上了大学，将会面临怎样的生存和命运？生活是否会呈现出另一种可能？这种追问，显然来自我个人经历与职业经历的触发，构成了我考察学生群体的另一个隐秘维度。巧合的是，从2005年至今，我所教学生的年龄跨度，恰好囊括了我上面所提各个年龄段的亲人。我从事的职业，恰如另一扇窗户，让我得以拥有机会，预设亲人的另一种面相、另一种生存。尽管在《大地上的亲人》中，我为他们没有机会念大学而深感遗憾，但目睹一些境况相似的孩子念完大学之后的真实处境，内心有一种隐秘的释然。相比我有过留守经历的亲人而言，我的学生和他们的唯一差异，就是负载在文凭上的那一丝并不确定的期待。卸载掉计划经济时代大学生身份的各种兜底后，他们的人生开始与市场直接搏击。

我不否认，学生的命运，农村孩子的命运，其实也是我的命运。他们的现实，不过预演我晚出生十年、二十年后的生存，这种时空错位的命运互证，不过再一次强化了我一开始就提出的问题：在急剧分化的现实语境中，我企图通过文字勾勒高校学子的真实场域，以凸显普通青年进入社会后突围、奋斗以冲破自身局限的路径。

我不否认，在写作过程中，因为不同时代对照所产生的反差，以及诸多个案中一次次确认学生命运和背后家庭之间牢固的正向关系，我内心陷入了不知所措的茫然。在进入他们背后更为真实细致的生存肌理，目睹他们日渐逼仄的上升空间，以及种种难以突围的生存场景后，我内心确实有着难以排解的压抑和沉郁。

作为从教者，我亲眼看见全社会最应具有活力的青年群体，越来越多的年轻个体回退到更为封闭的网络世界。不少学生认定今天的便捷和丰富理所当然，今天的失衡和坚硬也理所当然，他们不追问高房价的来由，难以感知各类存在的差异，无法想象一个没有手机、网络、信用卡的时代，也无法想象一个不用租房、没有房贷、教育成本低廉的时代。他们甚至有意无意地转过头去，从不直面大学毕业的起跑线上，同样年轻的躯体去向却千差万别的现实。他们认定个人奋斗，自动剥离个体与时代的关联，在原子化、碎片化的具体语境中，个体与时代之间的关系，被轻易转移到了个体的机遇、命运和努力程度上，个体层面学生与命运的抗争，和整体层面学生无法与命运的抗争，两者构成了触目惊心的对比。

——作为见证者和施教者，我想知道他们的隐密。我不否认，对于年轻群体而言，这是一个多么触目惊心的精神历程，这一切竟然都在无声无息中完成，在市场化、成功学、工具理性明码标价的惯性中完成。我想知道，在现代性进程中，年轻人，尤其是底层年轻人，事实上成为这一进程的直接后果，成为市场化、工具化的直接承载者后，这种后果和当下教育目标及现代化进程，到底呈现出怎样隐秘的关系？我想知道，当一个具有精英观念的老师和毫无精英理念的学生群体相遇，当一个抱持理想主义的中年教师和一群持有现实立场的年轻群体相遇，他们中间是否存在互相看见和唤醒的可能？

至于在整个写作过程中，我为什么更倾向于喋喋不休地讲述学生的故事，倾向于让学生自己出场，并尽可能最大限度地呈现他们更为细致的成长经历、生存状态、生命去向，是因为我一直坚信，在找不到确定性和结论以前，倾听更有力量，让他者发出声音必不可少。无数学生的剪影在我脑海翻滚，我只能依据文本的需要，严格遵从本来的边界，让不多的学生来到我的笔端。对于个体生命的表达和理解，我向来不喜欢戏剧化的呈现，警惕情节化的凸显，我更看重普通生命节奏里所隐含的人生真相，过滤掉学生身上那些新媒体时代极易吸引眼球的事情,我更愿意凸显他们倏忽眼神背后的仓促和隐忍。

我知道,相比学生群体的丰富和我笔下人物的有限性而言,我的表达,具有天然的局限。我既无法通过穷尽对象的学理式写作获得答案,也无法通过严丝密缝的推理来寻找结论。唯一能够依仗的,不过十三年从教生涯中,通过对学生群体的持续观察,以及来自师生关系的长久联系、观照,所获得的感性认知。通过打开有限个体的命运,我发现他们的生命故事,竟能验证自己的某种直觉,并在这种直觉中,帮我找到一种理解时代的可靠方式。我知道本文无法提供整体性的观点,不过呈现了个体见证的生命景象,但我不能否认,正是具体的生存,让我意识到中国普通青年群体,在时代的洪流中,某种必然的遭遇和突围的可能;我不能否认,正是鲜活的个体生命,丰富了我对年轻人的认知和理解,稀释了此前对这个群体常见的曲解和成见。

——本书出场的年轻人,全部来自我任教的广东F学院,时间跨度始自2005年直至今天。写作的线索,主要依赖我教公共课、先后两次当班主任的观察、私下的导师制施行过程,以及我对广东学生的刻意聚焦。我欣喜地看到,尽管年轻人的奋斗夹杂了无数心酸,但他们蓬勃的生命力,依然呈现出了生命本身蕴含的创造本质。他们努力、认真、淡定,有着无法想象的韧劲;他们蕴含的巨大力量,足以迸发出各种可能。

今天,二本院校的起点,也许让他们默默无闻,但没有人否认,无数个体的努力,正悄悄改变群体的命运,并事实上推动社会更为稳固的站立。

世界已悄然改变,对大多数人而言,日常生活并未产生太多的变化,但那宏大的转身,终究会渗透进我们生活的细枝末节,会介入年轻的生命。

看见他们,看见更多的年轻人,是我作为一个在场者记录的开端。

一　在龙洞

39路公交

广州的夏天无比漫长，很多时候，在从家去往单位的途中，拥挤、溽热的人群，总能以最直接的方式，让我感受到这座城市的味道和气息。

有一天，我坐在39路公交车上，无意算起，十三年的教书生涯中，在通往广州天河龙洞方向的广汕公路上，竟然来来回回了五千多天。五千多天，这个惊人的数据让我震撼，我忽然意识到，对生命耗费的计算可以如此具体，按每次往返在路上消耗四个小时计算，光在这条路上奔波，我所花费的时间已达上万小时。

无论如何，不论我搬家到哪里，不论何种方案，39路，总是给我带来最多惊喜、期待的线路，它是我生命中乘坐最多的公交，也是我生命中最为亲密的数字，它一路带我穿越半个广州，将我引向单位，打开了我生命中最为密实的职业场域。

"龙洞总站"这个普通的地名，对39路而言，是它从天河东出发,每天必行路线的终点,但对我从小学、初中、高中、大学、硕士、博士漫长的二十年求学历程而言,却是我职业生涯的起点。

我记得2005年刚到学校试讲时,从熟悉的中大出发至陌生的龙洞,最大的感受,就是太远了,太远了,龙洞太远了。我从来没有想到,在广州还有这么遥远和偏僻的地方,在龙洞的群山中,竟然还隐藏了诸多不起眼的学校。后来发现,除了广东F学院,龙洞还有广东工业大学、广东交通职业技术学院、广东科学职业技术学院、广东司法警官学院、广州工程职业技术学院、广东生态工程职业学院等,其中,广东食品药品职业技术学院,就在广东F学院隔壁。

除了远,还有一个感受,龙洞的自然环境太好了,绿化太让人难忘了。在离广州市城市中轴线不到十公里的地方,竟然群山环绕、绿翠逼人,其中华南植物园、火炉山森林公园、广东树木公园呈三角形状,随意而散漫地被大自然丢在龙洞。从华南快速干线支起的高架桥往下看,龙洞就如一块温婉的碧玉,终日萦绕着清新的薄雾,隐匿在喧嚣城市的一角,让人对这座南方的古城,多了更多温润的想象。当然,如果换一个视角,从空中贴向地面俯视,则会发现,群山褪去,隐藏在角角落落、弯弯曩曩的龙洞,更多的是混乱、喧嚣,是蓬勃年轻人带来的活力、人气,是身处城乡接合部的城中村所致的无序、粗粝。

可以说,乘坐39路公交的五千多个日夜,龙洞蜕变的过程,也逐一在我眼前展开。2005年9月,我刚入职时,龙洞的交通极为顺畅,校车每次到达燕塘附近,才开始感觉市中心的拥堵。今天,随着小区的增多以及人流的密集,龙洞已成为交通的瓶颈，原来并不狭窄的出口，远远不能满足今天的需求。除了交通的变化，龙洞房价的飙升，同样让人感慨。刚入职时，广汕公路旁边靠近植物园最好的小区，房价每平方米才两三千元。当时住在市内的老师，每次乘坐校车离开龙洞地段，总会感叹龙洞的好空气，但还是会毫不犹豫地选择市中心，"龙洞就是农村，太不方便了"，这是我在校车上经常听到的论调。但十年后，随着六号线的开通，以及东部萝岗片区的崛起，龙洞的位置变得极为重要，显示了难得的区位优势。今天，它的房价涨幅超过十倍，已达四五万元，那些当初觉得龙洞偏僻的老师，都慨叹自己没能看得更远，没在房价如白菜价时，多囤几套。今天，再也没有人认为龙洞是农村，是僻远的郊区之地，它日渐优化的交通条件，叠加优美的自然环境，加上年轻人聚集，使得这一地区散发着独有的味道与活力。

确实，龙洞的变化，折射了一段更为广阔的城市变迁史。从266路到39路，我目睹广州十几年来城市肌理的深刻蜕变。从我居住的海珠区，到珠江对岸的天河区，从天河区最核心的CBD珠江新城，到丈量了城市一次次裂变的体育中心、东站，随后到多年沉寂并不出彩的天河北边的龙洞，广州这座城市，仿佛手握魔杖，说不准哪天就会点化一个地方，让其褪去平淡、土气的面容，焕发出光彩夺目的一面。昨天，它能让纵横阡陌的稻田变为广州的CBD，变为寸土寸金的商务重地；今天，它同样拥有魔力，将遥远荒僻的郊区龙洞，变为这座城市的耀眼明珠。

龙洞在老广州人的心目中，相当于城外的城外，坊间一直流传"有女莫嫁龙眼洞"的说法，这从龙洞上了年纪的老人，将去市中心称为"去广州"，可以获得验证。我熟悉的邓老师，荔湾区出生、长大,得知我的工作地点在龙洞,曾补充:"我们小时候去龙洞玩耍,来回要一天时间。"确实,对一座城市而言,公墓和殡仪馆是测量其边界的最好参照,今天,广州的银河园地处天河以北,早已雄霸市中心的地段,顺着广汕公路,龙洞较之还有不少于十个站的距离,由此也可以看出,龙洞伴随广州城市的变迁,同样发生了深刻蜕变。

居住在这座城市的居民,感受着它的脉动,但也为摸不准节点,一次次错失财富的累积,暗暗叹息。

无论如何,39路公交,不但帮我建立了与时代的关联,也帮我建立了与广州这座异乡城市的血肉联系,它带我走进学校,来到课堂,看到我的二本学生。

租住者

在我的学生中,悄悄流传一句话,"你努不努力,取决于你毕业以后是住龙洞,还是住天河北"。尽管龙洞以其交通的便捷、性价比极高的生活成本,吸引了无数刚毕业的年轻人,但他们显然知道这一区域在迅速蜕变的背后,依然滞留在人们心中的真实定位。

邓春艳是我《大学语文》课上的一个学生,2017年毕业。在毕业典礼的一周前,根据师兄师姐提供的建议,已通过龙洞西社社区便民服务栏,找到了合适的房源。和大多数出租房一样,春艳定下的房子,要经过几条弯曲的小巷。一栋打扫还算干净的六层居民楼,三楼有几间装修不久的单间,春艳的房子南向靠右。让人眼前一亮的,是有一个小阳台,阳台的墙面,贴着崭新的暗红色瓷砖，显得利索、喜气。尽管房间极为简陋，还是水泥地板，既没有空调，也没有洗衣机，唯一的家具，是一个光秃秃的木板床，但因为带有独立的卫生间，就算仅能容身，春艳还是颇为满意，"幸好我先下手为强，我原来看中的房子楼下，住了个女生，看起来很安静很神秘，跟她聊起，才发现那女生蛮厉害，北大毕业，毕业之后回了广州，先是在天河上班，后来换了工作，搬到萝岗，为了离单位近，就搬来了龙洞"。她显然惊异于北大毕业的学生，竟然和她一样，也在龙洞居住。

春艳所在的系部是学校较为冷僻、边缘的劳经系，她找了一份和专业没有太大关系的工作，进了保险公司。尽管她认为相比银行，保险处于上升势头，但她对保险行业的实际情况非常了解，"说是朝阳产业，但还是被很多从业人员将名声搞臭了"。她不喜欢拉保险，跑业务，"对女孩子而言，跑业务太累了"，她没有放弃去另一家银行面试的机会。她知道龙洞周边的房价，相比那些天价商品房，她对每个月五百元，就能在同样的地段，换来一间安居之所心满意足，对临窗的那一抹风景，她尤其满意。她不需要太多的家具，不需要空调、洗衣机，学生宿舍拖回的行李，随意放置墙角，热腾腾的桶、盆、衣架正蜷缩手脚，等待她重新打开，恢复以往的姿势。女孩子的利索、灵动，片刻就能将一片毫无美感的地方，收拾得和女生宿舍一样充满朝气。

傍晚时分，伴随地铁的人流回到龙洞，这个小小的空间，足够容纳春艳刚毕业的心。

伟福是春艳的师兄，同样是我《大学语文》课上的学生，但我对他课堂的表现，已没有多少印象。他早春艳一届，提前一年在龙洞安家。在居留龙洞的学生群中,伟福是个神奇的存在,他独特的名声,在校友中间悄悄流传,每一个即将在龙洞租房的毕业生,都会被告知应该先去看看伟福的房间。

从外表看,他的住处和别的地方比较起来,实在没有任何特殊之处,只有进入房间,才会被眼前的景象惊呆:打开门,一处温馨、精致、拙朴、整洁、洋溢着美和秩序的空间,突然出现,和城中村黯淡的巷子、巷子的无序、粗陋、敷衍构成了惊人的对比。尽管房间没有开阔的窗户、阳台,整体空间显得压抑、逼仄,但恰是这份得体、不经意的收纳,将一个相对密封的空间,收拾得妥帖而让人舒坦。一个男孩之手,就这样实现了对美的实践、理解。

——房东丢下的废弃木板,他悄然搬回,在木板上钻几个洞,钉在墙上,不但成了最为紧凑的酒瓶收藏处,也顺带将高脚酒杯收拾妥当;两个普通的塑料凳,他随意摆在门旁,在上面搁块透明玻璃,铺上清新的桌布,瞬间成为一个看似随意,实则精心的地台书架。最绝妙的是,下掉房间内部的木门,将门铺开,高高架起,做成巨大的吧台。一个小小的洗脸台,为了充分利用空间,他在水龙头旁边的空处,搁置了一个高高的钢架,放置锅、碗、瓢、盆等厨房用品。他的衣服整齐排列在一根木杆上,没有一件有任何意外。

伟福和别的年轻人一样,每天通过六号线去市中心上班,但和别人不一样的是,无论他的工作多么辛劳,结束一天的忙乱,回到龙洞的小窝,他就拥有了一个能让自己享受的空间。他经营生活的耐心,让这个角落如此精致、舒坦,弥漫着小资的气息和年轻人的朝气,足以让人忘记周边的世界。

龙洞周边高不可及的房价，春艳和伟福从来不敢想象。春艳从学生宿舍搬出，决定在龙洞暂时栖居以后，压根就没有考虑过买房子的事情。"我现在对房子也无所求啦，我了解的一些同学，他们和我一样，不想这么快就有个房子压着；而且，一旦买房，因为承担的风险和固定房贷，就不可能任性地去择业、跳槽。"她庆幸自己是女生，买房的压力小很多，她坦然承认社会给予男生的压力更大。龙洞满足了春艳"出门带个手机，不用带钱包"的想象，她认为相比房子，找对象、成家，甚至以后子女的教育，是更为迫切的问题。对伟福而言，再卑微、逼仄、黯淡的角落，如果有一颗装扮和点亮生活的心，一切便会灿烂起来，这是他从广东F学院毕业后，所能抓住的唯一确定的东西。他已换了好几次工作，但因为住处的温馨，一种类似归宿感的情绪，伴随"龙洞"这个词汇，悄然在他内心扎根。

和春艳、伟福不同，冉辛追自从确定考研的目标后，事实上就只能将龙洞作为人生过渡期的暂居之处。尽管他对于广州的城中村有着特别的喜爱，迷恋这儿热气腾腾的生活和随意斑斓的树影，甚至跑遍了除龙洞以外的石牌、客村、南亭、北亭、小洲等村庄，但他知道，龙洞对他而言，更多意味着一种青春和成长的记忆。

辛追出生甘肃平凉泾川县妇幼保健站，是劳经系少有的外省学生。爸爸在邮局上班，先后在平凉、酒泉任职，一直做到邮局的一把手。从记事起，辛追就直观地感受着邮局的裂变。他模模糊糊拥有邮局送信的印象，但到他上初中，他能更明确感知邮局的业务已获得了很大的扩展，除了中国邮政这一块还承担传统邮政系统的功能，中国邮政储蓄银行和EMS，早已在金融和物流方面，介入了社会竞争。他无法说清爸爸早年在邮局工作的情景，但他知道，一家的主要经济支撑，来自爸爸职业的供给。

妈妈很早以前在泾川县棉纺厂上班，随着二十世纪九十年代国企的改革，最后成为下岗工人。为了更好地照顾孩子，下岗后，妈妈再也没有外出工作，自然而然承担起了整个家务。辛追出生于1992年，因为年龄太小，记不起妈妈工厂上班的任何细节。父母的婚姻，带有二十世纪八九十年代浓厚的单位特色，拿不高的工资，住单位的房子，历经了从公用厨房的筒子间，到独立厨卫套间的过程。当初的泾川县，棉纺厂的姑娘多，邮政局的小伙子多，随着两个单位配对人数的增加，形成了一种自然的选择，邮局的小伙和棉纺厂的姑娘结婚很流行。爸爸妈妈的结合，应该就是这种模式的产物。

和家族其他成员一样，父母极为重视辛追的教育，在辛追的家族里，和他同龄的孩子，上大学是一种常见的现象。和他同龄的大伯家儿子，甚至念到了美国一所大学的博士，还有在中国矿业大学读书的。辛追相比别的孩子，自小就显露出对阅读的特别兴趣，在辛追的印象中，整个家族特别期待他上大学，尤其是妈妈，在他很小时，就一次次鼓励他考北大，"北大好啊，你到北大去，妈妈就来北大看你呀"。从会认字起，父母见他特别热爱读书，很早就为他订阅了很多报刊。"他们当时给我订了一些很好的杂志，反正都很贵。我还记得《米老鼠》，一本漫画，我挺喜欢的，定价七块八；而当时，我们那儿，一顿饭才一块八，小碗面才一块六。"显然，相比来自农村的学生，辛追良好的家境以及父母的开明态度，为他童年的成长，提供了很好的保障。

说起对父母的不快，唯一的一件事，是他小学二年级转学到咸阳后，因为孤独，经常一个人很早就蹲在学校的小土堆上看天。有一次，他突然意识到，怎么早上的天空挂的是月亮？他为此新奇、惊讶，在土堆待了很久很久，妈妈见他始终不肯挪动，最后露出了不耐烦的神色。"尽管是一件小事，但这件事我一直印象深刻，它明显对我产生了影响。我当时觉得妈妈不对，她的不耐烦，让我知道对世界的好奇，并不时时能得到呵护。"

辛追有过和爷爷奶奶生活的短暂经历。出生不久，妈妈因为身体虚弱，缺少奶水，他被送往乡村爷爷家。爷爷小时候是地主家庭，很有钱，读了点书；家庭经过一系列变故后，因为有文化，后来被安排进玉都镇的邮电所上班；此后还因为工作需要，去过兰州，负责装电线；三年自然灾害发生后，他从兰州回家，重回邮电所工作，此后再也没有外出。"文革"期间，因为与人发生口角，受到牵连，去当地最穷的红河地区劳改了几年，平反后，又回到了单位。劳改期间，爷爷的腿经常泡在水里，得了严重的风湿病，很早就退了休。爸爸子承父业，顶替了爷爷的工作，成了泾川县邮政系统的一员。

显然，辛追对文学骨子里的热爱，除了自身天然的兴趣，和爷爷骨血里对诗歌的执着密切关联。他始终记得，很小时候跟随爷爷放羊，老人会用树枝示意，教他平仄。他当初离开甘肃，报考了广东F学院人力资源管理专业，最伤心失望的就是这位老人，老人无法理解人力资源管理的具体内容。无论生活对他露出怎样的面目，辛追坚信爷爷内心世界里，最值得珍视的事物是诗歌，孙子的选择让他茫然失措。"他有些失望，有些失落吧，他觉得，我丢下了他想传承下去的一些东西。"这种遗憾，后来或多或少成为辛追人生选择的隐秘动力。

尽管家庭重视教育,但辛追在应试的环境中,成绩倒不是一直非常拔尖。父亲的工作,注定一家人频繁变动居所,"从甘肃泾川县念完小学一年级,随后在陕西咸阳念到四年级,然后又回到泾川念完小学;初中则搬到甘肃平凉,随后去过兰州、酒泉,还在西安待过几年",综观整个求学经历,他自称不是那种在应试规则中,能迅速脱颖而出的人。他不习惯死记硬背,中考因为超常发挥,考上了平凉一中实验班,"自此就开始了我人生中悲惨的命运"。在整个高一,他的成绩一直是班上倒数第一,不好的成绩,影响到了他的行为能力,自制力逐渐变差后,老师批评增多,"就此陷入了一种恶性循环"。直到高二分科,他选择文科后,才结束了倒数第一的历史,顺利考上了广东F学院。

和我教过的学生,面临的主要挑战来自现实困境不同,辛追从一开始,面对的挑战就是自己,就连对父母唯一的抱怨,也仅仅停留在妈妈没有容忍他长时间看月亮的记忆。这固然显示了他的敏感、细腻,在一个老师眼中,却是他童年获得良好滋养的最好证明。也正是童年相对完美的呵护,辛追进入大学后,独立思考的优势显露出来。相比周围更多进入大学就失去目标的同学,他尽管无法预测以后从事的职业,但却一直知道自己的需要。他记得从童年开始,自己的梦想一直是成为漫画家,考上大学来到广州后,他甚至去过广东美术学院昌岗校区的万象画室,这种延期的补偿,让他认清自己缺乏绘画天赋的事实。他坦然承认,选择人力资源管理,是因为专业好对付,不会占用他太多时间,他可以有更多精力,干自己喜欢的事情。在放弃绘画的执念后,潜伏已久的另一颗种子,突然在辛追内心生发,他决心通过深造,重回喜爱的文学世界。2013年下半年，我恰好教他们班的《大学语文》，在课间，辛追曾多次咨询我，从人力资源管理跨到文艺学，到底有无成功的可能？我见多了头脑发热的学生，留意到专业跨度太大鲜有成功的案例，对他的选择尽管没有明确反对，但也没有拼命鼓励。

没有想到，大学毕业，他压根就没有加入找工作的队伍。北方孩子更热衷考研的事实，再一次在他身上得到验证。更没有想到，辛追父母对孩子的决定，全力支持，仿佛读大学的目的，就是为了获取一个考研的机会。从2015年到2017年，整整三年，他住在龙洞，先后辗转了四个住处，父母给他每个月提供三千元的生活费，"扣掉房租，还有两千多元，在龙洞，我的生活足够好"。他喜欢龙洞的市井气息，喜欢龙洞的生生不息。他对龙洞的房源了如指掌，他知道房源广告中，姓樊的业主肯定是龙洞本地人，他们都很好打交道；他知道隐秘昏冥的无窗黑房子，价格不到三百元。他喜欢安静、太阳不猛烈的空间，喜欢干净、整洁的感觉。他对龙洞的第二个住处念念不忘，这处房子位于龙洞人民医院后面，楼下就是一所幼儿园，他喜欢被孩子叽叽喳喳吵醒的感觉。他在龙洞的最后住处，位于新建房子的八楼，敞亮、洁净、簇新，满足他对居住条件的所有想象。在备考的两年中，龙洞城中村，始终有一盏灯陪伴他的身影。

辛追一起参加过三次研究生考试，他不接受调剂，目标是复旦大学。最后一次考试，一百二十名考生中，仅招十几人，其中有八名来自保送，他考了四百三十多分，位列第二，和第一名相差四分，尽管第一学历不是名校，但他的实力，还是获得了足够的竞争力，终于成为复旦的一员。在龙洞居留的年轻人中，辛追因为他的执念和坚持后的成功，成了"龙洞的传奇"。

他已拿到复旦的录取通知书，离开龙洞的日子，早已注定。我想起他曾向我描述的一幕，和爷爷放羊时，老人总是抑制不住内心的诗情，要教孙子古诗的平仄。在龙洞喧嚣的氛围中，这个西北老人关于诗歌的梦想，通过一个年轻人的两年努力，终于获得了延续。

关于龙洞的租住者，我还要讲到姚大顺，他不是我教过的学生，但交往颇多。

从淡定、娴雅的气质而言，大顺和辛追属于同一类型。他们学的专业与广东F学院功利、活跃的氛围极为协调，大顺学的是会计，辛追学的是管理。进入大学，他们才发现，就算按照应试的步伐经过高考，迈进了大学校园，两人还是没有办法按照生活预设好的轨道前行，内心坚硬的东西一天天成长。大顺对哲学的偏好和辛追对文学的偏好，让他们大学毕业后，都没有办法说服自己，去从事一些和专业相关的实际工作。

考研成为他们唯一的选择，也成为他们实现理想的最后捷径。

但两人终究不同，不同的家庭和成长环境，决定他们选择不同的抵达路径。大顺是广东汕头人，他无法说服自己接受家人的资助，像辛追一样全心全意投入考试。他有两个弟弟，跟随父母住在澄海，全家拥有城镇户口，父母自由择业，没有固定工作。潮汕是广东传统的重商之地，父母先后卖过衣服，经营过加工衣服的小厂，还开过一家胶带厂，"我们那儿的人不喜欢打工，喜欢自己做生意，开店开厂"。妈妈极为能干，爸爸也很会做生意，但年轻的时候，喜欢抽烟、赌博，晚上不睡觉，也没有给家里创下多少财富。很多时候，学费、书本费和生活费要靠爷爷补贴。

临近毕业的最后一个学期，爷爷去世，按照汕头的风俗，大顺履行一个长孙的职责，毫不犹豫地回去守孝。待爷爷的后事料理完毕，回到学校，毕业答辩迫在眉睫，匆匆对付完毕业论文，已错过找工作的最佳时期。毕业不久，经同学介绍，他先是在金沙洲一家贸易公司上班；公司发生变故后，他又辗转到客村大塘，在赤岗、赤沙待过一些日子，所干的工作，和一个没有念过大学的年轻人，并无不同。他总结毕业几年工作无法持续的原因，主要来自内心深处的纠结，"无法说服自己跟随老板去干一些违心的事情"，而摆在眼前的现实是，只有干违心的事，才能获得较高的经济回报。

经过一番折腾，大顺毅然回到了龙洞，回到了他大学时代曾经居住过的迎福公寓。事实上，相比龙洞的城中村，迎福公寓已成为广东F学院学生喜欢集聚的另一场所。在长达十年的时间里，学校升为本科院校后，因为招生骤增，曾向龙洞村委租赁了迎福公寓，解决了五千多学生的住宿问题。学校兴建大量宿舍后，学生入住难题得以解决，合同到期后，村委将收回的公寓重新装修，转而租给毕业后的学生。对很多人而言，迎福公寓始终是他们亲切的住处，大顺就是其中的一员。面对毕业几年后的颠簸，其他地方无法给他内心的安稳，但迎福公寓却能让他内心妥帖。

妈妈对大顺的现状极为不满，这也许是他无法像辛追一样，安心考研的深层原因。"她总是希望我稳定下来，见到谁的儿子发展好了，就会打电话跟我讲，要我也去做那个；一些朋友的孩子考了广州的地税、国税这些单位，她更是不停地说我，想让我去考公务员。"对于长子不确定的生活，母亲只能在不安中依靠天意的暗示，安抚自己的内心。家里人不管遭遇了什么麻烦，她立马就会去问神婆，她甚至要远在广州的儿子将掌纹拍给她，直到神婆根据掌纹告知结果，"儿子会晚婚，至少要二十九岁才能成家，事业也要到二十九岁以后才有起色"，母亲内心的忧惧才稍稍缓解。

一方面，大顺对人生有着清晰地规划，一方面，现实的生活压力每天逼近他。他是家中长子，承载了一家人的迫切希望，但个人的兴趣，始终难以支撑家人的期待。他曾经尝试向生活妥协，去从事来钱更快的工作，但内心深处又无法忽视个人的兴趣，无法说服自己去坚定地走向现实。挣扎了几年，他还是决定考研，考研的专业，是他倾心但却难以预料前途的哲学。这种分裂是他没有办法接受家里资助的原因，也是自己父母不会像辛追父母那样，在考研道路上，给予孩子支持的原因。在理想和现实中，大顺小心地寻找平衡。

从2016年起，大顺一边备考，一边投入做一个与服务有关的共享平台，他和团队做了详细的规划，做了可靠的数据调查，甚至找学校主管后勤的校长沟通过。在校时，他曾是学校活跃的风云人物，组织和办事能力有目共睹。近两年，为了鼓励大学生创业，学校的"创工场"做得热热闹闹，"大众创新，万众创业"的氛围，如龙洞氤氲的雾气，在隐蔽校园的上空，缓缓上升。像大顺这种能力出众的学生，会在对现实就业不满时，将希望寄托在创业上，但在实践了几个项目后，他对此也有了清醒的认知，"大学生创业，更多是玩概念，我们学校创业的那么多，但真正成功的目前还没有"。

2017年6月7日，临近暑假，大顺邀请我去他迎福公寓租住的宿舍看看。他和另外两个朋友，合租在一套四十平米左右的宿舍里，两房一厅，每人每月支付六百多元房租。他住在靠近阳台的一面，阳光从小小的窗户照进来，照在他堆满了书籍的床上，也照在他堆满了考研资料的桌上。他对窗前的那一抹阳光十分满意，兴致勃勃地和我谈起这间房子的美好，"一大早，就满室阳光，超舒服的"。临窗的简易书架上，依旧是他厚厚的考研资料，还有从师弟那儿借来去学校食堂吃饭的校园卡。除了身份已变，他的生活，和学生时代没有太大的不同，他依旧拥有龙洞，拥有学校的操场，拥有活色生香的饭堂，当然，也拥有大学时代低廉的生活成本，甚至还可以非常方便地联系想见的老师。这种便捷，也许会让他忘记现实的残酷，淡化母亲给予他的忧虑，让他偶然沉湎在学生时代的梦幻中。

和伟福精心收纳房间的热情不同，大顺对居处的装扮，主要通过盆栽和养鱼来体现。尽管房间显得凌乱，但因为绿色植物和灵动金鱼的调剂，小小的空间却生机勃勃。他在狭窄的阳台，种植了不少绿色盆景，在逼仄的客厅，养了一池金鱼，金鱼缸旁边放了一个小盆，他信佛，"为了避免刚刚出生的小鱼被吃掉，我每天晚上都要起来几次，将新生的金鱼掏出，放到旁边的盆里，养大一点后，再放入池中"。

一些离开龙洞的朋友，会将还用得着的家具留给他，不大的客厅，塞满了各种物什。一个已收拾好的箱子，仿佛随时都会和人远行。

但我知道，笃定的大顺，回到了龙洞，就暂时不会离开。

无论留下还是离开，相比更为偏远的萝岗、增城，龙洞早已成为租住者聚集的中心。

另一个龙洞

除了城中村和租住者，显然还有另一个龙洞和其他群体。尽管他们共享龙洞的清新空气，共享天河北的地理标识，共享同一条六号线，甚至共享"植物园站"的提醒，但就算是同一条地铁，不同的出口，明显导向完全不同的区域：

——从D出口，可以最快速地进入城中村，但仅仅相隔二十米，三个密集的A、B、C出口，就指向了与城中村握手楼完全不同的世界，昭示了另一种居住风景。甚至，就算共享同一条地铁的便捷，走向不同出口的人群，对这种便捷，也有着完全不同的感受和心理：租住城中村的年轻人，庆幸的是地铁开通后，龙洞无序村庄中，依然隐含极高的生活性价比；而那些居住高档楼盘的业主，走出地铁口的那一刻，能切身感受到房价升值后带来的资产飙升。

只要将视野稍稍从龙洞村拉高，可以发现越来越多的高楼，正在勾勒龙洞崭新的天际线。在龙洞村同一侧的北面，不远处的"林海山庄"，依山而建，环境清幽，在群山映衬的蓝天下，高档物业所营构的良好环境，正昭示着城市白领的居住梦想；更为近处的"宝翠园"，因为地铁口近在咫尺，高调的售卖广告和价位，大有后来居上的气魄；龙洞村对面与植物园相邻的"君林天下"，开发多年，始终淡定、低调，从容不迫地宣示它才是龙洞的真正豪宅和霸主。毫无疑问，这是另一个龙洞，一个与城中村无关的龙洞，一个与无序、粗糙、乡村气味无关的龙洞，一个包裹了真正广州梦想的龙洞,一个弥散了一切白领生存想象、中产趣味的龙洞。物业设置的入口,包裹在皇家气象的雕花金属中,亲切、坚硬,隔断了它们和喧嚣、脏乱、草根龙洞的关联。"天河北"的时尚与尊贵,通过房地产广告赤裸而甜腻的表述,让居于此地的业主,迅速从精神上和真正天河北地段的居民接通,隐秘分享着同一群体的认同和气息。

那张进入物业的卡,是进入广州最直接、有力的明证,更是暂居龙洞村的年轻人,内心最深的秘密和野心。他们愿意在村中逗留,最直接的动力,就来自几十米外,另一个群体的生存刺激。确实,有人在村中停留了很短时间,轻轻跨过一条街,就进入了另一个阶层;而更多的年轻人则在村中栖居多年,无声无息;当然,也有人和我的学生石磊一样,在龙洞逗留了四年以后,最终还是毅然告别曾给予他梦想的广州,回到了潮汕的故地。

我后来才知道,除了春艳、伟福和辛追,在他们身后,有一个我极为熟悉,但未曾走近、始终隐匿的更为庞大的人群。从我第一次任教的051841班,到我第一次当班主任的062111班,那些与我在课堂上相遇的年轻人,在毕业以后,并未随着毕业进入广州的繁华腹地,而是更多隐匿在龙洞的村庄,等待属于自己的机会。

我突然明白,对春艳、伟福和辛追而言,来到龙洞,并不是一场偶遇,而是自然、隐秘地延续一条既定的路径,对这些普通的年轻人而言,这是由他们来路注定的一场必然。对更多租住此地的年轻人而言,龙洞是他们青春之歌中,必然会奏响的一段序曲,六号线D出口所导向的村庄,是他们人生的必经之站,没有门牌标识的出租屋,是他们人生旅程的坚实起点。无论短暂还是长久，龙洞在他们的生命中，都必将打下深刻的烙印。

除了我的学生，除了广东 F 学院的学生，除了龙洞周边高校的学生，我知道，龙洞属于所有来广州寻梦的异乡人，属于全中国的年轻人，也属于春艳曾经偶遇的那个北大女生。

龙洞的浮夸、活力、鲜艳，昭示了广州经济、文化活色生香的一面。龙洞的背后，站着一个叫广州的城市，广州的背后，站着一个古老的中国。一群年轻人和一个城市的碰撞，一群年轻人和一个时代之间的联系，通过六号地铁线，在龙洞获得了神奇的相遇。

他们如何表达对时代的感觉？他们如何建立与时代的关系？拥挤的龙洞地铁站，是他们在自己的时代，对广州这座城市的直接感知。无论如何，龙洞承载了一座城市现代化进程中，年轻人的奋斗、梦想、汗水和心酸，它更如地母般，承载了无数年轻人的生命，抚慰了异地的游子，在陌生城市被抓挠得千疮百孔的心灵，并在粗粝而便捷的滋养中，悄悄给予他们力量和勇气，也为他们的青春敞开了别的路径。

他们来自哪里？他们将走向何方？

他们此刻在龙洞黯淡的青春，有谁动过心思注视？

我无法预测每一个年轻人的去向，更无法得知每一个年轻人的生命史，但与他们共享的龙洞经验，让我愿意靠近我的二本学生，愿意从我公共课的注视、班主任的持久陪伴、私下导师制的聚焦，以及作为外省人对广东学生的观照中，记取一些年轻的身影。

二 公共课

来到课堂

对中国的高校而言，一年级新生的第一学期，意味着高中向大学的转换。新生一般要经过两周到一个月的军训，军训过后是国庆，国庆过后，才是大学课堂的开端。

2005年10月8日，经过新生军训和国庆假期后，我第一次真实地踏上课堂。我所在的系部叫经济贸易系，所在的教研室叫文秘教研室。文秘教研室的主要功能，是承担全校的两门公共课，《经济应用文写作》和《大学语文》。第一学期，我每周十二节课，四个新生班，共一百九十名学生，其中《经济应用文写作》八节，《大学语文》四节。正是仰赖学校大量的公共课，我才得以拥有机会认识春艳、伟福、辛追，进而通过更多的学生，认识一些虽然没有教过，但却能深交的孩子，其中大顺就是这样。

暑假备课期间，我终于明白，《经济应用文写作》是多么乏味的一门课程。我脑海中不停转动"报告、请示、命令、决定、通知、通告、公告、通报、批复、会议纪要、函"这些毫无感情色彩的词汇，这和我博士期间接触到的"现代性、叙事学、解构、规训、德里达、后现代状态、韦伯、利奥塔、本质主义、启蒙、自我认同、民族国家"构成了鲜明的对比。一种直接的、功利的、交易的知识传达，一种理论的、虚空的、逻辑的知识训练，这就是我博士毕业以后，进入一所没有专业依托的公共课堂所面临的现实处境。但正是这种奇妙的落差，唤醒了我内心的困惑，勾起了一种隐秘的欣喜，"报告、请示、命令、决定、通知"固然让我厌倦，但"现代性、叙事学、解构、规训、德里达"所预设的逻辑，同样让我虚空。我预感到博士毕业后的生活，才是我真正学术训练的开始，如何沟通两组词汇之间的鸿沟，是我面临的真正挑战。

现在，我所拥有的真实资源，来自课堂；课堂上最有力量的支撑，来自那一群年轻的生命。我暗自思忖，只要正视自己，袒露困惑，应能获得回应。在学院的晦暗和知识等级中，我无法言说来自直觉的困惑，但讲台下那一群洁白的青年，或许会让我获得说话的地方和踏实。在此以前，从硕士到博士，我总为一些基本的问题纠缠，就算已经步入专业的学习，我依然无法说服自己，对纯粹的学院生活生出一种理所当然的确认。我无法确切说清自己读书、做学术的意义，也难以理解西方理论、诸多概念渗透的学术圈，生活经验为何失去了平等的讨论资格。我的困惑，不比学生少半点。他们从广东各处的田野、乡镇、城市走向一所实用为王的高校，我想知道他们是否和我一样，有着同样的追问。

第一天上课，我比学生还兴奋，竟然忘记带办公室钥匙，只得在隔壁保险系办公室休息。孙老师笑着说："你是第一次上课吧？刚刚教书都是这样的，激情满怀；过了半年，就激动不起来了；再过几年，就麻木了！"在此以前，我曾在一家国营工厂待过四年，干过文秘、会计、组织干事，甚至当过一线工人，在国营工厂的经历，是我唯一的职业体验。经过漫长的六年求学生涯，再次走向工作岗位，我对自己在广东F学院的教学工作，无法从以前的职场经验中获得任何感知。

初次上课的教室在二栋101，这是一幢陈旧的教学楼，黄色胶合板的连体桌子，有些板面已经斑驳、翘起，凳子是那种只要站起来，就会发出刺耳声音的活动凳，学生下课时，会劈里啪啦响上半天；涂有银灰色油漆的铁门，像仓库的大门，式样老土，看起来粗糙、结实；一把厚重的铁锁，用铁条焊接而成。一块同样陈旧的黑板，讲台上散落的粉笔，立即将我带入二十世纪九十年代大学的氛围。因为建筑的陈旧，二栋没有配备多媒体，这种原始的状态，让我心安、平静，倍感踏实。几年后，因为教务处对课件的要求，是否使用多媒体成为考核老师的重要标准，我不得不放弃落后的二栋教室。很长时间过后，我才意识到，随着我专业知识的增多及教学经验的丰富，为什么课堂的味道，却再也找不回2005年二栋的感觉，这和教学手段的变化密不可分。对人文学科而言，多媒体对课堂的干扰和伤害，显然没有引起足够的重视，信息的泛滥及花哨的内容，让老师无形中倍感压迫，也让学生在深度思考和理解上，缺乏锤炼的机会和耐心。

一间没有声、光、电过度配置的教室，一间只能容纳五十人的教室，一块黑板，一盒粉笔，最简单的桌、椅、板凳，够了。

教室风景还不错，周围环绕了高高的白玉兰，树冠长到了三四楼，花开的季节，香飘四溢，刚刚入校的大学生，尚未洗净高中阶段的气息，嬉闹中，总是试探着去摘够不着的花。从教室右侧的窗户往后看,龙洞远远的群山,仿佛就在眼前,高远的天空,衬托出所有建筑物的小,群山静静环抱所有的房子,二栋也是其中的一间。

051841班,是我教过的第一个班,共五十七名学生,每周二的第三四节,和每周四的第三四节,我们都会在二栋见面。班上除了郝歌、杜栋栋、卓训嘉来自外省,其他五十四名学生都来自广东本地,其中有十二名来自潮汕地区,生源的分布,完全符合学校地方本科的特点。第一次面对那么多说粤语的孩子,我忽然意识到自己外省人的身份,他们因为同一种语言带来的自然沟通,将我置于一个隔膜的世界。尽管他们看我的眼神澄明、透亮,毫无机心,单纯的笑容,就绽放在脸上,但他们让我意识到,我是一个内陆人,我在他们的北边出生。我的生命,第一次与广东如此接近。

大一新生的眼睛是亮的,区永杰永远坐在第一排,始终睁着大大的双眼,单纯而专注;王美芬怎么也合不拢嘴,永远都在笑,仿佛对生活的烦恼没有任何感知;麦锡章坐在中间稍稍靠后的位置,在一堆男生当中,眼神坚定、一身正气。所有的孩子都带有高中生的气息,延续了高三紧张时段铸就的昂扬精神,一群皎洁的脸,无数双渴求的眼睛。

他们和我一样,紧张,试探;他们第一次走进大学课堂,我第一次站上大学讲台;我们互相照亮,又彼此隔膜。

作业完成者

随着大学的扩招及校区的扩张,教学资源变得紧张。1998

年福利分房制度取消后，广东F学院和很多事业单位一样，不再为教职工提供住处，很多教师都不住在校内，等我进校时，学校已没有一间属于老师的住房。每天下午四点四十五分，校车准时从学校出发，驶出龙洞路口，老师们便随校车的路线，散往天河、越秀、海珠、荔湾、萝岗等各个不同的区域。校车离去，学校变成了学生独舞的场域，师生之间同住学校的传统模式一旦打破，交往方式随之发生变化。

说起来好笑又惭愧，自从入职广东F学院后，我的个人阅读范围，除了必备的专业书籍，更多的是学生的作文、作业、学年论文、毕业论文、考试试卷，甚至还有短信、邮件和微信。随着高校管理的数字化和机械化，我明显感到可支配的时间越来越少，对专业书籍的阅读，越来越成为被压缩的对象，而后者却成为课堂教学以外，必须面对的主要内容。当这种负载在职业上的阅读任务成为定规，并且随着学校的节奏变成个人工作习惯后，我忽然发现，哪怕再无趣、死板的文字，哪怕明明知道学生提交的是一些程式化、应付式的作业，往往也包蕴了一个群体的生存印记，不可避免地沾染了他们的生命气息，并且能在某种程度还原、映照年轻人的内心风暴和心灵图景。回想起来，在没有太多机会和学生深入交流的情况下，正是通过这些烙下他们精神印记的只言片语，我找到了一条认识学生群体的隐秘路径。

作业一：作文《风》

很久没有写作了，可没想到再次提笔时却是自己的心情糟糕得不能再糟的时候，我没有心情去体会风的呼啸，只能用呼啸的"风"来写自己的心情，外面那一阵阵凄厉的风声不正好是自己此时内心的哀鸣吗?

想想自己现在的处境,内心免不了一阵阵剧痛。"我要上大学"的呼喊在我耳旁回响,承受着村里人"不孝"的看法,抱着贷款的最后一线希望来到大学,写"贫困证明"、写"贷款申请"等等那么多的努力,今天可能却要被"你父母才四十五岁,还很年轻啊"一句话宣告白费……如果贷不了款,我不知道等待我的会是什么? 将来的日子该怎么过? 父母一个月加起来的工资还不到一千,一个弟要上高三,一个弟要上初三,想借钱也没处借,而自己也差不多半年没拿过生活费了。如果不能贷到款,自己该如何向父母交代等等,别人觉得不可思议的问题可我却不得不一一去考虑。高中的时候多么向往大学生活,到了大学才知道大学对有钱人家的子女来说是天堂,而对自己却有更多的痛苦。面对连下一个月的生活费都不知从何而来的困境,我不得不去考虑更多。虽说在校学生应以学业为主,可我为经济、为生活的时间却远远多于学习的时间,此时对我来说,或许生活已经更为重要。我真的不想长大,也不想成熟,可我却不得不比别人考虑更多如何去生活。也曾一遍遍地自我安慰——"车到山前必有路",也一次次劝自己要乐观地面对人生,世上没有过不了的坎,可每次都是在一次次的挫折后发现自己的内心更痛。我努力地去生活,打暑假工、勤工助学、去找兼职,却又发现想要生活是多么不容易,不是自己想去做就可以,条件的苛刻,身高、相貌的限制又让我自卑,让我更觉渺小。有时候想到生活的种种,我会连生活下去的勇气都没有……也许,我一开始的选择就是错的,我本不该来上大学……

　　外面的风仍在呼呼地吹，是否也能吹走今天我烦躁的心情？

　　老师，真的很抱歉，今天为贷款的事烦透了心情，刚回来就要写作文，我真的一点思绪都没有。你就当作做一回我的听众好了。抱歉

这就是我在本书的序言中，曾提到的作文《风》。这篇短短的文字，几乎成为我职业生涯中，自我生存状态调整的开端。我得坦然承认，在此以前，我对自己博士毕业以后找工作的轻率、疏懒、意气用事，时有后悔，甚至自责；我对学校不能提供任何专业平台，更多时候，我只能上公共课的状况，感到学术生涯的迷茫和无望。我尽管一次次说服自己，以后还有突围的机会，但我得承认，直到今天，我依然羡慕那些进入名牌大学任教的同门，羡慕那些有机会上专业课的同龄人，并以此悄悄设想我生活的另一种情形。我当然更得承认，正是像《风》这样的作文，其坦率的文字，悄然照亮了我内心忽略的角落，瓦解我内心的偏见，并通过彼此的赤诚相见，一点点卸下我早已淤积的虚空，让生命的姿势一点点下蹲，并在具体的生命观照中，找到内在的充盈。

回到作者本人，邓桦真，计科系学生，个子不高，喜欢穿运动鞋，上课时，总喜欢坐在教室左侧的座位，除此以外，我几乎记不起她任何别的特征。我记得《风》的写作时间是2006年5月17日，星期三，大台风；我还记得，在课堂现场看完她的作文后，内心深处的震动。我难以想象，一个比我年轻十几岁的学生，竟

然还在遭受我童年阶段乡村同龄人的普遍困境。这篇作文的直接后果，是我贸然通过校内邮箱，向全校老师发起募捐，桦真的问题得到了解决，她顺利获得了勤工俭学的机会，并在困境解除以后，给我的邮箱发来了歌词《感恩的心》。我难以相信，课堂作文的一次偶尔倾诉，仅仅是因为自己的稍稍留意，竟然通过神奇的网络，获得了很多人的关注，并实实在在改变了学生的命运。随着教学的深入，我才发现，平淡无奇的课堂皱褶处，隐藏了很多很多像她一样的学生，只不过，这些隐匿的处境，在沉默的公共生活中，缺乏一个发现的切口。

我们此后再也没有聊过天，也没有留下可行的联系方式，课堂的偶遇，就这样通过文字，悄然接通了一个孩子心中的困惑和隐秘。仔细算算，她毕业已近十年，生命已到我教她的年龄，想来应该为人父母。

但这篇不起眼的《风》，却坚定了我走近一个群体，去看见更多人的青春。

作业二:《父爱》

以前，父亲在我的心中只有一个形象：蛮横、暴躁、倔强得像头西班牙蛮牛似的"屠宰户"。任由他怎样疼我，就是唤醒不了我内心对他的爱。因此，对他总是心存不服的我老与他对着干，口角和被揍成为我和他相处的特别方式。然而，我却身在福中不知福。一直到了上大学的年龄，离开了家，离开了父母的"保护伞"，离开了那份关怀备至的爱以后，我才翻（幡）然醒悟：原来沉甸甸的父爱就在身边，只是一直被我忽略、扭曲甚至踩蹒。

"还要赶回去上班，我坐下午两点钟的车走人了。"父亲一边在房间里收拾衣物，一边在耳边开始喋喋不休地叮咛。

父亲即将离去，回到家乡，而留下我一个在这个陌生的城市开始我的大学生活。一股不舍与惆怅油然而生。

"爸，我送你吧。"我们走在新生大军还没来报到的宁静的校园里，彼此无语，但喧哗的沉默却将我们重重包围。

"不用送了，快回去吧。"父亲的一句劝阻划破了空气中的沉默，随即背着重重地行囊转身离去，把我一个人晾在那。我想跟上去，但双腿却像被灌了铅似的，不能动弹。父亲一直移动的身影忽然停了下来，向我挥手示意我回去，我却注意了，看到了他挥动着的手下那湿润的双眼。一股暖流在我的体内流动、回荡，直击内心最软弱的部分。父亲的身影逐渐模糊了，强忍的泪水在眼眶里溜转良久后终于像断了线的珍珠，洒落了满地。

父亲虽然走了，却留下了太多的牵挂和不舍。

半年的学习生活终于过去了，回家的列车载着我们奔向那个让我们日思夜想的家。虽然我已多次劝阻，但父母还是坚持来接我。"你行李多，下了车就一动不动地站在那，我去找你，要一动不动哦！"父亲以下达命令的口吻对我说。

不一会儿，车终于停了，我费了好大劲才把行李搬下车。我站在那，用疲惫的眼神向四周张望了一下，被包围得里三层外三层，心想他们肯定找不着了。正在此时，不远去（处）一个熟悉的身影正步履蹒跚地向我走来。"因。"父亲边跑边冲着我喊。晚风将他的皮大衣都吹掀了，蓬乱的头发让他顾不上梳理。我就像被定了格似的木在那，凌列（凛冽）的寒风与来自父爱的温暖交汇在一起,让我全身像过了电似的,从头皮到脚底的每个穴位都被深深地冲击着,感动着。我不禁惊呆了:父亲气踹(喘)吁吁地站在我面前,岁月的痕迹在他脸上刻下了深深的皱纹,生活中的奔波劳累让父亲面容中堆满了憔悴、苍老,已超出了我意料范围。父亲在我离家前就已掉了牙的位置还是空空地设在那,在绽放的笑容中显得滑稽。

作者朱洁韵,2005级文秘二班的专科生,也是我们学校2005年升为本科后,招收的最后一届专科生。在教《经济应用文写作》这门课时,为了锻炼学生的写作能力,我借鉴中山大学中文系的经验,布置学生完成一定量的写作任务,其中专科生一学期要求完成二十篇,包括课堂的作文练习。《父爱》就是她作业完成后交上来的一篇,在所有写父母的作文中,她的叙述,"父亲在我离家前就已掉了牙的位置还是空空地设在那,在绽放的笑容中显得滑稽",让我感动了很久。

但今天,当我读到"父亲虽然走了,却留下了太多的牵挂和不舍"时,内心再一次翻滚起和她见到的最后一面,深感时间就在不动声色中消解一切。她是一个要强的女孩,在宿舍和同学的关系并不太好,在《我的大一》中,她曾坦言,"从人际交往特别是与室友相处这一块而言,我的大一是黯淡而心酸的"。

2008年过完年后,临近毕业,依照惯例,她找了一家单位实习。工作中,总是头痛,她以为只是常见的头疼脑热,没当回事,先是一个人瞒着家人吃止疼药,病情没有缓解,只得回家休息。父母带她去了一家小医院,依旧当作普通的病情治疗,吃了两周的中药，没有任何效果，直到晕倒，才转去大医院。一拍片，是脑瘤，第一次手术切片，确诊为恶性。因为年轻，手术恢复还不错，没几天就可以在病房活动。父母没日没夜陪着重病的独生女儿，洁韵不忍心打扰劳累至极的父母休息，一天晚上，坚持独自起床上厕所，重重摔了一跤，过了两个月，脑瘤再次长大，做了第二次手术。

我记得最后一次去看她，在约定好时间后，她和家人从另外一个电梯口，先于我到达楼下的小花园。夕阳中的余晖，照着她苍白但依然闪烁青春光泽的脸庞，她愉快地频频向我挥手，仿佛往昔下课后例行地向我道别，我一时产生错觉，竟然以为一切都会好起来。到达病房后，那个被她形容为"蛮横、暴躁、倔强得像头西班牙蛮牛似的屠宰户"的父亲，脸庞如刀刻般的线条分明，神情弥漫着惊人的冷静，他在女儿床前忙前忙后，孩子灿烂的笑脸，给了他最后的希望，仿佛从来没有接受女儿的病情真相。面容娟秀的母亲，陪坐一旁，无论如何都难以克制绝望的情绪，脸上的泪水，总是无法擦拭干净。

洁韵是他们的独生女儿，夫妻俩曾在一家工厂上班，随后又纷纷下岗。三年前考上大学的孩子，曾是一家人全部的希望。但临近毕业，活蹦乱跳的女儿，只能躺在病床上。在父母双双下岗后，我无法想象洁韵家里具体的生活来源，但面对她的倔强和好强，我突然理解了一个女孩的成长逻辑，突然懂得一个女孩有机会迈进大学校门后，想狠命改变家庭命运的急迫。

2008年12月27日凌晨，洁韵离开了这个世界，奇迹没有发生。她没有参加毕业合影，走进社会刚刚半年，年轻的生命戛然而止。她的课堂作业，始终放在我最重要、最珍贵的角落。抽屉里留下的拙朴文字，显示她曾和我共处同一个课堂，曾在教室的欢笑中闻过玉兰花香。

我此后再也没有打听过洁韵的父母，那个失去女儿的湛江下岗工人家庭，我曾经在医院见过他们最绝望、最无助的一幕。一个家庭的悲剧，像一出静默的黑白哑片，早已越过十年的光阴。

残留在作业本上的青春印记，如不显眼的水印。但我总是记起那双穿越电梯，到楼下接我的眼睛。

作业三：《十八道题》

一、中国矿工的命运

二、为何农村教育远远落后于城区教育？

三、高收入阶层"缴纳"——缩短"贫富差距"

四、向后代讲述鱼的故事

五、法律与人情

六、是"冰释前嫌"还是"勿忘国耻"？

七、文人上电视

八、西部开发与大学生失业

九、缺乏责任感的"新一代"

十、共建"和谐社会"

十一、迟来的"关心"

十二、天下贪官何其多

十三、美丽背后的悲剧

十四、经济快速发展，但文化呢？

十五、再见"绿色田野"

十六、现代的孩子……

十七、大学生，为何如此脆弱？

十八、是思想开发（放）还是性泛滥？

为更好了解学生关心的日常话题，一次随堂作业，我要求学生出十道讨论题目，并写出其背景，何文秀在课堂上，一口气出了十八道题。文秀是洁韵的同班同学，是我从教以来，和我联系时间最长的学生。这个倔强的女孩，性格内向，不爱多言，热爱文学，心思敏感、细腻，颇具文学才华。尽管出生在富裕的珠三角一带，但家境并不太好。2004年，她曾经考上浙江一所大学的外语系，是本科生；但因为不太适应外地的环境，也因为内心期待一所更好的大学，入学三个月后，考虑了很久，决定退学复读；一年后，考上了广东F学院文秘专业，从一名本科生变成了一名专科生。在《我的大一》中，她袒露了这段经历，也流露了内心的后悔和不甘，但更多的是展望和期待，"少年得志大不幸，葬送我的年少轻狂的大一生活，鞭策着我努力向前，我亦相信前路更精彩"。

2008年，三年的大学生活结束，她如期毕业，但前路并没有想象的精彩。毕业后，工作上，她始终辗转在珠三角一带的各类公司，文员、外贸都干过，有一次，因为不愿答应领导的非分要求，愤然辞职。情感上，她经历一个青葱女孩的失恋，父母和亲友给她介绍了不少条件颇好的男孩，但她因为不想将就，也一直没有找到归宿。在没有微信以前，她喜欢给我写邮件，同时也会无意识地和我谈起班上其他同学的状况。2009年8月上旬，她写道："还有，老师，巧玲，不知道你还记得她吗？她在银行做文员的，今年4月份结婚了，她的BB预产期在10月份，她是我们班上第一个当妈妈的人,很幸福。还有,班长阿燕听班上的一个同学说她今年10月份结婚,也是挺值得让人高兴的事情。不过,有一件不好的事情是,文秘一班的雅芳同学被人骗去做传销了,原本我也有和她联系的,她原本也想骗我去做,但后来她做传销的事情在系群里公开了,我和其他同学劝她回头,但她不接受我们的劝告,实在没办法之下,我放弃了和她做朋友。最近,找工作找得很累,才发现,原来'安稳'对于一个女孩子来说有多重要,刚毕业还很有拼劲地想着出人头地,现在只想找一份一个月有四五天假放、有点收入有点时间的工作,还想找个男朋友拍拍拖就这样结婚生孩子,平凡地生活下去。"半个月后,她再次告诉我,"但,现在我真的很迷茫,感到很无助。快三个月过去了,还没找到合适的工作。每天上网投简历,去面试,失望,身心疲惫。晚上睡不着,害怕明天睁开眼睛又是一天,日子过得惶恐。有时实在太压抑,半夜睁开眼睛大哭,这种景况实在是让人撕心裂肺。有时候,会悲观地感觉自己的人生已经走到尽头,反观别人的日子都是过得那么好,心里也很酸,怎么自己就不能像别人那样过得好好的,非得要像现在这样落魄?"在失恋、失业的打击下,她像突然消失一样。直到2015年,我才知道,她不堪重压,得了抑郁症,需要药物才能维持下去。没有接受家人介绍的有钱男朋友,也没有答应给她美好生活的公司上司,一个在现实中处处碰壁的女孩,仅仅因为不愿向现实妥协,始终没有获得过哪怕一次小小的突围。

我翻看十三年前的随堂作业,很难想象,大学时候,她的眼里曾有一个阔大的世界。她不关心粮食和蔬菜,不关心爱情和美貌,她的笔下有遇难的矿工、落后的农村教育、社会不公、环境污染、腐败贪污……我现在才明白，她对自己所属的群体早有担忧。

负载在普通的课堂作业上，邓桦真、朱洁韵、何文秀，这些曾经出现在我课堂花名册的女孩，如暗处的一团身影，她们来过我的生命，如今又远走或隐匿。在长长的学生花名册中，她们的名字如同任何一个普通的学生，但手头的作业，却能让我还原她们曾经的困窘和笑容。

我到现在还记得她们，而她们也许不记得我，她们像一群萤火虫，在夜空中闪烁着微弱的光芒，恰如她们独自蓬勃的青春。来来往往的课堂，终将不得不伴随时间，将那些鲜活的生命，推向巨大的人群，而我在工作的惯性中，一次次走向前台，也一次次看见更为年轻的人群。

这种光芒让我牵挂，也让我着迷。

期末试卷

我最近一次给学生上公共课，是2016—2017学年第一学期，给金融系2015级的学生上《大学语文》，一共四个班：1515113、1515114、1515116、1515117，共二百零二名学生。金融系在我们学校的录取分数非常高，至少三分之一的学生超过重点线四十分才有机会录进来。对外省尤其是偏远省份，诸如云南，有些学生分数都可以上云南大学，但因为想离开父母，向往远方和沿海地区，于是便选择了广州，来到了我们学校的金融系。还有一些竞争压力大的内陆省份，诸如河南，分数在当地都可以上郑州大学的学生，也是因为同样的原因，来到了我们学校。

结合多次给金融系学生上课的经验，我发现，即使对广东F学院这样一所普通的二本院校而言，因为地处一线城市广州，丰富的就业机会和发达的经济条件，还是能极大地保证金融系的优质生源。2016年11月，在同一周的课堂上，我随机统计了四个班来自重点中学的学生数量，二百零二名，除了缺课的十三人，竟然有一百六十一名来自各地的重点中学。2018年毕业季，我统计过2014级中文1416012班的生源情况，二十五个接受访问的学生中，有十六人明确告知来自当地的重点中学，八名来自地区一级的城市中学，只有一名来自县城的非重点中学，中文班重点中学的比例尚且如此之高，由此可以推断金融系的情况。

根据课程计划，《大学语文》属于考查课，采用随堂考的形式，在试卷最后的作文题中，我出了三道题任由他们选择：1.我眼中的中国教育；2.我所处的时代；3.我最感困惑的事情。

三道题大同小异。多年来，因为深感课堂面临的最大挑战，不是学习问题，也不是知识问题，而是无法触及一个真实群体的问题，我企图借助考试，让他们观照自己，调动与己有关的生活经验，以此了解九十年代后期出生的学生对社会、自身的认知。

期末考试，作为一次无可回避的书面表达，将成为我们师生之间最后一次有效交流，也成为我透视年轻人内心想法的一个窗口。整体而言，三道题都有人选，但选择"我最感困惑的事情"和"我眼中的中国教育"两道题的学生要多一些，这或许和他们作为受教主体所拥有的直观体验有关。

先看"我最感困惑的事情"。让我没有想到的是,城里孩子进入大学后,最大的困惑,竟然来自信息时代电子产品的泛滥。他们坦率承认,面对电子产品,诸如智能手机的渗透,进入大学后,因为失去高中老师的管制,无法控制随处可见的诱惑,很多学生在课堂上都忍不住刷机,事实上已严重影响了生活和学习。而农村的学生,尽管也难以摆脱大的环境,也受制于网络、电子产品对他们的制约,但内心深处最大的困惑,皆来自负载在家庭之上的生存挣扎。

胡晓纯作为家里的大姐,五个弟弟妹妹都在读书,父母对她的最大期待是,毕业以后赶快就业,帮助家里供弟弟的学业。她的梦想是当教师,或者考法律专业的研究生,但来自家庭的重担让她犹豫:"如果我再继续深造,必然给他们带来更大的压力。对就业的困惑,对是否读研的困惑,一直成为我近半学期来的思考,只是始终没有合适的答案告诉我该怎么做?"

李正宏是一名留守儿童,父母带着两个弟弟妹妹去城里打工,将她留给爷爷奶奶。尽管她理解父母的选择是"生活所迫,无可奈何",尽管她唯一的心愿,是"渴望父母的关爱,哪怕只是回家陪我待上一天两天,那都已经很满足了"。但多年留守岁月中深夜的偷偷哭泣,哪怕到了大学,只要有机会表达,都能让人感知到岁月并未抚平她的伤痕。

邱丹丹和李正宏的处境不同,她类似正宏笔下那个被父母带到城里打工的孩子,事实上,对丹丹而言,她最感庆幸的事是,父母没有让她成为留守儿童。她出生在潮州,很小就随家人到了广州,对于家乡的记忆,早已模糊一片,对异乡长大的城中村,却熟悉它的一街一巷,有着天然的亲切。她不会说潮州话,也不会说故乡的饶平话,她从小到大的母语,就是一口地道的白话,她喜欢自小居住的广州城,也早已将自己当作广州人。她清晰记得父母干过的每一个工作:去工地、开服装店、当电工、当地铁保洁员。一家人借住在亲戚小小的房子里,父母坚定的信念,是通过城市的打拼,供得起两个孩子念书;丹丹最大的心愿,是通过努力,成为一个名副其实的广州人。她在借读的情况下,以高分考上大学,让父母倍感骄傲,但直到上大学,她才明白现实的尴尬,对一直隐匿的真相产生困惑,"我想全身心地融入广州这个大城市,发现还有一定困难;想融入家乡,也很困难。我这只随父母飞来广州的候鸟却一时无处停留了"。

再看"我眼中的中国教育"。意料之中,"中国教育"在学生的理解中,都停留在"应试"维度,让我惊讶的是,农村孩子和城市孩子,面对同一话题,有不同的态度,但有相同的感受。城里出生的孩子,不少学生对应试教育深恶痛绝,刘奕晓将此比喻为"一场赌博","可以说,我们几乎把十八岁以前的人生都献给了高考。我们读的小学、初中和高中都是为了高考,十几年的努力和奋斗都押在了一场考试上。这或许是人生中赌得最大的一次赌博,但在我看来,这是一场不划算的赌博"。方雪怡这样勾勒中国学生的青春时代,"以高考作为划分线,中国学生的青春时代似乎被简单粗暴地划分成了两部分,高考前,高考后。高考之前,我记得我整个人生,似乎都在为高考而活。从小学,要上重点;初中,要进实验班;高中,奥数班。人生就像一条被预设好的轨迹,我必须不能出一丝差错照着这个轨迹预演下去。否则,我就会被周围的环境所不容纳。父母的期望,老师的教导,同学之间小小的攀比,都像一块块巨石,压得我五脏六腑都疼"。

但对农村学生而言，从试卷中，我看到不少孩子充满了闯过高考的庆幸。确实，对他们而言，哪怕考上广东F学院这样的二本院校，也非常不容易。从小到大，他们几乎都是班上成绩最好的学生，能够上大学，他们发自内心珍惜高考的机遇，感谢高考的相对公平。一个叫苏艳的女孩说，"我们受过中国教育的一代回首过去，都埋怨它，记恨它，但又不得不承认，它给了我们这些寒门学子一条走向富裕、离开贫穷的道路"。吴淑英表达得更直接，"我作为农村出生的孩子，能走入大学这个神圣的殿堂，首先要感谢的是我们的高考制度，有了高考这个相对公平的平台，我才能接受高等教育"。陈文婷坦诚，"回忆起青春，能想起的只有假期里不愿上的辅导班，黑板上永远擦不干净的数学公式，空气里的粉笔灰味道，向家长报告成绩时的惴惴不安"。但当她进入大学的课堂，洞悉现实的真相，她更多的是庆幸，"我曾经痛恨过中国教育，认为是它夺走了我的童年、少年甚至是青年的快乐时光；而今，我坐在大学的课堂里，我又无比感激它，是它，让我有了通过自己的双手，以笔为剑，拥有看到更辽阔天空的机会"。

让我感慨的是，无论来自城市还是乡村，学生对应试教育带来的残酷压力，有着完全相同的感受。他们的中学时代，过得异常辛苦，无论身体还是心理，都几乎到达极限，在"倒计时""誓师会"的催逼下，时间观念非常强，不少学生甚至连洗澡、洗衣服、情绪不好时的哭泣都嫌浪费时间，"多考一分，干掉千人"的应试理念，杀气腾腾，深深根植在他们心中。洪添利在期末试卷中讲到了一个女生的情况，"她家庭十分困难，父母下岗，家中人口也多，一直作为班级领头羊的她在一次模拟考的挫折中，选择从教学楼三楼跳下。被送去医院后，发现她身上有很多被刀片割裂的皮肤。她醒来后，在家人和老师询问下，才知道她一直以来承受着如此之大的压力，要通过痛感来消去那巨大的压力。一个正值年华的少女，就这样被教育给压垮了"。

也正因为经受了压力过大的考试进阶，课堂上，学生们中规中矩、老成持重，很少有让人惊讶和意外的讨论、质疑发生，他们也不觉得在课堂上的讨论和质疑，应是大学生活的常态。从教十三年来，从来没有一个学生因为坚持自己的想法，和我发生过争论。他们的平和中正与我们大学时代的张扬放肆，构成了鲜明对比。没有一个孩子有过意外的表现，他们收缩起属于青春年代的触角和锋芒，逼到绝境，唯一能够下手的对象只有自己。日渐增多的暗处身影，成为我视野中无法回避的一群。

在我的大学期间，有一个插曲，尽管微不足道，却让我印象深刻，并成为我从教以后，丈量大学氛围变化的标尺。1992年下半年，大学开学不久，给我们上英语课的符老师深得学生喜欢，我一时兴起，竟然想捉弄一下她，趁下课期间，偷偷将一条纸做的假蛇，放在符老师的讲台上，以至娇小玲珑的老师吓得大惊失色，决定停课查出恶作剧者。众目睽睽之下，我满脸通红站起来，承认错误并如实相告，以喜欢老师没忍住捉弄一下为由，闹剧就像没有发生过，消息甚至都没有走出教室，不过变成了二十年后，同学们取笑我的一个笑料。作为大众化、市场化高等教育铺开前的最后一批见证者，当初的课堂没有师生评教，老师和学生不会维权，更没有教学事故，课堂纯粹是师生间以传达知识为载体的情感交汇场所,学校更不会将小小的事件上纲上线,学生一次偶尔的出格,不会遭受来自校方的任何惩罚。"假蛇事件"后,符老师没有让我的英语成绩不及格,一切像没有发生过,而我们依然习惯娇小玲珑的她,坐在课桌上,晃动她穿着蓝色连衣裙的小腿,用清脆的声音和我们强调过去完成时。

但十几年来,从来没有一个孩子,曾经像我一样,仅仅因为难以抑制的少年天性,和老师有过一次意外的遭遇。他们早已没有我大学时代的莽撞和懵懂,他们连捉弄一下老师的兴趣和心思都消失殆尽,这恰恰是我对时代变化最为直接的感知。尽管现在回忆起来,因为自己的幼稚,惊吓过英语老师,但不得不承认,我之所以敢放肆,恰恰来自一个十八岁的年轻人,当时的闲散和放松心态。尽管就读的是一所地方院校,但我不用担心找工作(当年大学生还包分配),不用担心生活费(每个月国家有生活补贴),也不用费尽心机的争排名和奖学金(这些因素不会影响学生的前途),更不用为了毕业简历的光鲜去修第二学历、考无数的证件,当然,更不知"买房"为何物(当初都是单位福利分房)。但现在,坐在我台下的学生,是一群通过更为严苛的应试,经过无数次的分数、排名、竞争,以及为了增强竞争力,无数次地接受补习班的孩子。进到大学校园的第一天,还来不及排解中学时代内心的淤积,就被告知就业的压力、买房的压力、竞争的压力。从记事起,无形的、细密的重荷就负载在他们身上,早已将他们裁剪得规规整整,难以在生活中找到泄漏狡黠的契机。

中学时期的老师、家长,总认为通过各种手段,将孩子送到大学就万事大吉,但中学教育的后果,大学老师才有更直接的感知。我在具体的课堂中，充分感受到教育像一场慢性炎症，中小学时代服下的猛药、抗生素、激素，到大学时代，终于结下了漠然、无所谓、不思考、不主动的恶果。学生内心的疲惫和大学时代的严苛压力，成为他们精神生活的底色。作为中学教育后续阶段的见证者，我目睹孩子们被牵引成长过程中的状态，对此有着深切感受，但家长对此并不知情，中学老师在应试目标的逼迫下，也无法对学生的可持续发展负更多责任。在疯狂的追逐中，没有人可以容忍孩子的失败，现实强化的高校分层，学生也不容许自己失败。孩子们的个性、天性和生命活力，被磨灭得无影无踪，他们的面目越来越相似，早已成为工厂的标准化构件。

以前，我总认为现在的孩子娇气、不能吃苦，但随着交往的深入，我发现他们不仅能吃苦（高中学生的睡眠很少超过八小时），也能接受竞争，更不害怕应试。有一次上课，我突然头昏，一个女生很熟练地拿出一盒虎牌清凉油给我，我望着已接近瓶底的东西感觉奇怪，这种记忆中只有八十岁的外公头疼脑热时才使用的物品，竟成为我台下学生的标配。一个男生看出了我的迟疑，立即补充，"老师，我们高三就是靠虎牌清凉油走过来的"。

让我痛心的是，学生付出那么多，到了大学，依然不知道自己的人生目标。下面是他们在试卷中对自己状态的描述：

> "不明不白地进入教室，不明不白地接受着对于他们而言，无论是将来，还是现在的生活中，都可能完全用不到的知识。"

"脑子里，仅仅只有一个想法，考出好成绩。"

"只有对学习的厌恶和对生活枯燥的无奈。"

"讲起高考，很多人包括我在内，都会想起那成堆试卷与书的高三。"

"把高考当作生活唯一目标，把考试名次当作成功与否的标准。"

"只在乎能做多少分而不在乎学了什么。"

"学生们像一个个产品整齐地排列在教室里，也就是我所讲的流水线上。"

"我们这一代人，尤其在'九零后'身上，'催熟'机制的成长方式表现得很明显。"

一次集中的试卷批阅，我第一次感受到学生大汗淋漓、牢骚满腹地和我说着心里话。他们仿佛忘记了，笔下的文字来自他们一次无可逃避的期末考卷，而我像一个判官，面对孩子们的倾诉，竟然哑口无言。期末开考，意味着我已不再拥有机会，和他们在课堂上讨论这些问题。

我想起小小的潘洁敏，幼稚单纯的脸庞，却有着对社会秘密的洞悉，"我们所处的时代是一个拼爹的时代。不管你平时多么懒散碌碌无为，只要你爸强硬，还是职位一路直上。不管你干了什么错事，你爸帮你搞定。不管你想要什么，你爸都可以帮你拿到送到你手上。要是你没有后台，那你就作好拼搏个十几年的准备再说"。

我还想起课堂上沉默不语的黄庆伟，在《我悲哀地看着这个时代》中，他给出了如下断语，"乌云已经酝酿着危机，雷鸣电闪而人们视而不见,暴雨将至,没人能幸免于难"。

  我希冀这是课堂上,他们掩饰的叛逆,在纸上的翻滚,这些稚嫩的青春身姿,终于在考卷中发出了自己的声音。

  一次普通的期末考试,不过如一面一晃而过的镜子。

三　班主任（062111班）

迎接新生

2006年6月16日，在原来经济贸易系文秘教研室的基础上，学校决定成立财经传媒系。我当初之所以进入广东F学院，也是因为学校要申报新的专业——汉语言文学。作为第一个中文博士，通过人事处的招聘信息，我实际上是以申报新的专业，以"急需人才"的名义而入职的。

说是财经传媒系，但因为师资90%以中文背景为主，依托的专业也是汉语言文学，在没有获批新专业以前，实际上就是中文系。2006年，新成立的财经传媒系开始招收第一届本科生。我在给全校学生上公共课的同时，终于拥有了一个在本系上专业课的可能，并且在第一届新招的两个班中，被安排当062111班的班主任。

2006年9月16日，是新生报到的日子。一早，我就按学校的规定，履行一个班主任的职责，去迎接新来的学生。天气还不错，我穿着混沌的军绿色套裙，穿梭在人流中，心里涌动着第一天上课般的激动，对即将到来的新生充满了好奇。开学第一天，学校的人气极为旺盛，繁忙的新生车辆来来往往，将来自广东省各个地方的孩子，拉到了学校青年广场上方的空地上，各个系部的迎新桌子一字排开，一张张新鲜、略显紧张的脸庞在桌子周边环绕。

我留意到班上不同家庭背景的孩子，那天报到的方式完全不同，印象深刻的有几种：其一，一个女孩的爸爸找我反映，说是看过学生宿舍的情况后，发现没有空调，感觉条件太差，问我能否到校外给孩子租房住。他的妻子，大波浪的卷发，化着浓妆，年轻、光鲜也时尚，她跟随丈夫，一言不发，揉着红通通的眼睛，怎样也擦不净冒出的泪水，仿佛女儿住进没有空调的集体宿舍，是即将面临的一场地狱般的痛苦。女孩看起来极为单纯，面对父母对我的咨询，眼神闪烁而茫然失措。其二，一个男孩，眼神坚定，行李简单，很明显没有父母的陪同。我后来注意到，送他来学校的，是一个比他大几岁的哥哥，因为两兄弟长得太像，外人一眼就能看出。哥哥看起来受教育水平也不是很高，遇到不清楚的事项，也不问人，而是观察别人怎么做，然后很快就熟门熟路地处理好了诸如缴费、办卡、进宿舍等琐事。一看就在外面闯过，颇有社会生活经验。其三，一个戴眼镜的斯文男孩，陪同的队伍最为庞大，不但父母来了，爷爷奶奶也来了，奶奶拄着拐棍，看起来有八十多岁，一脸的幸福，感觉孙子能上大学，是一件特别自豪的事情。男孩淡定、从容，知道我是班主任后，很大方地和我点头微笑。其四，一个看起来朴实、懵懂的女孩，眼神里有着不确定的害怕，但又充满了对大学生活的向往；和我目光相撞时，明显想躲闪，躲闪不过，终于从嘴边挤出了一些不自然的笑容，略黑的脸蛋，倒是显得极为阳光。孩子的父母从装束一看就是农民，爸爸带着女儿办各种手续，妈妈怯生生地躲在树阴下守着化纤袋包裹的行李。

开学后，我特意到宿舍了解情况。第一个女孩，出生在汕头，家里很有钱，父亲是汕头一家公司的老板，妈妈的生活非常优裕，保养得极为年轻。女孩很快就适应了集体生活，性格温和，讨人喜欢，与同学相处也融洽愉快。宿舍没有空调，在她眼中根本就不是一件值得担心的事情。第二个男孩，出生在农村，家里情况不是很好，但男孩性格开朗，长相英俊，不卑不亢，喜欢也擅长与人打交道。适者生存的准则，在他身上获得了淋漓尽致的表现。生活的历练，让他无师自通地懂得机遇的重要，在班级的首次竞选中，他顺利当上了班干部。有一次他看到我没带饭卡，直接将我带到食堂底层，叮嘱打饭的师傅给我来一份最好的菜，根本就没有刷卡收钱。后来才知道，打饭的师傅是他老乡。这个男孩适应能力强，做事不死板，内心也没有太多的规则约束。毕业时候，因为找工作，没有时间好好写论文，指导老师又急又气，但面对他的态度，又不能发作，最后只得想尽各种办法让他通过。第三个孩子来自惠州一个教师家庭，父母看起来教养不错，得知我是班主任，立即邀请我去惠州玩。孩子入学后，各方面都符合好学生的标准，专业功底也不错，对文学的感悟力显然超出班上别的同学很多。但更多的孩子则悄无声息，恰如第四个家庭中的女孩，在班上默默无闻，唯恐被别人注意，也不愿和老师多沟通，到毕业时，都没有给我留下特别深刻的记忆。

第一次开班会，我拿到了全班的名单，共五十二人，三十八名女生，十四名男生，全部来自广东省。他们出生的年龄大多在一九八七年左右，也就是说，我当班主任带的第一届学生，是八零后。让我奇怪的是，班上男女比例如此失衡，我难以想象，一个五十二人的班级，男生竟然不到三成；而在我念大学的时候，情况恰恰相反，同样是中文专业，四十六名同学中，女生十二名，女生不及三成。后来和教研室老师聊起，才发现，男女生比例失衡早已成为常态，我后来才明白，作为系部第一届学生，062111班的男生数量，和此后系部其他班级的男生比例比较起来，已经是非常可观的数据。以2015年网络与新媒体两个班为例，因为班级是到大二时，根据成绩绩点重新编排的，居然全部是女孩。

2007年6月，我开始休产假，错过了大二第一学期，给他们上《中国现当代文学》专业课的机会。考虑到此后课程的安排，为了早点了解他们，在系部专业教师匮乏的情况下，在大一第二学期，我主动要求给他们上《外国文学史》，待我2008年2月休完产假，他们已经进入大二第二学期。此后，我再也没有机会给他们上过专业课程。

通过和他们上课以及日常的接触，我发现广东学生，相比我熟悉的湖南、湖北的年轻人，更留恋自己的家乡。在班上，我随机做过调查，很少有学生愿意离开广东半步，到外地念书或工作。这种执念，和我高中毕业最大的梦想，就是离开家乡，离开父母，远走高飞，构成了强烈的对比。这种反差，既让我困惑，也让我着迷。我突然发现，这种身处异地所带来的文化冲撞、映衬，除了让我更好地看清了自己，本身也极为有趣。我甚至觉得，如果说，来广东的选择和留广州的决定，让我真正确认了自己湖南人的身份，那么，062111班孩子的存在，让我在这种奇妙的碰撞中，则进一步强化了自己内陆人的认同。自然，"广东学生"这个固定的群体和概念，也伴随我班主任的身份，一步步扎根于我的内心。

从2006年他们进校算起，我目睹他们踏进校门并度过波澜不惊的大学时光，然后在学校的后山和他们共度毕业聚餐，随后一直关注他们毕业后的漫长岁月。仰仗信息时代的方便，通过QQ和微信建群，我随时都能知道他们的动向，在虚拟的网络中，有一个小小的空间，依然延续了我作为他们班主任的既定角色。在中国教育的语境中，班主任意味着更多的担当，意味着一份信任的托付。尽管大学有专职的辅导员，学生学习上的教务管理及生活琐事，几乎不用班主任操心，但对学生而言，班主任始终是他们大学生活中，最为亲近和适意的倾诉对象。我在当他们班主任的几年中，除了不定期地和学生交流，一个最核心的工作，就是配合辅导员，做一些所谓"后进生"的思想工作。他们逃课、考试不及格、不愿意打扫宿舍卫生、反感被迫去听讲座、不认同学校的诸多评价机制，以一种辅导员头疼的方式，保留了凝聚于叛逆气质之上的生命力。如何说服这些孩子对付体制的考核，并让他们顺利获得学位，以对付社会更为死板的基本门槛，成为我最头疼的事情。我不在乎他们是否能够获得优秀宿舍、优秀班级的称号，但每个学生必须获得毕业证和学位证，是我对自己班主任职责的基本要求。

十三年来，我突然发现，正是班主任身份，让我的社会关系中多了一个确定的群体：我的学生。相比公共课上一闪而过的面孔，这五十二个孩子，像是永远守在一个角落，一旦要和母校建立联系，我就成为他们毫不犹豫要联系的人。十三年来，还是因为班主任身份所提供的方便，我目睹一个群体从学生时代，完全步入真实的社会，并和这个时代产生真实的关联。我目睹八零后一代，在房价飙升最疯狂、社会群体分化最严重的十年，所演绎的形形色色的生活和命运。我想起给他们上《外国文学史》，讲到狄更斯中期和后期小说的主题，充满了对资本主义和金钱世界的批判。于连的命运，更是引起他们长久的讨论，在二栋五楼的教室，曾经回荡一群大一新生，对于连命运教科书般的复述和总结：

"于连是同社会奋战的不幸的人。"

"于连是受压迫的小资产阶级青年的典型形象，是资产阶级个人奋斗的典型。"

"他最终只能是一个为统治阶级所不容的平民青年。"

我从来没有想到，教科书上的内容，一个遥远时空文学选本的故事，竟然会如此贴近他们的真实，并形成对另一个时空的呼应。

他们，如一个个固定的锚点，成为我对国情，最方便的观测。

他们，以一个个真实的生命，成为我对时代，最真切的感知。

四任班长

从大一到大四，班上一共选举产生了四任班长，让我惊讶的是，尽管男生不到班上的三成，但选出来的班长，竟然都是男生，他们分别是曾刚、王国伟、吴志勇、石磊。曾刚是第一任班长，他毕业以后就进入了一家银行；王国伟是第二任班长，在银行工作一年后，考上了公务员，现在四会监狱办公室当文员；吴志勇是第三任班长，没有考研和考公务员，也没有进入银行，辗转了很多单位，现和哥哥在天河区开了一家饮食店；石磊是最后一任班长，毕业以后，在广州居留多年，在诸多单位辗转后，最后决定考公务员，现在梅州国税局上班。回过头看，四位班长毕业以后的选择和现在的处境，实际上代表了十几年前二本院校大学毕业生，所面临的机遇和可能。

曾刚的特点是适应社会的能力强，能够及早认同社会的一些现实规则，在校读书期间，就和老师的关系极为亲密。从个人素养看，尽管他的笔头能力比不上随后的两任班长王国伟、吴志勇，但他口头表达能力强，也愿意和人交往，懂得怎样和别人处理关系。毕业以后，他选择了一家银行，很快就进入了较好的工作状态，也很快成家立业，在广州买房立足。他是最能适应社会现实的年轻群体，往往能最快、最直接地获得较多的发展资源和现实利益。

和曾刚比起来，石磊的成长路径颇为不同。石磊在大四那年被选为班长，也是062111班最后一任班长。他出生于潮州市，是家里的独生子，父亲经营一家摄影店，母亲为家庭主妇。石磊属于广东常见的城市出生、自主经营的市民家庭。因为从小衣食无忧，他一直懵懵懂懂，直到大四那年才意识到要毕业了，需要找一份工作。而此时，班上大部分同学在大一、大二就给自己做了可靠的职业规划。因为事前没有太多的准备，而他学业上的唯一优势又是英语，大学毕业后，他错过了含金量颇高的秋招和春招,最后进入了遍布广州街头的各类培训机构。"四年之内换了六家单位,大一点的机构又进不去。"离开学生宿舍后,他一直住在龙洞,住在迎福公寓,在学校附近逗留了一千多天,并且依旧履行一个班长的职责。几年来,班上来来往往到广州的同学,都以他租住的房子为据点。我后来才得知,班上吴志勇、刘聪、朱柱球都曾蜗居在迎福公寓。

毕业后折腾的四年,在石磊看来,是他人生的低谷期。2014年,他突然意识到,若再这样下去,他的人生看不到任何确定的东西。广州待不下,家乡潮州那个古老却沉闷的城市,除非学经济或管理专业还有点就业机会,别的专业,几乎没有太多发展空间。摆在面前的选择逐渐明朗:广州是待不下了,只有一条路,回家考公务员。他非常认真地备考,仅仅复习了一个月,幸运地考到了梅州国税局。毫无疑问,这是他人生的一个转折点,尽管一次过关纯属偶然,但这次偶然却给他的人生带来了确定。他很快结婚,父母一辈子打点的摄影店,最大的意义就是在儿子成家时,心安理得地拿出所有积蓄,给儿子的新房当首付。结婚不久,他很快就有了孩子,尽管他将每月的日子描述为,"信用卡先还两三千,然后那个支付宝、那个蚂蚁花呗再还两三千,房子供两三千",但他以前的迷惑,烟消云散,不明朗的前途,突然清晰。因为有英语特长,日子安定后,他念在职研究生的计划,已经成为小家庭的共识,并被提上日程。

大学毕业时,石磊并不喜欢体制内工作,他曾经为了迎合父亲的心愿,在毕业那年回到家乡参加公务员的裸考,但他故意不做任何准备,随随便便地应付,不过以一种明朗的结果,给自己一个留在广州的理由。而广州四年的辗转,仅仅依附一个二本院校的文凭，并没给他争得一席之地。独生子女背负的传统责任，让他意识到确定的人生轨迹，对父母的重要意义。说到底，还是回家考公务员，让他并不坚挺的大学文凭获得了饱满的汁液，成为支撑他此后人生的坚实依靠。

作为第三任班长，吴志勇的人生选择，和石磊有几年完全重合。他们甚至在毕业后，共同居住在迎福公寓多年，像学校很多毕业生一样，将龙洞作为人生暂时的居住地。志勇性格沉静，但不属于那种本分的人，在校念书期间，有一段时间，因为不愿意上课，曾是辅导员头疼的角色。一旦因为同学信任，被选为班长，他立即毫无怨言地担当起了班上的事务。

毕业后，他和很多同学不同，没有选择进入银行，而是坚持进了一家社工机构，在NGO（非政府组织）中任职，尽管收入极低，还是坚持了三年多。考虑到他家庭的经济状况和他这个年龄所面临的实际压力，2013年左右，通过朋友的介绍，我竭力推荐他进入珠三角一个经济发展不错城市的公安局。他听从建议，辞掉了社工机构的工作，但没想到仅仅在公安局待了不到十天，就断然辞职，还是回到了社工中心，并坚持了很长时间。

细数毕业以后的职业，他做过网店，在网上卖过时装，后来还曾加入一个美容机构，专做文绣行业的培训师。他的朋友圈会有一些与自己职业相关的内容，但凭我对他的了解，我知道，很多场合，他不会喜欢。在最近的一次电话聊天中，我得知他已放弃了文绣的项目，转到了其他行业，他和我谈起文绣行业，"都是套路，都是包装。成本只要二三十元的项目，可以包装为成千上万，甚至上百万的项目。美容搭配玄学，诸如文眉，一定要和人的运势联系，这样，上钩的人就会很多"。

毕业多年，他性格中的敏感、自尊还是如此明显，没有被生活打磨得哪怕圆滑一点点。但生活还得继续，尤其在结婚生子以后，看得见的压力和开支，已成为他每天睁开眼就能感受到的现实。经过八九年的摸爬滚打，他深切体会到人必须首先活着、必须为生存打拼的残酷律令，想起在社工机构的多年生活，他不后悔，却觉得遥远而不真实。

因为毕业的时间过于久远，对志勇而言，像石磊一样，回到家乡，通过公务员考试进入体制内工作，寻找稳定，已变得不太可能。骨子里，他不喜欢这种生活，哪怕处于现实的一地鸡毛中，这种僵化的稳定，依然激不起他内心半点的渴望。为了维持一家人的生活，他和在外打工多年的哥哥，合伙开了一家饮食店。饮食店的工作极为繁忙，利润也不丰厚，处在"不请人忙不过来，请人就没有任何利润"的境地。很多时候，他必须亲自上阵，和大街小巷随处可见的快递小哥一样，为完成网络和电话的订单，将外卖送到一个和他境况可能差不多的人手中。

志勇出生在粤西北的一个普通山村，家境并不太好，毕业八年后，"上有老，下有小"的具体担子，终于沉沉地压在了一个男人的肩头。孩子已经两岁九个月，父母年龄已大，一家人的生活，就靠共同守着的这家店。电话中，他和我说的一句话让人印象深刻，"生活已被控制，生活已被金钱控制"。他和石磊的不同在于，他知道自己不喜欢什么，便不会去尝试那些东西，贫瘠山村给予他的倔强，让他在进入喧嚣的城市后，依然在个体的人格中，保留了一份坚守的稀缺。他始终难以对生活做出真正的妥协，而这种不妥协的结局，落实到个体的生存上，便是看得见的漂泊，和弥散到下一代身上的和他人确定的差距。

比较而言，王国伟的经历和成长，代表了典型的农家子弟的成长路径。

从大二开始，王国伟被同学推举为班长。他性格腼腆，不爱多言，黝黑的脸庞，看起来非常朴实。刚进校的时候，他和其他农村来的孩子一样，不是特别擅长和老师打交道，也不懂得去刻意经营人际关系。2006年10月18日，我在学校值班，在和学生聊天的过程中，意外得知国伟曾写过几十万字的武侠小说，这让我颇为惊讶。军训过后，他们的学习逐渐步入正轨，在随后的新生三十篇作文训练中，我发现他的武侠小说创作，已经有了较高的起点。后来才得知，因为痴迷写小说，他第一次高考失败，复读一年后，才考上广东F学院。他曾提到自己的写作动机，"在读过了金庸所有作品后，随着年纪慢慢增长，所读的小说越来越多，其情节越来越不能满足我的欲望，于是，自己便萌生了创作的想法"。

尽管我不会评价武侠小说，但从他的文笔，可以感知他良好的文字根基，更重要的是，他是一个真正被兴趣吸引的人，是一个有目标和梦想的人，这在我教过的几千名学生中，凤毛麟角，难以寻觅。

王国伟出生在广东四会一个叫邓村的地方，那里环境优美，"青山若黛、绿水如碧"。他家祖辈以种田为生，到爷爷那一代，开始做一些小买卖，此后父亲一直延续爷爷的路子。父亲高中毕业，除了种田，在孩子还未出生时，曾经向信用社贷款，经营起一家土制的砖瓦厂，但没过几年，因经营不善，砖瓦厂倒闭。此后，父亲重拾邓村的古老手艺，经营了一家古法造纸的小作坊。在国伟的讲述里，父亲和一般的农民不一样，他不安分，动手能力极强，也愿意尝试各种营生，除了种田和造纸外，还会饲养、种植、电工、泥瓦、针织等等，其中的收益，都用来供他和妹妹读书。

1995年，为了孩子的前途，父亲斥资在四会市区购买了一套九十平米的房子，这成为国伟求学过程中的重要转折点。在乡村念书的时候，他有更快乐的童年，放学回家可以干农活、玩耍，到了晚上才花一个小时左右去复习功课，根本感受不到学习的压力。而进入市区后，他猛然感到学习压力倍增，不但作业多了很多，同学之间的竞争压力也加剧。突然的变化，让他无所适从，更何况还要忍受和父母的分离，他曾经哭着求父亲让他重回乡下念书，但理智的父亲，一眼就看到了城市和乡村教育资源的差距。父母坚守乡下的作坊和田地，为了两个孩子的教育费用起早摸黑，将兄妹俩交给奶奶在城里照顾，这种选择，恰恰和内地外出打工农民的选择相反。国伟始终记得，让孩子走出穷乡僻壤，是小学尚未毕业的母亲，一生最大的心愿。

因为国伟的写作热情和天赋，这么多年来，他是我唯一期盼能够继续深造念研究生的学生，我知道他一旦走向社会，必然被现实和工作绊住。有意思的是，他到大学后，相比高中写作的狂热，仿佛多了一份冷静。国伟性格中的务实，在大学的平凡日常中显露无遗。目睹了父母在生活中的挣扎，他知道自己大学毕业以后的首要任务，不是坚持武侠梦，而是解决生存。"梦想，每个人都应该拥有，但不是每个人都能实现。我在大学期间，就知道自己不能把梦想照进现实，至少短期内不可以。我很清楚地认识到，大学毕业后，我的首要任务是要解决我和家人的生活问题。"

他很顺利地找到了一份银行的工作,为了揽储,为了顺利度过12月31号"银行从业者的解难日",他不得不过上陪酒应酬的生活。他不爱应酬,但必须应酬,到了年底,为了完成任务,"天天喝、天天醉,睡醒第二天再喝"。银行的工作仅仅坚持了一年,尽管收入不错,毕业第二年,他毅然参加了全省公务员考试,成为四会监狱的一名狱警。他的务实,帮助他再一次成功实现了转型,"之所以报考这个单位,主要是因为它招录人数比较多,容易考",尽管因为环境的变化,这份工作比之银行风险要大,但他身心却获得了更多自由。"在这里,我不用为了取悦别人而把自己打扮成另一个人,至少不用去应酬。更重要的是,这里的工资更稳定些,并且能够给予我更多的时间去思考我的未来该向哪个方向前进。"

和石磊一样,他一旦进入体制内工作,稳定下来后,很快就结婚、生子,并立即在四会买房买车。他高中时代的狂热梦想是武侠小说,并为此练就了良好的文笔,但他大学并没有沿着高中的梦想前进,而是通过大学的桥梁,获得了进入体制内工作的起点和机会。对一个农家孩子而言,获得稳定工作,比之虚无缥缈的作家梦,显然更能让父母尽早挺直多年被生活压弯的腰。

尽管国伟认为,"梦想离我渐渐远去,生活如同一个复杂的课题,要我们用一辈子去研究"。但在读书改变命运的故事中,王国伟是不动声色的一个,也是最为真实的一员。

四任班长,从出生而言,都是普通家庭的孩子,没有一个家境特别优越,也没有一个孩子在大学毕业后,得到了多少家庭的庇护和资源。对曾刚、石磊和王国伟而言,他们之所以能在社会立足，并顺利过上让父辈放心、安心的稳定生活，要么是早早认清了现实的规则，顺着社会去经营生活，要么是经过现实的碰壁后，终于认清进入体制内工作的优势，选择毕业后回炉考公务员。唯独志勇，客观而言，从各方面的综合条件讲，四任班长中，他算得上佼佼者，但他毕业以后的九年经历不过证明，现实已没有多少空间和可能，让一个普通的农村年轻人，在坚守梦想的道路上，可以走得更为顺畅。他内心不愿屈从一条常见的个人成功的路径，但现实中，他还是不得不听从父辈的内心召唤，结婚生子，选择一种最为常规的活法。这条常规的通道，遭遇他放弃考公务员、考研的决定，志勇猛然发现，现实中，他并没有太多的选择。

夹缝中的光芒

在大众化教育时代，尽管文凭贬值的呼声几乎成为共识，读书改变命运也日渐被人怀疑，但我的直觉是，尽管跨越了二十三年的光景，062111班学生的命运，和我1995年大学毕业的班级——岳阳大学9202班同学的整体命运，并没有太大的差距。我以前总认为，随着二十世纪九十年代后期大学的扩招，年轻人的机会越来越少，但进入具体的分析和审视，可以发现，至少在我当班主任的062111班，这一结论并不成立。

我之所以拿我大学毕业的班级，和062111班相比，是基于以下几点：从大学层次看，两所大学在中国当下高校的分类中，都属于二本高校（两所学校都经历了校名更替的过程，岳阳大学现改名为湖南理工学院；广东F学院的前身是中国人民银行所属的地方院校）；从专业看，都是最为常见的汉语言文学专业；从招生特点看，两所大学都隶属当地教育主管部门，所招学生几乎都来自当地；从招生难度看，1992年，全国共有303万人参加高考，录取75万人，录取率25%，加上当年还有大量的中专院校，由此可以推断，能够考上岳阳大学的学生，至少排在当年高考人数的前20%。2006年，全国高考报名人数950万人，录取540万人，录取率56.8%，但因为全国还有大量的三本、独立院校和职业技术学院，加上广东F学院地处沿海发达省份，而且专业偏重热门的财经大类，整体录取的分数在全国同等院校中偏高，可以大致推断，能够考入广东F学院的生源，至少也排在当年高考生源的前20%。换言之，我的学生2006年考入广东F学院的难度系数，和我1992年考入岳阳大学的难度系数大致相当，两所普普通通的学校，接纳的都是当地一些普普通通的孩子。

但两者也有不同之处，从地域分布而言，我所毕业的学校地处湖南岳阳，是一个中等发展省份的内陆城市，班上的同学全部来自岳阳地区，而我任教的学校地处广州，占有沿海发达地区一线城市的区位优势，班上的学生，全部来自经济较为发达的广东省；从学历层次而言，我所念的岳阳大学，当时还是专科层次，直到1998年左右，才和别的学校合并，升为本科院校；而我的学生进入广东F学院后，学校在2005年就已升为本科层次，他们的学制是大学四年完整的本科。剔除生源的相似状况，由此恰好可以窥视学历的含金量如何发生变化。

毕业二十三年后，我的大学同学都在干什么呢？以2005年参加毕业十周年聚会的三十六人为例，其中党政机关、事业单位就职的有二十九人，占到八成，在国营企业的有六人，在外资企业的有一人。有意思的是，除了四位同学在工作中发生变故，存在二次就业，80%的同学一直在同一单位或同一系统工作。这种状况，充分显示了高校在没有市场化以前的就业特点：在国家包分配的前提下，个人和国家及单位的粘连非常紧密，尽管人才流动性相对较差，但人才的稳定性极强，个体对单位的情感认同深厚，对单位的忠诚度非常高。从同学的生存状态看，他们通过高等教育获得干部身份后，在单位早已成为骨干，有不少同学甚至已是单位的主要领导，个人的经济状况、社会地位，在当地都属于上等水平，生活稳定、安逸。从就业地点看，班上的同学除了一名在北京定居，两名在广东定居外，其他同学都在湖南落户，在当地就业的比例超过九成，充分显示了地方院校的就业分布特点。整体而言，对班上70%来自农村的大学同学而言，通过高考，确实改变了一个群体的生存、命运，他们大多不仅获得了稳定的职业，享受了计划经济时代单位分配的住房（或者购买了房价低廉时候的住房），得以在城市轻松扎根，更成为各自家庭的支柱，充分享受了大学文凭带来的极高性价比。

1995年到2010年，中间横亘了十五年时空，我第一次当班主任的062111班面临毕业。2018年7月，在学生毕业八年后，我统计了一下，班上五十二名同学，全部在广东就业，其中定居广州的有十七名，定居深圳的有四名，分布在珠三角一带有八名，其余的则大多回了生源地，遍布广东各个地区，其中潮汕地区有四名，湛江三名，肇庆两名。有意思的是，毕业时，班上没有一人选择考研，八年过去，除了石磊选择了读在职研究生，依然没有一人全脱产考研深造。由此可以推断，整体而言，他们对自己的就业状况较为满意，并不需要通过文凭的提升去改变生存状况。

如果说，岳阳大学9202班的同学，得益于时代所提供的机遇，在文凭并未贬值、高校依然坚守精英教育的时代，哪怕出生在乡村，也能通过高考得以改变命运，过上了衣食无忧的生活。以此为对照，我发现062111班的学生，尽管面临大众化教育的整体背景，但因为地处广东，整体上，通过高考，他们依然能获得在社会立足的根基。如果将我的七零后同学，叙述为幸运的一代，那么，我的八零后的学生，同样享受到了时代夹缝中的光芒。

毫无疑问，从062111班的家庭背景分析，他们的出生和成长，既带上了国家近几十年来转型期的特点，也带上了广东的地区特点。概而言之，班上来自广州、深圳等大城市的学生不多，仅有六人，其他大多来自韶关、化州、新兴、连州、肇庆、雷州、河源、阳江、四会、兴宁等非珠三角地区。不可否认，班上不少孩子，在广东改革开放的大潮中，切身感受到了乡村城镇化进程带来的冲击。一方面，他们享受到了城镇化带来的好处、便利，诸如更好的教育资源，以及因为交通便利所致的流动可能；但另一方面，他们也不得不承受由此带来的代价，诸如日渐加大的教育投入、父母外出打工所带来的分离以及贫富差距带来的内心冲击。

钟梦兰出生于广东省吴川市一个普通的农民家庭，兄弟姐妹五人，这种多子女的状况，在广东的乡村极为常见。父亲高中文化程度，从事建筑行业，母亲是全职家庭主妇，负责照看一家老小的日常起居，家里的主要经济来源依靠父亲。尽管家庭开支极大，养育五个孩子的成本不低，但得益于中国高速的城市化进程，父亲所在的建筑行业，获得了最为充分的发展，他一人的收入，足够维持一个大家庭的开支。梦兰回忆，尽管出生在农村，但父母并没有让孩子们在贫穷中长大，家里的经济条件，在当地属于中等偏上水平。

梦兰的小学时光，在村里度过，小学毕业后，她以全校第一的成绩，考到了镇上的中学。母亲为了照顾孩子们的学业，租房住在镇上，陪伴梦兰度过了中学六年的时光。在母亲陪读的过程中，父亲决定拿出多年的积蓄，在市里购地建房，并在梦兰高二那年，将此变为现实。一年后，梦兰考上大学，他们全家也彻底告别乡村，开始了在小城市的生活。

梦兰一家的经历，对观照纯粹的农村家庭如何迈进城市化门槛，具有极为典型的样板意义。十几年前，对家庭条件尚可的农村家庭而言，坚定地走向城市，是他们常见的共同选择。中国乡村城镇化的进程，更多时候，不是在刻意为之的行政意志下生硬地完成，而是渗透进千家万户的细部，伴随家庭的需求和孩子们成长的路径，在不知不觉中自动完成。从前面国伟的叙述可知，他们一家的生存转折，同样得益于父亲及时、主动地融入了城市化进程。国伟不止一次提到，他人生最重要的转折，来自父亲1995年在四会市买房的决策，这和梦兰一家的状况，如出一辙。

潘海燕的情况与王国伟、钟梦兰不同，代表了农村家庭在城镇化转型期的另一种遭遇。海燕刚进初中时，父母为了增加收入，决定远走他乡，外出打工。母亲去了佛山，在一家茶餐厅当服务员，父亲则去广州开车。他们一家，代表了普通农民家庭一种更为普遍的抉择：为改善经济状况，进城打工。这种选择的结果，虽增加家庭收入，伴随而来的常见后果，要么是夫妻分居，要么是孩子成为留守儿童。海燕记得上初一时，不论接到妈妈的第一封信，还是接到妈妈的第一个电话，都因为思念而泣不成声。尽管留守经历极为难熬,但她对此没有任何抱怨,依旧理解父母的选择,"对于妈妈外出打工,我当时也没太多想法,因为很多家庭都是这样的,妈妈要外出挣钱交学费"。进到大学后,她才意识到父母的付出对她命运的深远影响,她发自内心地感激父母的选择,"他们这种希望教育能改变生活、命运的想法,给我们打开了前进的道路,并让我拥有感知外面更美好世界的机会"。父母务工的收入,保证了三姊妹的教育费用。她没有延续母亲的命运,也没有重蹈村里贫困家庭长女的遭遇。海燕知道,如果父母不外出挣钱,和村里别的女孩一样,照顾弟弟妹妹、早早辍学、嫁人生子,将是她能想到的轮回。海燕的成长,将在后面有更多的叙述。

显然,在梦兰、国伟和海燕成长的过程中,中国加速的城镇化进程,同样传递到了他们身上。对起点相似的三个家庭而言,尽管父母在不同节点的选择,对孩子们此后的命运和人生产生了不同影响,但不能否认,正是父母主动融入轰轰烈烈的城市化进程,孩子们才得以拥有机会获得教育资源,并迈进大学的校门。对梦兰和国伟而言,父母外出谋生对整个家族意义非凡,不但获取了在城里购房的原始资本,为孩子们此后在城里立足打下了较好的经济基础,更让他们避开了乡村教育衰败最快的阶段,得以进入城市接受更好的教育。对海燕而言,父母外出谋生保证了她的教育费用,为她通过高考走出乡村顺利进入金融行业提供了可能,意义同样重大。

我留意到,和我大学就读的9202班比较起来,062111班不少学生的家庭,都曾开过工厂或小作坊,和内地的乡村家庭仅仅依赖农业构成了鲜明对比。这种状况,显然得益于广东发达的经济条件和成熟的市场意识，除了前面提到的王国伟家曾开过古法造纸厂，来自潮汕地区的学生，家庭开办工厂的情况则更为普遍。在潮汕，各个不同的乡镇，都有不同的经营特色：诸如枫溪镇，算得上潮州工艺瓷的发源地；古巷镇则主要经营厨卫洁具；彩塘镇经营不锈钢；庵埠镇则经营果脯和肉脯等食品加工。与此对应，他们的就业意愿和我大学时代的同学也有明显不同。我的同学更热衷进机关、事业及国有企业等稳定的单位，而我062111班的学生，对稳定工作并无强烈的愿望，不少人大学毕业后根本不找工作，而是直接回家继续和父母、家族亲人经营自己的作坊、工厂。女孩子嫁人后，也会直接进入丈夫家的厂子，帮助一起打点。

陈倩是一个样貌秀气的女孩，说话快言快语。她出生于潮州古巷镇，两个姐姐，一个弟弟。爸爸一直在枫溪做工艺瓷，家里也开了一家陶瓷厂。她大学毕业那年，爸爸因为年事已高，将家里的工厂出租给了别人，自己则待在家里画画，同时指导弟弟作画。陈倩毕业后，和班上很多同学一样，最开始在珠三角一带活动。她曾在佛山工作过一年，因为找不到归宿感，2011年回了潮州。陈倩曾经尝试在潮州找一份工作，摆在她面前的现实是，尽管潮州工厂遍地，但大的公司极少，稍微好一点的公司，诸如创佳电视，如果要进去，必须通过关系才能达成。她的人脉，没有办法帮她进入大的公司，若依靠中文的专业背景，找一份普通的文员工作并不难，但文员的工资极其低廉，月薪只有两千元左右，她最终放弃并决定寻找别的出路。

和同样出生古巷镇的丈夫结识后，她决定此后不再外出，安心在潮州定居。丈夫没有念大学，但勤奋好学，极为聪敏，丈夫家和自己家一样，也经营了一家陶瓷厂。1997年，公公婆婆看准了即将到来的市场，辞掉了国营企业的稳定工作，开办了这家厂子，订单根本接不过来的火爆的行情，一直延续到2008年之前。陈倩结婚后，彻底放弃了去外面谋生的念头，她利用自己的专业知识和工作经验，很快成为丈夫家族企业的一员，并全面参与和管理工厂的整体事务。从设计、跟单、货款跟踪、产品维护、一直到与客户的频繁联系，每一个环节，她都了然于胸。和十几年前的市场比较起来，陈倩明显感到，近几年，工厂受汇率、环保、人工成本等外部影响非常明显。除了外部因素，面对变化的形势，这家经营了二十多年的家族企业的现实难题在于：对于产品，消费者个性化要求越来越高，工厂不能延续以前的批量生产模式。这些新的挑战，他们还没有找到化解的有效办法。

陈倩大学毕业后的选择，对潮汕甚至广东的学生而言，极为常见。家里有厂子的，父辈经营得好，子女完成学业后，会接过来成为继任者；家里没有工厂的，相比进一家固定单位，他们更倾向从事商业活动。出生在汕头的大顺，就曾经和我谈起他爸爸的态度，"宁愿开厂，也不愿给别人打工"。国伟也曾和我聊过，父亲在四会买房以后，母亲曾劝他放弃纸厂的生意，到市区谋一份工作，但父亲的看法是，"打工没有自由，还不如自己做个小老板"。对于内地出生的我而言，这种职业观念的差异，让我颇为惊讶。

从职业分布和毕业去向看，相比我大学班级就职党政机关、事业单位占绝对优势的状况，062111班的职业分布则要丰富得多。更重要的是，他们的职业流动也极为频繁。从前面的叙述可知，我的大学同学，毕业后待在同一单位或同一系统的人数，占到了八成；而062111班，根据我到目前了解的情况，除了刘素婷一直待在初次就业的温泉公司、黄春燕一直待在潮州电视台，再也没有更多人守着大学毕业后签约的第一份工作。王国伟在考入四会监狱当文员前，曾在银行工作，像他这种仅仅折腾了两次工作经历的学生都不多；黄施敏毕业后去了英德联社，又去了省行，最后考进了广东农信粤北审计中心，到目前为止，换了三次工作；石磊在进入梅州国税局以前，曾创下四年换六次工作的记录；吴志勇干过的工作门类更多，从卖衣服的网店到社工机构，从公安局到文绣培训师，再到目前和哥哥开办的饮食店，在他所从事的职业门类中，压根就没有稳定一说。从毕业八年后的统计情况看，062111班学生的毕业去向大致有如下几种：

其一，传统的公务员和事业单位。黄春燕毕业后，考进了潮州市广播电视台，成了潮州电视台知名的节目主持人，是班上耀眼的明星，也是知名度最高的学生。张健父母是机关公务员，他听从父母建议，很早就下决心考公务员，大学毕业后，顺利考进博罗县政府机关部门，现在下面一家镇政府工作。因为是独生子，他一直和父母同住，工作落实后，很快结婚、生子，现已是两个孩子的父亲。更多的学生，像王国伟和石磊一样，经过不同工作的尝试后，最后还是决定回到考公务员的路上，并获得了成功，马丽颖就是如此。班上共有十二人做出如此选择。

丽颖出生于广州市从化区，来自一个普通的警察家庭，有一个弟弟。父亲1966年出生，大专学历，在公安系统工作了将近三十年，干过交警、刑警、治安警察，是一个性格沉默，喜怒不形于色的男人。母亲比父亲大一岁，在很长一段时间之内，为了照顾孩子，她当起了家庭主妇，"每天除了买菜，几乎不出门，对着四堵墙，犹如井底之蛙"。直到2003年丽颖初中毕业，母亲突然意识到，"不工作就没有发言权，不工作就无法独立"，于是拜托熟人，在公安局找了一份后勤服务的工作。丽颖高中时候，曾写过一篇作文《三十岁的我》，她梦想的生活是，"30岁的我，微胖，育有自己的乖女儿，同时继续在职场打滚，生活虽然平淡，然而却无比幸福"。可以说，除了生育的是男孩，她现在的生活，几乎完全实现了高中时代的愿望。她是我所知的第一个实现了梦想的学生。

因为家庭环境的影响，丽颖性格极为独立，所有的事情，从高考的志愿、专业、人生规划，都自己做主，独立带来的副产品，是孤独感的滋生。有一段时间，她几乎掉进了抑郁的阴霾，直到遇见现在当医生的丈夫，才结束了整个青春期游离困惑的情感状态。她毕业后的第一份工作，是经过层层选拔后，进入某地方电视台当一名播音主持，主持的方向包括新闻时政、热点问题、家庭教育、儿童节目等。这一份工作貌似光鲜，但在市场化运营过程中，对刚毕业的年轻人，为了减少成本，单位不承诺给予编制，只是劳务派遣形式。尽管干的活并不比正式编制的职工少半点，但丽颖明显感到，领导并不尊重他们，加上地方小媒体行政化管理手段与市场实际需求之间的矛盾愈演愈烈，在一次忍无可忍的冲突后，她毅然辞去了电台的工作，参加了广州某区规划局的招聘，并顺利通过考试，来到了新单位。

来到新单位后，她最大的困扰是工作中的喝酒应酬，而最大的改变，则是从纯粹的行政人员，变成了半个懂规划的技术人员。回首自己历经媒体到机关的职业生涯，在见识了媒体的混乱和行政部门的官僚作风后，她感叹，"作为专门被坑的八零后，如何混战在这个复杂的社会,如何通过我们这一代人去改变大环境,我觉得还没能给出一个答案,我希望能在彷徨与摸爬滚打中找到答案"。丽颖的经历,在班上的女生中,颇有代表性。很多女生,诸如黄施敏、陈燕腾、蔡慧娴、郑友鑫,无不是毕业经过折腾后,通过考公务员,得以进入机关、事业单位。尽管工作中也有新的挑战,但相比此前的动荡,从考公务员中突围,还是让她们获得了一份安稳的生活。

其二,常见的银行、保险等金融机构。从整体而言,这是广东F学院学生就业的主要渠道。从历史沿革来看,广东F学院的前身是广东银行学校,隶属中国人民银行,在没有划归省管之前,是一家金融特色非常明显的院校。2000年划归地方管理后,学院先后经历了专科办学层次和升格为广东F学院后的本科阶段。据说珠三角一带的银行行长,60%都毕业于此,这为它大量的金融就业人才需求,提供了校友资源。尽管中文专业不属学校主流的财经类专业,在学校的地位相对边缘,但得益于金融行业提供的就业惯性,062111班的学生,还是有不少人进入了金融、保险行业。班长曾刚毕业后,一直坚持在这一领域,王国伟的第一份工作也是在银行,喜欢舞蹈的梁景军,最终回到了家乡遂溪,就职当地农信社,过上了一份安稳的生活。

前面提到的潘海燕,显然也受益于学校这一大的就业环境。海燕1986年出生于广东省连州市大路边镇一个村庄,有一个弟弟、一个妹妹,祖祖辈辈都是农民。爸爸仅仅念到了初一,初中没有毕业;妈妈因为外婆去世早,虽考上了高中,但不得不辍学回家,帮外公一起养家糊口。父母结婚后,爸爸买了一辆拖拉机,外出连州市区运输建筑材料挣钱养家;妈妈留在家,和爷爷一起下地务农，主要种植水果、庄稼；奶奶则待在家里做饭，负责照看孙子。在海燕看来，他们家的生活，依循的路径，正是村里绝大部分家庭的生活模式。

随着孩子们的长大，家里负担陡然增重，"三个孩子读书的学费、伙食费、爷爷奶奶的生活费、医药费，大大小小，都落在了父母身上"。光靠待在家里刨生活，已无法满足基本开支，父母经过慎重思考，决定外出谋生。海燕上初中时，妈妈跟随一个远房亲戚到佛山打工，在周记茶餐厅当服务员；爸爸随后也转移了阵地，来到广州开车；弟弟妹妹留在爷爷奶奶身边；海燕则被寄养在姑姑家，没有念寄宿。姑姑待她极好，海燕始终认为自己不算留守儿童，毕竟父母外出时她已上初中。但弟弟、妹妹年龄尚小，父母离开，就直接沦为不折不扣的留守儿童，并对此后的性格养成，有直接的影响。

父亲来到广州开车后，收入比之以前有了一点增长，每月三五千元不等。但因为从事运货，根据行业规矩，往往要先垫付货款，一旦有什么闪失，就面临追讨货款的风险。妈妈的收入较为稳定，每月工资有两千五百元，另外还会加些补贴。为了省钱，她和弟弟、弟媳合租了一间老旧的大房子，每晚在餐厅洗漱完毕后，只是回来睡睡觉。算起来，妈妈的开销，已压缩到最低限度，除了每月一百元的房租，她将各种花费控制在五百元以内，剩下的钱，和爸爸的收入共同维持一家人的开支。

海燕上大学后，妈妈从佛山来到广州，在广州找了一家茶餐厅，一家人得以团聚。每到周末，对海燕而言，最开心的事情是，从广州东北角的龙洞坐地铁，穿越半个城市经天河、越秀直达荔湾，来到父母的出租房，"帮着煮中午饭给爸爸吃，帮忙洗洗衣服"。大学时光,对别的孩子而言,意味着爱情、玩耍和交际,对海燕而言,则是"一个农村孩子,开阔眼界、补缺父母陪伴的改变期"。比起外面的灯红酒绿,她更愿意待在简陋的出租屋,听父母的笑声,参与一家人的讨论,并通过劳动,帮父母减轻一点生活压力。

海燕的工作充满了戏剧性。毕业时,她参加了清远农信社的公开应聘,但第一轮落选。她随后通过了广州移动萝岗分公司的招聘笔试、面试,成为营业厅营销代表实习生,并以劳务派遣的形式,成为公司的一员。"劳务派遣"是当下大学就业的主要形式,也算得上高等教育市场化在就业层面的直接体现。虽然这种形式弹性大,有时有较高的业绩,但晋升的平台并不明朗。更重要的是,海燕发现,在移动公司,除了完成工作任务,"学会应酬、说漂亮话、学会左右逢源、处事圆滑"的潜规则,对职场生存同样重要,这对拙朴的乡村孩子而言,是一个很大的挑战。

在萝岗移动公司实习四十五天后,她接到了失而复得的清远农信社录用电话,心情激动而复杂,曾经缥缈的期待,竟然不可思议地真实降临,她的身份由此获得了根本改变,从一名劳务派遣的漂泊女孩,变成了一名金融系统的正式员工。经过几年的历练,她已成为清远农商银行一家支行的运营主管,她的工作,不需要太多的额外应酬,而家庭给予她的朴实、勤劳、吃苦耐劳等品行,极大地支撑了她胜任当前的岗位。尽管银行业的发展趋势,已让她意识到了金融系统的挑战和危机,但这一份工作,不但让她迅速稳定下来,获得了个体的快速成长,也让她顺利地成家立业,过上了衣食无忧的生活。海燕对自己的现状极为满意,她认为自己出生在"一个普通得不能再普通的农村家庭","父母没有受过高等教育，也无权无势"，但赶上较好的就业形势，通过念大学，彻底改变了自己的命运，避免了落后山区长女辍学早嫁的宿命。不可否认，正是金融行业近二十年的超级火爆业态，客观上给大量海燕一样的农村大学生，提供了可观收入和稳定生活。对广东F学院很多学生而言，"去银行"这份并无诗情画意的职业，在国家经济上行阶段，确实给个体提供了可靠保障，帮助他们顺利在城市立足。

其三，国营、民营及各类私营企业。相比内地大学生，广东地区丰富的企业资源，为他们提供了就业的重要渠道，也塑造了他们务实的就业观念。朱柱球大学毕业后，和石磊一样，一直没有找到特别满意的工作。2011年夏天，他曾和吴志勇到过我家，和我聊起了大学毕业一年后的境况，还顺便拜托我帮他留意工作机会。我认识的人少，终究没能帮上他。经过几年折腾，他最后回到家乡中海油所属的一家燃气公司，负责给企业安装管道，干起了和中文专业没有太多关系的业务，日子总算稳定下来。事实上，和柱球一样，在企业就职，是班上学生的重要去向之一，刘素婷就是其中的典型代表。

素婷出生于广东西北怀集县的一个工人家庭，大学期间最大的遗憾是未能参加毕业合影。毕业后，她进入一家温泉公司，因为遇上了好的领导和工作氛围，没有"经历职场上的钩心斗角，更不需要担心同事间的尔虞我诈"，在其中收获了很多快乐和成长。因为满意，她从未想过跳槽。她记得自己最先应聘的岗位是文案策划，后来则更多倾向于项目管理，由于她所在的公司在温泉行业算得上佼佼者，很多后起的温泉企业一般都会找他们咨询，素婷在工作中获得了不少外出见识的机会，也学会了和各类人物打交道。她深谙服务行业的精髓，懂得站在他人的角度考虑问题，知道与人打交道讲究的是一种巧劲，"有时哪怕掌握了再多的理，也应该给别人留个面子，因为这个世界上，只要对方不想被说服，你永远都说服不了他，人家根本不是觉得你的理不对，而是反感你这种咄咄逼人的方式"。"成熟的处事方式是，在表达自己的同时，亦要照顾对方的感受。如何在别人不难堪的情况下交往，在说理的同时也不会让对方不痛快，是一门高深的技术，也是一门艺术。"

素婷的温婉、厚道，还有善解人意的性格，让她在单位获得了实在的归宿感。在跳槽极为普遍的广东地区和温泉行业，她并不觉得跳槽是提升个人身价的最好方式。她疼惜父母，深知在小城镇生活了半辈子的父母生怕给子女添麻烦，总也不肯闲下来。素婷的最大心愿是，"努力赚钱，趁父母健康，带他们出去见识一下，吃各种好吃的东西"。

她还没有结婚，不想过早步入婚姻生活。她也没有买房，觉得精神上的追求比拥有一套房子更重要。她有空会去旅游、学古筝、学韩语、练习毛笔字。她内心有着成熟职业女性的认知，"年龄困不住一个女人，如果一个女人将自己定位为一个独立个体，一个有能力、有勇气、有资本的人，就不会惧怕衰老。作为女人，应该告诉自己，无论到哪个年龄段，你最好的年龄，就是你现在的年龄"。"岁月对女人来说，从来都不是敌人，我们最大的敌人，是以男人的眼光来要求自己，是将自己的梦想构建在男人身上，是穿着最时尚的衣服，却有着最传统的内心。""做自己喜欢的事情，活成自己喜欢的样子，到死都能优雅，我认为这些是作为一个女人的最大追求。真正能掌握自己的喜好，有能力去负担自己的兴趣，便会成为最好的自己。"素婷的淡定，显然和她在温泉公司舒心、安定的工作氛围有着密切的关联。她是一个野心不大、安安分分的姑娘，她的成长和工作经历，代表了班上很大部分女孩的选择和生活。

最后，自己创业。在2010年左右，尽管做出这种选择的人不多，却成为班上就业的最大特色。我在前面曾提到，062111班的学生和我九十年代的大学同学相比，一个最明显的差异是，职业流动极为频繁。七零后一代，对稳定职业的追求是长在骨子里的东西，而八零后一代，对职业的稳定早已没有太多的执念，开放的就业环境，更多的职业尝试，不过为他们下一次选择奠定根底，甚至成为跳槽的资本和前提。在这种频繁的职业流动中，一些人会选择更为稳定的工作，重新考公务员或事业单位，进入体制；而另一些人，则会越来越远离体制，最后自己创业，张梅怡就是其中的代表。

梅怡1987年出生在广州，有一个比她小六岁的弟弟。父亲出生于1959年，高中毕业，母亲出生于1962年，初中毕业，父母都是个体户。对于家人的收入，她并不清楚，弟弟目前报读成人大专，在广汽本田任OP（管理员）一职，月收入有七千多。毕业以后，她换了很多工作，掰指一算，至少有六份，最长的两年，最短的三个月。2010年毕业季，尽管有很多银行、证券公司来招聘，但她没有去参加一次面试，而是选择了感兴趣的互联网行业，当了一名专业对口的网络编辑。实习的公司算得上互联网巨头，实习期满原本有机会留下转正，因为不喜欢公司明争暗斗的氛围，她以公司离家太远为由，选择了离开。

离职后，她断断续续找了几份文案工作，写过各种广告软文、伪原创、产品背书,最后进了一家行业类的B2B互联网公司。公司不大,老板是佛教徒,同事关系融洽,她应聘的职位是高级编辑,尽管工资不高,但很快获得了各类锻炼机会。刚一入公司,就接受了针对"欧盟反倾销首次获胜"的案件,电话采访中国行业协会会长的挑战,因表现出色,获得了公司的认同。这份工作持续了两年,在熟悉了各类工作流程,掌握了网站的内容、线下刊物的编辑等事宜后,她毅然辞职,自己创业。对她而言,创业以前的所有历练,都是为了独挡一面的单干。

第一次创业尽管热血澎湃,但异常艰辛。"别人说每天叫醒你的不是闹钟而是梦想,对于我,每天叫醒我的只有坚强。办公环境很差,在城中村租了一个三十多平米的办公室,七个人办公,月租两千元,其中有三个是兼职,38℃的天气我们是没有空调的,电脑都是自己带的手提。为了离公司近,我在附近租了一个单间,房租六百元,算上水电费每个月八百不到。因为当时是草根创业,为了降低个人的日常开销,拿着两千一个月的工资,算上水电费、吃喝,每个月基本没有剩余。"公司坚持了两年,团队从最初的七人变成了四人,为了不给团队成员造成压力,在亏空了所有积蓄后,她决定解散第一次创业的公司。

第二次,梅怡选择和一个英国留学念硕士的闺蜜合作。闺蜜看好留学项目,但对公司运作缺乏了解,梅怡对公司的运作有一定经验,但对互联网知识一窍不通,两人刚好互补。梅怡吸取上次创业的教训,对项目的风险、未来的收益进行了评估,"能否戳到目标客户的痛点"成为她们推进创业的核心动力。幸运的是,公司创立之时恰逢国内教育需求的快速释放,进展还算顺利。"截至目前,虽然不算发展迅猛,但基本上能有稳定的收入。目前合伙人在英国驻点，寻求更多合作项目，我在国内负责网站运营、推广和客服咨询，偶尔兼职美工设计。我们目前并不需要养着一群员工，所以成本不需要很高，公司网站这个月准备上线，上线之后我们计划寻求国外的风投。"

在梅怡的就业观中，她从来没有动过心思寻求一份稳定的工作。张扬个性、实现自己的梦想，是她自主创业的心理动因。毫无疑问，她的选择，和父母的精神鼓励分不开，也和她大城市出生、长大的见识分不开，更和她较好的家庭经济条件分不开。她不像国伟，大学毕业后，"首要任务是要解决我和家人的生活问题"，也不像志勇，总在梦想和职业的纠缠中，横亘了一个急需他支撑的贫寒家庭。

概而言之，毕业八年后，综观062111班学生的就业情况和生存状貌，可以看出，整体上，对八零后一代孩子而言，在房价平稳、低廉、经济上行的阶段，他们通过各种努力和尝试，大都能拥有一份让人踏实的工作，并在工作的庇佑下，得以成家立业，实现读书改变命运的古老隐喻。很明显，对那些通过考公务员，得以顺利进入体制内工作的学生而言，这种通道，显示了大学教育最为直接和原初的价值，和时代给他们提供的公平机会；对那些顺利进入银行、证券、保险行业的学生而言，他们的选择，得益于金融行业的快速发展以及学校提供的就业优势；对那些进入各类企业大显身手的学生而言，广东地区发达的经济环境，毫无疑问给他们提供了最好的土壤。当然，对那些一直坚持梦想，愿意在市场中搏击，敢于自己创业的学生而言，这是他们的自信，在时代和自我的认知中，最好的证明。

无论如何，062111班的学生，之所以还能够在教育彻底市场化的境况下，获得良好的发展，显示了这一代普通青年，曾经拥有的丰富资源和时代机遇。

分化已经开始

尽管从整体而言，062111班的学生，因为毕业赶上了房价低廉、经济环境较好的阶段，大部分人获得了较好安顿，但不得不承认，仅仅八年时光，从同一间教室出发，同学之间的分化已经开始。对有些同学而言，通过买房、做生意，早就理顺了个人生活，实现了财务自由；而对另一部分同学来说，不但居无定所，收入有限，工作也极不稳定。客观来说，两者分野的关键要素是房子，对那些条件成熟早日买房的学生而言，因为抓住了房价并未过高的时间窗口，大都过上了安稳的日子；而对那些经济条件不成熟的学生而言，错过了买房的黄金时期，此后的生活则陷入了被动的泥坑。

曾迎欢的自我介绍是，"逗逼的二胎全职妈妈"。在校念书时，她给我印象最深刻的地方就是爱笑，每次开班会，男生坐成一团，一脸的呆萌和无所谓，青春期的单纯和狡黠，一落眼就能看见；女孩子因为人多，乖乖地按座位坐好，遍布教室的中间位置，迎欢无所顾忌的笑容，恰如一朵放肆开放的花，显露出这个年龄段女孩特有的活力。班上的女生，除了团支书林桂梅找我多一点，别的学生很少找我，包括迎欢。她们遵守纪律，心态平和，个性不尖锐极端，我甚至从来没有听到辅导员对女生的抱怨。广东女孩温厚、温和、温驯的个性，在我带的班上显露无遗，这和我此前接触到的湖南湖北女生构成了鲜明对比。不可否认，"广东学生"作为一个概念性的东西进入我的视野，来源于我第一次上课的051841班，但却强化于我当班主任的062111班。

迎欢像其他女生一样，淡淡的、静静的，仿佛生活的所有压力、烦忧，都和这个豆蔻年华的孩子无关。毕业八年后，她将自己的生活轨迹表述为：一个十年前的"穷光蛋"，变成了一个"在广东拥有六套住房、一辆车、有存款、有理财产品、有股票、有房租"的二胎母亲。毫无疑问，近十年社会的裂变，以及房地产市场魔术般的变化，在迎欢身上留下了深深印痕。在广州这样的城市，一个女孩的蜕变，很有可能仅仅来源一个理念和一次机遇。相比班上更多按部就班的同学，她顺着潮流，在市场经济的翻腾中，悄然实现了个人生活的嬗变。

迎欢出生于广东云浮的一个普通家庭。父亲认准了深圳的大开发机遇，九十年代初期就到深圳去开泥头车，妈妈随后将她和弟弟带到深圳，一家人就此立足。在她的成长过程中，童年的深圳经验，对她影响深远，"儿时在深圳长大的经历，让我无法接受被安排的人生"。她很早就意识到阶层固化的残酷，"都说寒门难出贵子，说实话，阶层和财富，真的限制了很多人的眼界和脚步"。她的人生目标没有停留在返回老家选择一份稳定的工作，找个合眼缘的人凑合过日子，然后每天为柴米油盐折腰，而是"游走很多地方，认识很多朋友，品尝各地美食"。

毕业时，她意识到自己没有背景和后台，没有像不少同学那样，选择考公务员以进入机关或事业单位，平时兼职经历过"在天寒地冻的超市门口理货，站在道路中间派传单，在广告公司熬几个半宿还被训得一无是处，当个财经网站的实习生才发现生活处处是套路"的各种折腾后,她同时放弃了学校最大的就业优势,没有选择进银行、保险等金融机构,这种一进去就必须站柜台、跑业务的工种,让她一眼就看清了前景和真相,她不想在含金量不高的工作历练中,浪费宝贵的青春试错机会。

生活确实残酷,她很早就看清这点,但没有退缩。

一毕业,迎欢就决定去北京,当了一年北漂。这对一个广东长大、念书的女孩而言,几乎算得上大胆之举。在花光奖学金后,她找到的第一份工作,是在圣佳力企业管理咨询公司当助理研究员,她服务的客户包括中国建筑、中国交建、中国铁建总部及其子公司等各种央企。被安排进"建筑组"后,她出色完成《2010年下半年建筑行业发展报告》的写作任务,由此在单位站稳了脚跟。北京再一次让她见识了形形色色的人生,"财经公关负责帮助上市公司办理各项上市流程;《经理人》杂志记者能面对面和王中磊、王中军、雷军这些大咖谈笑风生;不起眼的淘宝卖家,每日入账万多元;武警警花转业成为企业精英;一脸呆萌的娃娃脸,是出版社的图书编辑;广告设计师每晚都咆哮着甲方的不合理要求"等等。这段经历让她意识到了生活的丰富和各种可能,也让她看清了自己的学历和经验劣势。

第二年,外婆去世,她没能和老人家见上一面,这让她意识到自己离家确实太远,她毅然辞职,回到了广东。

北京的工作经历,为她回广东打下了很好的基础。她的第二份工作,再一次出人意料,没有留在广州而是选择了云浮新兴的凌丰集团——一家专营国内外不锈钢餐厨具的生产制造商。公司尽管地处偏僻,却给她提供了足够大的发展平台。她的编辑经验、良好的写作功底、在北京参与上市公司运作的资历,以及察言观色的能力，让她很快脱颖而出。她临危受命，不但一个人独自编辑企业报纸，面对别人的临阵脱逃，甚至独自主持过集团新春的团拜会。

对非名校学历的迎欢而言，她最大的特点，是在任何地方、任何工作岗位，都能建立起清晰的自我认知，始终知道自己需要并能达成的目标。她不卑不亢，时刻意识到工作中若要获得别人的尊重，自己必须具有相应的价值，单纯吹牛拍马，在"求贤若渴"的三四线城市私企中并不可行。不止一次，为了维护公司的利益，她甚至敢给顶头上司提意见，"胆大，敢怼他们"；更重要的是，工作之余，她总是不忘提醒自己加强学习，一有空，就和搭档翻查公司过去的资料，在她看来，"功在平时，不了解历史，就写不出能产生共鸣的文章来"。在凌丰公司的两年，是她成长最快的时光，她一直坚信，"从工作获得的成长，不在乎工作时间的长度，而在于工作的深度，以及共事人的层次"。

迎欢人生的转机出现在婚后。她戏称，尽管小时候的梦想是当 CEO，但最后也仅仅是在管理家庭层面，实现了这一目标。丈夫和迎欢是同届校友，也是云浮老乡，在县城长大，"家境说不上太好，也说不上坏"。他在校时，学的是外语专业，毕业后，进入一家进口水果公司负责采购和翻译，身上既有广东人传统的坚韧、质朴的特征，也有市场经济搏击中灵活的一面。除了本职工作，他会抓紧一切机会赚钱，会加班给一些外商做报表，也会根据情况额外揽一些业务，"接一柜生意，会赚到几万块钱，接十几二十柜，利润会更高。丈夫单位包吃包住，他很节俭，没有任何额外的开销，会将所有的收入存起来"。尽管工作很忙，但付出还是获得了回报。2012年，两人准备结婚，最后决定如果要继续在广州立足，就必须买房，"安居乐业"是根植于他们骨子里的观念，此前租房的经历，更让他们坚定买房的信念。"第一套房，总价七十万，两边亲人借了十几万，我们自己借了十几万，因为贷款麻烦，房款一次付清，当年，我们就还清了所有欠款，丈夫的储蓄起到了很大作用。"

婚后有了第一个孩子后，迎欢决定放弃工作，当了全职妈妈。尽管不在职场，但迎欢对自己家庭主妇的身份充满警惕，她依旧会留意政策风向、金融市场的动态，并进行适当理财提升家庭收入。第二年，还清债务后又有了几万盈余，朋友拉他们去看房，第二套房就在无意中促成。"我和丈夫从来不追名牌，不注重享受，比较踏实，总认为钱要花到实处。"此后，随着两个孩子出生伴随而来的落户、学区、优质学位的需求，经过权衡和计算，迎欢和丈夫都习惯用买房去解决。"就是钱滚钱，我们尽量将现有资产盘活"，从2012年开始，他们几乎以每年一套房的速度，迅速实现了财富的快速增值。迎欢坦称，两个人的现状，除了果断抓住机遇，主要还是得益于个人的努力和忧患意识。丈夫是英语专业，为了更好扩大业务，紧张的工作之余，还要学习西班牙语；而她为了更好掌握市场动态，会坚持学习没有任何基础的金融和理财知识，生了孩子后，更要学习育儿的专业知识，"环顾四周，优秀的人比我们都努力，实在没有理由懈怠，说到底，还是最努力的那一批人留下来了"。

回想毕业几年的经历，迎欢发自内心庆幸没有回老家过按部就班的安稳生活，庆幸父母让她从小在深圳获得了更多见识。"我们八零后一代，是机遇和挑战并存的一代，也是稳打稳扎的一代，社会没有绝对的公平，与其抱怨当喷子，不如踏踏实实做事情，毕竟，社会有了很大进步，也有了更多公平。"

迎欢并不认为自己已经获得了很大成功，尽管三十出头，早在广州扎根，但她依旧会留意各类信息，丈夫依旧会兢兢业业工作，他们见惯了太多有钱人没有把持住人生，最后一败涂地的境况。"因为穷过，我会懂得特别珍惜拥有的一切。所谓时势造英雄，我们不过正好搭上了楼市的好机遇。"而这，恰恰是迎欢实现财务自由的关键。

和迎欢买房的"神操作"不同，陈柳鸿则通过经商实现了个人的快速成长。柳鸿出生于广东湛江一个小乡镇，有一个漂亮的姐姐，父母在镇上做生意，家里有三间商铺放租，经济条件不错。在校时，柳鸿的口才非常有名，曾在一次辩论赛中获得最佳辩手，多年后，隔壁班的学生提到她，尽管叫不出名字，但都会描述，"就是那个小巧玲珑，很会说话的女孩吗？"

因为家里经商的缘故，从小耳濡目染，柳鸿比之单纯农村出生的女孩，更早懂得经济条件的重要，也更早懂得应酬的价值。大学期间，她曾和湛江当地一位富二代男友相处，后因男方在广州找不到合适工作，家里催他回老家考公务员，而柳鸿不想回到"落后封闭"的湛江而分手。柳鸿的小姨自她一进大学，就注重培养她的社交能力，大学一毕业，就带她出入各种高档饭局，让她"见识更多世面"。小姨会不时送LV、PRADA等名包给她，包装培养外甥女的成熟气质，柳鸿因为有小姨这个特殊的社会课堂，很快掌握了应付场面的本领，也懂得在交际场合的说话技巧，人际交往能力获得了快速提高。

——我在分析班上学生的职业构成时，发现了一个有趣的现象，几乎所有进入机关、事业单位或金融机构的学生，都害怕复杂的人际关系，害怕拼命喝酒的应酬，害怕工作业绩不取决个人努力，而是由背景的大小、关系的深浅决定。对出生农村，尤其父母是农民的孩子而言，这种人际交往，更让他们无所适从。国伟之所以离开银行，最大的原因，是难以忍受"天天喝、天天醉，睡醒第二天再喝"的生活。海燕进入清远农信社后，也是"因为性格耿直和朴实，不喜欢应酬，不喜欢陪领导喝酒，不习惯说漂亮话，也学不会职场的圆滑世故、左右逢源"，最后不得不选择后台的"运营主管"，毕竟运营主管的工作，主要还是内部风险防控，不用参与太多的对外营销。但对经商家庭出生的柳鸿而言，并没有这方面的障碍，在小姨的调教下，她早早见过职场的真相，早就将应酬当作职场的常态，并能及时将这种交际的技巧，转化为工作的资源，并助她迅速立足社会。

柳鸿大学毕业后的第一份工作，通过家里的人脉，进入了广州市某行业协会。协会算事业单位，"稳定，不忙碌，福利好，但是办公室人事复杂"。她的主要工作和迎欢在凌丰集团相似，做协会报纸的编辑，采访各个会员单位，同时做行业的前景预测。因为协会的风气不好，办公室人员复杂，同事之间尔虞我诈，甚至有领导公开为难她，她痛苦思考了一个月，决定辞职，"一来不想处理复杂的人事关系，二来觉得这份工作不合适我的性格，码字、文案，并非我的特长，也非我的爱好"。

第二次就业，家人再次委托关系，她得以进入某电视台。因为工作关系，她得以认识广州某大报的前董事长杨总。柳鸿因为落落大方，懂得应酬，为人得体，加上能吃苦，做事也踏实，给杨总留下了不错的印象。这个契机，在柳鸿看来，是她人生的重要转折,而杨总,是她人生遇到的第一个贵人。杨总的工作,是和广州某高端房地产公司合作做拍卖,在遇到柳鸿以前,他一直在物色一位得力、能干的助手,帮忙处理拍卖中的繁琐杂事。柳鸿得知杨总的用人需求,当机立断,再次放弃了家里给她找的第二份工作,和拍卖行当场签订了三年合同,从此走上了艺术品拍卖行业。短短一年,她就累积了不少人脉,认识了很多知名画家,也经常有机会见到广州政界的一些重要人物。

经过一年历练,到拍卖公司的第二年,柳鸿已经能够独立筹备拍卖会了,事业的真正拐点由此出现。杨总因为包揽了四会某玉器街为期一年的宣传报道,柳鸿被委托和杨总以前任职的大报前总编跟进。她在事业单位学到的基本应酬,再次发挥了重要作用,在跟进宣传、报道的过程中,和几位知名雕刻师,建立了非常好的私人关系。整整一年,她几乎天天泡在玉器现场,耳濡目染,跟着师傅学了很多辨别玉石的本领,她联系自己从事拍卖结识的客户,慢慢捣腾一些东西,做起了微商。机缘巧合,柳鸿认识了国内某作家的妻子李某,李某在圈内开网店非常有名,拥有庞大的粉丝群,而柳鸿累积了四会很多的翡翠资源,两者优势互补,能够极好对接,这样,她再次下定决心,离开拍卖行当开始专心做翡翠生意。

她与朋友合伙的会所立即开了起来,生意铺开得很快,行情好的时候,一天可以赚十万。来钱快,去得也快,她这几年光买包、买鞋的钱,都有几十万。因为工作压力太大,她经常陷入矛盾之中,大客户的需求,因为个人资金局限难以满足,小客户虽然数量多,但利润有限,维持会所的风险加大。随着工作强度越来越大,加上常年得不到调整、休息,柳鸿在最忙乱的时候,一度患上了抑郁症。2015年股灾，合作方因为亏损太多，拖欠柳鸿几十万货款，导致矛盾升级，合作崩盘。从2015年8月起，柳鸿果断决定不再找合作方，自己独立出来干，也不刻意维护大客户，以免给自己增加不必要的压力。她决心慢慢开始，不再贪快贪大，踏踏实实联合银行做沙龙，将工作重心转到私人客户，利用微信的便捷，抓住微商的红利，能做多少是多少。由于货源好，产品质量过关，加上亲民的价格，随着时间的推移，柳鸿的微信客户增加很快，营业额也慢慢跟上来。就算在经济低迷的2016年，因为客户的稳定，哪怕碰上行情不好时，她翡翠的销量，在同级别的微商中，也能遥遥领先。

　　作为班主任，我同时也是柳鸿微圈中的一员，我的很多小饰物，正是通过她朋友圈发布的信息直接购得。她婚后育有一子，目前的收入非常可观，在广州最核心的地段拥有三套住房，同时拥有自己独立的工作室。她的果断和独立，不但帮她实现了工作自由，也实现了财务自由。总结毕业后的生活，柳鸿认为，"工作这几年，为事业迷茫过，也在事业跌落后吃了不少亏，甚至遭遇了官司，但无论如何，我找到了自己喜欢的工作，并且能够满足自己"。她从不否认，自己的境况与贵人相助有关，她庆幸在关键时刻，总能获得别人的帮助和指点。

　　从出生而言，迎欢和柳鸿的原生家庭，并不处于社会的顶层，但不能否认，在她们大学毕业后，良好的家境恰恰给她们提供了积极的支撑。迎欢小时候，有机会跟随父母在深圳获得更多见识；柳鸿的家人对她的有意栽培，和关键时刻通过人脉给她提供的机会，毫无疑问，都成为她们走向社会的基本现实和起点。无论如何，在三十出头的年龄，通过买房或者经商，迎欢和柳鸿，都已过上衣食无忧的生活,并彻底在广州立足。

这个目标,对062111班不少同学而言,难以想象,也无法企及。

杨胜轩毕业后的境况,和迎欢、柳鸿构成了鲜明对比。

胜轩是班上少有的广州籍学生之一。他1987年出生于芳村,现在一家人依旧生活在芳村。爸爸是四会人,妈妈是顺德人。二十几年前,在一家药品公司当党委书记的爷爷提前退休,根据当年的惯例,爸爸顶职进了药材公司,成为一名普通职员。十几年前药材公司解散后,爸爸失去正式工作,找了一份保安的活,一直干到几年前退休为止。妈妈曾是芳村一家自行车厂的职工,在胜轩念小学的时候,因为效益不好,自行车厂解散,妈妈随之也成为下岗工人。

到今天,胜轩对妈妈所在工厂的集体生活,依然留有深刻的印象。他记得童年时候,很长一段时间,全家住在妈妈单位一间十几平米的房子里;记得自行车厂厂区里面,有一间专门煎药的房子,他上幼儿园时,曾有一次发烧,妈妈还在那间药房煲了汁水;他还记得自行车厂一到节假日,就会组织联谊会,联谊会上,经常有人唱歌、跳舞及各种表演;厂区里有一个鱼池,他曾从鱼池里捞起一条鱼、一只虾,装在家里一个不锈钢茶壶里,小心地将鱼虾带回了家。

胜轩家就在芳村鹤洞桥附近,"反正亲人的各种生活,就围绕这个鹤洞桥",这是他对家的一种直观理解。妈妈下岗后,爸爸不久也从药材公司下岗。胜轩尚小,父母就在附近的菜市场开了冰鲜档口,"主要是卖咸水鱼、鸡翅,冬天卖一些冰冻的羊肉,以及冰鲜的鱿鱼"。在胜轩的记忆里，父母冰鲜档的工作非常辛苦，念小学时，天还没亮，妈妈就得踩着自行车去黄沙拿货，要忙到晚上六七点才能回来，每次收工，则会将很多又脏又腥的新鲜鱿鱼带回家，仔细洗干净后以便第二天售卖。父母经营的冰鲜档，生意一般，但能维持家人的生活。胜轩放学以后，会直接到档口，以便帮妈妈照看，同时在天黑以前，将作业做完。卖东西的钱放在一个托盘里，在夏天，妈妈偶尔会允许胜轩拿几块零钱，去不远的档口买雪糕吃，这是胜轩欢乐的时刻。父母开冰鲜档后，十几平米的居住空间，越发捉襟见肘，广州潮湿的天气，不允许他们将卖剩的冰鲜放置室内，为了找到合适的空间存放当天无法卖完的冰鲜，爸爸向原来的单位求助，终于找到一个通融的办法，得以允许使用不远处单位空余的平房。这处平房舅舅曾经住过，舅舅和爸爸原本在同一单位，爸爸下岗不久，舅舅也下岗了。

到初二时，市政道路扩建，爸爸使用几年的小平房面临拆迁。爸爸的单位采用各个击破的办法，希望爸爸能早点搬出来，并承诺可以安排进单位的其他房子，外加几个月的房租补贴。但爸爸识破了他们的主意，和另外三户生活困难的人家没有答应。在最后坚持的住户中，有一个阿伯的女婿出面和开发商谈判，最后达成协议，每户获得了四万元的补偿。

在失去临时住宅之后，他们一家依然没有离开芳村，没有离开鹤洞桥附近。他们居住过的平房，离现在的白鹤洞地铁仅一百米，爸爸上班的药材公司和妈妈上班的自行车厂，也离家很近，在胜轩的脑海中，始终无法更改白鹤洞地铁曾经是19路车总站的印象。芳村的记忆，渗透进了他的童年、少年，以及整个成长史。广州城市的变迁，同样在芳村打下了深深的烙印，对胜轩而言,属于他个人生命史的片段,除了时尚、便捷的地铁取代低矮的平房,除了老旧公交车站的消失,更为深刻的感知,来自家庭内部的裂变。父母下岗、房屋拆迁,这些大时代的宏大词汇,通过一桶桶冰鲜和父母屈辱的抗争,成为他成长过程中更为真实的碎片。

很长时间,胜轩一家租住在白鹤洞边,"包租婆特别厉害,她出租很多房子,但我无法形容她的吝啬"。因为无法忍受包租婆的脾气,父母决定在拆迁补偿的基础上,借钱买一套住房。他们从亲戚那儿东拼西凑了几万元,很快出手,在白鹤洞旁边,买了一套六十多平米的二手房。这是父母在生存钢丝上,依赖房价低廉稍纵即逝的红利,颤颤巍巍做出的大胆、英明决定。尽管此后的生活,主要围绕还债和孩子两大主题,但回过头看,这个决定,在他们失去正式工作以后,帮家人获得了在广州生存的坚定支撑。尽管在此后的房价飙升中,他们再也没有机会更换更大的房子,但这一次出手,事实上成为父母给胜轩创造的最大财富。

2006年,胜轩考上了广东F学院。"在大学前,我没有电脑,没有手机,我出生工薪阶层,没有培训班,没有夏令营。我上课时,非常专注,导致我没有兴趣爱好。我的状况代表了60%～70%学生的状况。"在我当班主任的2006级中文班中,胜轩是十二个男生中最安静的一个,也是最省心的一个,他带着厂区孩子的温厚、本分,从来没有多说过一句话。父母双方的下岗经历,以及父母下岗后为了生存所遭遇的艰辛,在他的性格中打下了很深的烙印。父母被单位和过往岁月抛弃所致的失败感,在胜轩毕业八年后,我以一个旁观者的视角、一个班主任的身份,从他的职业经历中,分毫不差地丈量出来。二十世纪九十年代国企下岗的历史潮流，曾让一个个稳定的家庭分崩离析，其对个体和家庭带来的隐秘创伤，我在自己历经这一切后，原本以为随着时间的流逝，一切都归于平静，直到遇到胜轩，才发现这个宏大的叙事，依旧以另一种方式作用到这个群体。在我离开工厂师傅后，竟会因为班主任的身份，和他们的孩子相见。

胜轩毕业时，没有找到合适的工作。他将这种后果，归结到大学期间缺乏职业规划。他曾应聘过一些单位，诸如粮油集团、地产广告公司，"都不是一些好的选择"。一个远房的姐夫，见胜轩始终找不到满意的工作，将他带进了一家网络公司，说是网络公司，其实是一家规模很小的淘宝网店。和他聊起这段经历，他反复提到两句，"真的太痛苦了，真的太不爽了"。胜轩的工作非常杂乱，"又要做图片，又要做运营，还要打包发货"，夹在两头受气。公司待遇低（干了四年，到离职时，月薪仅仅两千多元），人际关系复杂，更让他无法忍受的，是强势女领导对他的压制。尽管如此，他还是坚持了几年，一方面，他不知道自己到底合适做什么，另一方面，他也希望通过这份工作，真正学点东西。直到一家街道办招聘，他才下定决心辞职，"从下决心，到考试，到入职新单位，一个星期"。就这样，他获得了第二份工作，一直到今天。

胜轩以网络员身份考进的街道办，位于广州市海珠区宝岗大道附近，"关系挂在民政局，但和我签约的，是一家中介"。他知道就算是小小的街道办，等级依旧森严。"街道办下面有很多部门，城管科、民政科、保障科、出租屋管理科，部门里有公务员身份，有事业编制，有一般的合同工，还有一些临时聘请的人"，他则属于临时聘请的人。从进入街道办起，胜轩的首要目标，就是摆脱临时聘请的身份，通过考试获得民政专职的岗位，"考了三次，每次笔试都过了，面试过不去"。最后一次，因为他工作踏实，街道办的领导过意不去，帮他在面试的大领导前说了一句话，得以过关，成为一名稍稍稳定的民政专职人员。在整个过程中，他切身感受到关系的重要。"在基层单位，关系真的很重要，就是领导的一句话。我终于明白，此前的多次面试，其实领导早就做了决定。"胜轩目前的工资，除去养老保险和住房公积金，每个月还有三千九百元。毕业八年，他的存款不到一万，他笑着，"不出去旅游或者其他享乐，倒也饿不死"。他知道自己面临的境况，既然转为公务员编制的可能为零，那么，民政专职的岗位，对他而言，不过权宜之计。他帮不上父母太多忙，父母六十多岁，除了两千元退休金，必须依靠兼职打工，维持开销。

在进入街道办目睹层级之间看得见的差距后，胜轩的目标，是考公务员，进入体制最为稳定的行列。毕业多年，他从未停止过学习，在准备每年的公务员考试之余，为了获得更多的就业机会，他始终保持"两年一证"的节奏，先后获得了会计从业证、证券从业资格证、社工证、驾驶证等。无论在网络公司还是街道办上班，结束白天无比繁琐的事务后，他将所有的精力都投入了继续学习，"周一到周五的晚上和整个周末，不是上网络课程，就是备考做题"。

四年前，胜轩参加过省考的公务员招考，在激烈的竞争中，很幸运地进入了面试，尽管最终没有选上，却进一步坚定了他考公务员的决心。接连三年，他年年参加，从未落下，"有两年考老家四会的财政局，还有一次考农业局，反正都考家乡的岗位，广州的竞争实在太激烈了"。除了考公务员，他还摸清了广州市事业单位的招聘规律，利用周末去参加各类招考，"报了很多，可能有十几次，竞争非常激烈"。他分析了自己的情况，尽管排名在慢慢提高，但招聘的人数实在太少了，有些单位甚至只招一人，面对厉害的竞争对手，胜轩坦言"很绝望"。他记得有一次考广州市文化局的一个单位，两百多人竞争一个名额。

所有的考试，胜轩没有一次成功。他花很多精力研究公务员考试的题型，研究事业单位招考的公共基础知识、综合知识，尽管名次逐年提高，但报考的人数涨幅更大。胜轩始终认为考试技巧很重要，始终认为自己知识准备得不充分，尽管一次次失败，早已让他看清现实，"关系太重要了，就算进入面试，没有关系也很难突围"，但他还是对考试的突围心存幻想。"事业单位的截止期限是35岁，35岁之前，我每年都会参加考试。"他将此当作一项必须坚持下去的事业，不在乎已经考得麻木。

胜轩考公务员的经历，让我突然明白一个事实，在校的大学生为什么会将考公务员视为比考大学更为重要的事情，为什么考公务员会演变为愈来愈烈的角逐。062111班学生毕业多年的实践，不过从侧面印证了这点。对他们而言，公务员考试相比别的选择，意味着相对公平的竞争，也负载了对稳定的期待。综观班上学生毕业后的现状，那些顺利考上公务员的学生，往往比自主择业的孩子，内心更为宁静。对普通家庭的大学生而言，公务员不见得是最好的职业选择，但却是最能告慰父母的艰辛付出、最能兑现一纸文凭价值的途径。更重要的是，这条路能否走通，往往成为判定这个群体是否存在上升空间的隐秘标尺。不能否认，中国基层单位的面貌，正由这个群体决定，二本院校学生的归宿，与此构成了隐秘呼应。今天，当确定性越来越匮乏，稳定生活越来越成为奢望,我目睹更多年轻学生,早已将考公务员作为实现生命价值的最大念想。我知道,对062111班的孩子而言,在各种职业的裂口中,考公务员的可能,也算得上时代悄然给他们撕开的一道光,只不过,这道光,暂时还没有照到胜轩身上。

胜轩不甘心职业前景的黯淡,为了更明确地认知自己,他先后两次咨询职业规划师。第一个咨询师建议他进入金融行业,胜轩没有动心,他清楚自己毕竟毫无专业积淀,"决心不大,后来就放下了"。第二个咨询师建议他转行,做数据分析师,重回互联网行业去发展,或者去一些热门行业,诸如教育培训、土建工程、旅游业。胜轩知道,数据分析师和土建工程,需要很多专业知识,而自己已有的知识结构,与此相距太远;而教育培训和旅游业,看似热闹,但市场成熟,且竞争激烈,要分得一杯羹,并不容易。

胜轩的犹疑,让规划师说出了最后一句话,"你现在转行到一个新行业,工资水平可能没你现在高,你得想好能不能承担这个风险"。这句话尽管残酷,却让他清醒,胜轩一眼看出了自己犹疑的原因,说到底,第一份工作,尽管给他带来了无数痛苦的记忆,而他不得不咬牙坚持了四年;第二份工作,尽管一眼望穿了前景,他却无法下定决心转身,这其中的因由,恰恰在于自己没有任何承担风险的能力。他不能像班上的梅怡那样,在一次次创业失败后,还有生意成功的家人支持;也不能像柳鸿那样,每次放弃一个单位,家里立马就会托人,给她找到第二个更好的单位。这些暗处的支撑,看起来微不足道,但对于一个资源匮乏的、下岗工人家庭的孩子而言,即使花费很多时间、精力去拼命争取,却还是无法靠近。胜轩将自己的一次次挫败,归结到职业规划出了问题，却没有意识到，这个确定结果的背后，部分来自背后那个羸弱的家庭。

摆在胜轩面前的出路越来越清晰，但选择也越来越逼仄。随着考公务员的日趋白热化，他已不占任何优势，考广州的事业单位，三十五岁的年龄线马上临近。他明白要摆脱目前的尴尬境况，只有创业一条路。在大多数同学都已成家立业的时候，他恋爱多年的女友，因无法接受和未来公公、婆婆挤在一套六十多平方米的旧房里，不得不黯然分手。胜轩比谁都懂得现实的残酷，比谁都知道自己该走的路，也比谁都更自律地保持学习的热情，他一直在谋求一份收入过得去的稳定工作，但尝试了无数次，这个目标始终难以达成。在各种可能逐渐渺茫后，他意识到必须创业，这是摆在他面前的最后通道。"现实摆在眼前，看看广州的房价，凭现在的工资，我根本买不起独立的房子，这个可以算的，绝对买不起。"平心而论，下岗的父母能够自食其力，已让他倍感欣慰，两位老人好不容易从生活的泥泞挣扎中出来，根本不可能像其他家庭那样，轻而易举地给独子提供购置婚房的首付。对他这样的八零后而言，想买房，如果凑不齐首付，一切都是白搭。胜轩勤俭节约，没有任何多余的开销、应酬，但工作八年，存款不过一万。他明白，要创业，面临的挑战，不比求得一份安稳的工作难度更小，"没有资源，没有人脉，没有资金"，这是他清醒的认识。

大时代的裂变早就开始，而且还将继续。曾迎欢通过买房，彻底实现了财务自由，陈柳鸿的生意，让她获得了胜轩无法想象的收入，拥有的几套住房，更帮她获得了在广州的生存底气。

综观这个时代，可以发现，近十年内，顺着潮流，买房是个体获得巨额财富的捷径。如果信奉劳动的价值，在房价相对平稳的时机，不愿加杠杆、不愿欠债，错过一步，可能就步步皆错，几年以后，就会形成触目惊心的对比。说到底，胜轩和迎欢都是努力的个体，都来自普通的家庭，两者的差距，不过在特定时期，是否拿得出一个首付。对胜轩而言，错过买房的最佳时期，在热闹繁华的广州，他此后的生活，将不得不为别人眼中的基本生存条件苦苦挣扎。在小小的062111班，仅仅八年时间，从同一时刻出发，个体命运的差异已显露无遗，群体分化的现实更是触目惊心。

相比更多孩子在时代夹缝中所享受的光芒，这也是一种不可忽视的现实。

对照记

从2006年9月16日算起，我已见证062111班整整十二年，班主任的身份，早已成为我丈量自身职业生涯的标尺。2006年到2018年，恰恰是中国社会变化最快、分化最明显的十年，在梳理学生命运的时候，我总是忍不住和我大学的同学进行对比。

我得承认，尽管从就业结果而言，两者之间的差距并不明显，但若从更为细部的肌理进入，诸如培养目标、培养形式、就业观念等维度，就可以发现两者之间的巨大差异。毫无疑问，我的大学时代和学生的大学时代，是两种完全不同的教育图景，分属计划经济条件下国家主导的高等教育与市场经济条件下资本与资源主导的高等教育，两者差异的原因，显然来自二十世纪九十年代后期市场经济以迅雷不及掩耳的姿势，快速登陆中国大学所致。不能否认，我的大学时光，依旧弥漫着计划经济时期理想主义的余晖，而对062111班及他的同代人而言，展现在他们面前的大学时光，则更多充斥着市场经济所致的功利、现实、竞争和机遇。

　　作为精英教育和大众教育两个阶段的亲历者，联系自己做学生的经验和教学生的过程，我能明显感到中国大学教育目标的变化。我的大学时代，教育目标指向的是为集体（祖国或社会）培养"人才"，而到我的学生，却变成了培养成为找到工作的就业主体，以温铁军老师的话，就是"把人变成资本化的一个要素"。伴随培养目标变化的，是身份指认的区别，我的大学时代，哪怕只是一个中专生、专科生，也被视为"天之骄子"，对农村的孩子而言，考上大学常常被视为"跳龙门"，并被国家从人事关系上认定为"干部"；而对062111班的学生而言，进入广东F学院这样的二本院校，并不能给他们带来太多精神上的荣耀感，从进入校门开始，还没来得及感受高中老师曾描绘的美妙大学时光，就被辅导员告知就业的压力。他们毕业时，更多人拿到的只是一份"劳务派遣"，可以说，刚刚卸下高考的重负，就绷上了找工作的弦，整个大学过程，不过教育产业化后被学校锻造为专业"流水线"上的一个规整产品，并被冠以"人力资源"的工具化表述。

　　正因为这样，二十世纪九十年代初期的大学生，无论国家顶尖的北京大学，还是地方上的岳阳大学，在培养学生上，都首先立足将大学生还原到一个完整的人，注重学生的整体素养和长远发展，学生既不会被就业绑架，也不会盲目地受制于一些所谓的就业技能，而忽略掉更为重要的专业学习。在具体的教学计划和课程安排上，学生也会拥有充分的自主学习空间，不会延续高中时代的填鸭模式。以我的经验为例，我之所以在大学毕业三年遭遇国企改革下岗后，能在短短几个月的备考时间内，通过武汉大学1999年的硕士研究生考试，依赖读书再一次改变个人境遇，其背后的根本原因，正来源于我大学时代，利用大量的闲暇时间打下的良好专业功底，也和自己没有就业压力，始终怀有从容不迫的心态坚持个人兴趣密不可分。

而到我062111班的学生，随着就业不确定性的增加，学校为了增加就业的筹码，往往没有经过严密的专业论证，就增设过多工具性的课程。我的学生，拿的是文学学位，专业方向是汉语言文学，除了上中文专业的课，也要上传媒方向甚至经济类、金融类的课程。石磊大学毕业时，就因为没有通过教学计划中的《高等数学》考试，推迟一年才拿到学位。因为专业培养涉及的学科门类太多，大部分课程只能蜻蜓点水，没有太多专业含量，学生上课压力极大。就算如此，为了增加就业的筹码，他们不得不涉猎更多的信息，以致修第二学位，成为学生无可逃避的选择。放眼望去，大学考证成风，学生无所适从，焦虑迷茫，盲目跟风，被各类考试牵引，学生根本没有条件获得更多闲暇时间，去好好锤炼自己的专业能力。二本院校的大学氛围，在极其强烈的就业压力下，越来越像职业院校。

与教育目标不同对应的，是就业方式的差异。在前面的分析中，我曾提到，让人欣慰的是，062111班的大部分孩子，通过各种途径大都较好地安顿了自身生活，享受到了时代夹缝中的光芒。从整体而言，062111班学生的生存状况和我大学毕业的班级，相隔十五年，差异并不明显，但这并不意味着在抵达这一结果之前，过程也具有相似性。

对9202班而言，我们获得工作的方式，主要依赖计划经济年代国家包分配的政策。在大学尚未并轨之前，因为入读比率极低，这客观上保证了文凭的稀缺性，国家也能从政策上统筹安排大学生的就业去向，个体和国家之间的关系，天然建立了彼此牢固的关联，换言之，国家在包揽大学生就业的同时，实际上通过行政的力量，保证了底层家庭通过读书改变命运的可能。我大学的9202班，来自普通农家的学生占到60%，通过国家分配工作的比例高达97%（只有一个没有接受统一分配），这从整体上保证了班上成员仅仅因为大学教育，就能获得较好的生活保障。我大学毕业后，通过统一分配，和同届的一名男生，进了岳阳市一家大型国企，当年和我一起分配进厂的四十多名同事，来自全国各地的大学，其中不乏中国纺织大学这样的行业名校。进入大型国企，在当时的语境下，同样意味着获得稳定的生活，尽管工资不高，但能享受到单位提供的住房、医疗、孩子托管和入学等相关待遇，对农家子弟而言，这意味着个人和家庭的命运得以真正改变。

而到062111班，随着教育市场化的推进，他们一入学，就被社会、学校、家庭作为就业的主体对待。他们的毕业去向，在"自主择业"的话语中，早已失去了"国家分配"的兜底和庇护，必须依靠自己和家庭的力量去争取。大学毕业以后面临的生存压力，诸如住房、医疗、子女教育，都只能在彻底市场化的社会语境中独自承受，个体和国家的粘连度越来越低，学生的去向，越来越受制于个体背后掌握的资源。底层家庭的孩子，在自主择业的鸡血和市场经济的赤裸搏击下，不确定性成为唯一的确定。

对我大学的9202班而言，无论出身如何，只要拥有一个共同的大学文凭，同窗的就业质量相差无几；但对062111班学生而言，个体出路和家庭情况密不可分，学生的命运，某种程度上，甚至由原生家庭决定。

——事实上，学生分化的开始，已说明了问题。在追踪062111班学生去向时，我猛然发现，在迎接新生第一次和他们见面时，凭直觉留下的几种初见印象，竟然从整体上印证了他们毕业的基本流向。我想起那四个孩子，除了第二个依靠极强的社会适应性，凭个人之力在现实中找到了立足之地，其他孩子的命运，仿佛更多受制于一种无形魔力的牵引：第一个汕头女孩，父母早就给她安排好了出路，念书的唯一目标，就是拿到文凭，获得进入社会的入场券；第三个惠州男生，也在父母的打点下，一毕业就回家考了公务员，在父母早就买好的房子中结婚生子，无忧无虑；只有第四个女孩，恰如她在校的沉默一样，毕业以后，在茫茫人海中悄无声息。我听班上的同学说，她做过文员、当过销售、卖过保险、做过微商，辗转换了好几份工作，也换了好几个城市，没有成家，生活也无安稳可言，在各类被叙述为个体命运的话语中，独自承受生活的考验。

正因为9202班和062111班所依凭的时代差异，他们的就业意识，以及面对现实的态度，也迥然有异。尽管计划经济时代的高等教育，更注重学生的全面发展和集体主义精神的灌输，在具体的专业教育中，也能给学生提供更多的自主学习时间，甚至因为毕业包分配的就业保障，客观上也保证了学生就业质量的相对公平；但事情的另一面是，正因为有国家的兜底，那一代人的就业观念，体现了对稳定性的强烈渴望和对集体、国家的明显依赖，而对市场经济条件下的竞争意识，自然缺乏应有的敏感，甚至有一种隐约的排斥。他们的日常状态，和计划经济时代提供的最后稳定构成了一种甜蜜的依附关系。

但到062111班那一批孩子，他们心中早已没有任何国家兜底的概念，从一入校，他们就接受了自主择业的观念，并在多年市场经济的洗礼中，通过商业和竞争的通道，完成了自我社会教育。在多年的从教生涯中，我惊讶地发现，从接手062111班开始，我的学生和我大学的同学相比，确实更认同商业的准则，也更拥有做生意的勇气。很多时候，我甚至就是他们的第一个目标客户，我办公室永远擦不完的皮鞋油，吃不完的茶叶、红枣，还有丝绸被、洗发水，都来自学生的推销；我的日常消费中，一些护肤品、小首饰、正式一点的包，都来自学生的供货。这种全新的师生关系，完全颠覆了我以往的认知。在我的大学期间，我不会因为拿纸蛇捉弄老师导致课堂骚乱而羞愧，但难以接受为了获取利润和差价，将商品推销给师长的行为。这种差异以及面对市场经济的不同态度，毫无疑问，显示了时代在我和学生身上打下的不同烙印。

不能否认，随着市场经济的铺开，一种注重个人实力，但却易于导致失衡的教育图景早已变为现实。在"赌场"气质的市场化潮流中，能够在洪流中搏击的，顺应了资本隐秘规则的，往往能获得快速的财富积累，实现所谓的人生逆袭；而那些仅仅错过了一步，没有跟上转折节点，依然坚守劳动创造价值，固守本分稳妥的孩子，在随后无法理喻的市场变幻中，则就此陷入了万劫不复的深渊。一个班，从同一间教室出发，仅仅几年，就形成了触目惊心的差距。我知道，尽管志勇和胜轩会将个人的处境，归结到机遇、能力和命运，但作为班主任，一眼就能看出，制约他们的根本来自背后那个家庭。作为男性，他们之所以更难摆脱困顿，恰恰来源于男性的发展，在现实的运转逻辑中，更多受制于个体的资源。在仔细梳理062111班学生去向时，我还得承认，他们在理解个人命运时，面对被彻底市场化后的教育图景，很容易将个人命运与大的时代剥离，就业焦虑症的惯性，给成功学的登陆撕开了最好的裂口。

我担心的是，世界断裂式的发展，在市场经济的洪流中，正以个人成功的名义掩盖背后更为致命的真相。借助班主任视角，我在感知自身和另一个群体的命运变迁时，能明显感到背后分化的加剧及其越来越固化的危机。在理解胜轩命运的时候，这种感受尤其强烈，作为班主任，平心而论，胜轩在各方面都是一个好学生，他勤勉、踏实、热爱学习，做事很有规划和条理，为人也谦和、善良、从无半点抱怨和偏激。如果非要挑他的缺陷，那就是在投机的年代，他身上缺少一股赌劲，缺少职业规划师提到的风险承担能力，在一闪而过的机遇中，他的谨慎和犹疑，没有帮他避免风险，却让他失去了在自小长大的城市立足的资本。没有人追问他的谨慎和犹豫来自哪里，也没有人意识到，他的父辈在承受下岗的命运和改革阵痛的代价后，家庭的瘀伤一直延伸到了这个瘦弱男孩的身上。

对二本高校而言，不得不承认，学生的分化，在入学前多半已完成，教育的实际功效，其边际效应早已递减。

062111班，站在裂变的边缘，大多数孩子已经站稳，但没有站稳的趔趄的几个，将伴随我的视线，落入一个挣扎的人群。

四 "导师制"

财经传媒系2006年成立后,第一届学生062111班、062112班,于2010年毕业了。依据学校惯例,大一新生将在肇庆校区待一年,这样,2010年下半年,为了给2010级新生上专业课,我来到了肇庆校区。

肇庆校区位于著名的风景区七星岩对面,是一座古色古香、小巧玲珑的校园。所有的房子依山而建,静静地矗立在七星湖岸边,绿瓦红墙,典雅秀丽。我到现在还记得刘婉丽向我描述,她第一次见到湖水的惊叹,"真的是太美了,像到了天堂一样"。

因为课多,我当天回不了广州,要在校区招待所度过一晚。没有想到,小小的校区,因为我的一点点闲暇逗留,反而为师生之间的深入交流,提供了条件。晚饭过后,总有学生结束当天的课程后,跑到我宿舍一起聊天。这种师生之间的随意交流,让我仿佛重回了自己的大学时代。九十年代初期,大学里的老师一般都住在校内,除了课堂、办公室,课外去老师家,往往也构成学生学习的重要延伸,师生之间由此多了一份人情味。

在肇庆校区的这学期，因为和学生的接近，我意外获得了一个了解学生的机会。我留意到不少北方学生，因为初次离家，加上语言、文化的差异，在数千里之外的南方，有一个很长的调适期，他们更喜欢找人倾诉。随着和学生交往的增多，尤其是对学习探讨的深入，我突然发现，以往我对学生不爱学习的成见，竟然得到了很大纠偏。学生对我的信任，也激发了我的一个想法：既然系部没有硕士点和博士点，我可否通过双向沟通，挑选几个学生，在大学期间，跟踪和辅导一下他们的学习，看看是否有别的效果？

没想到，这个念头竟然无意中为我打开了一条和学生沟通的渠道，从2010年开始，刘婉丽、徐则良、曾庆迎、贾晓敏、林家俊、李嘉敏、曹纯纯、朱琳、邝富青、朱锐明、李沐光、黎才腾、程鉴光、杜子然、黄璐、胡小芬、刘早亮、谢慧霞、张彩莹、黄璐、李萌、许玉晓、程雪芳、谢晓珊、李金蔓等五十多名学生，名义上成了我"导师制"辅导的学生，在一种松散管理的默契中，超越于学校的任何考核、规范、绩效目标之外，一种"心甘情愿学"和"心甘情愿教"、类似"师徒制"的学习模式，成为我班主任工作以外，和学生交流的重要方式。

"导师制"的具体内容，从一开始，就落脚于学生的课后阅读和写作，原则上，我会要求学生，在"导师制"辅导期间完成十万字的写作量。事实证明，大约有一半的学生能完成，当然，更灵活的形式，是就阅读情况展开读书会。从实践情况看，2010年下学期，因为"导师制"的念头只是在我脑海萌生，加上给他们上课的便捷，我没有公开招募学生，而是鼓励学生多写，暗中观察，发现苗子。在我的鼓动下，刘婉丽、徐则良、曾庆迎兴致颇高，经常在课后将自由练习的作品交给我，我阅读批改后，则会在下一次上课之前，返回给他们。尽管"导师制"处于一种萌芽的粗粝状态，但师生之间的深度交流，确实由此达成。

到2011年，我坚定了"导师制"的想法，并建议在系部小范围内推行，这样，通过双向选择，我便有了第一批学生。我和学生之间，也逐渐有了固定的讨论时间，讨论的地点则见缝插针，学校的面包房、食堂、走廊、办公室，往往会成为我们读书会的场所。碰上学生有空，利用周末或假期，我会带他们去中山大学、中大图书馆、中山图书馆、鲁迅纪念馆等地方参观。他们也会根据自己不同的特点，写不同内容的作品，诸如贾晓敏喜欢写散文，而朱琳和林家俊则喜欢写文学评论。

经过多年的实践，从实行效果看，不能说"导师制"在他们本已稠密的课表中，增加了多少知识，但却让师生之间找回了一种隐隐约约的大学气场，在没有任何功利考核的自觉交流中，一群从应试教育走来的孩子，终于发现了学习的乐趣和尊严，发现学习的目的并不在于是否能兑换为学分或者证件。对我而言，和他们的相处，也让我在永无止境的表格和考核指标中，通过一张张生动、单纯、充满活力的脸庞，找到了一种真实的职业依托。

如果说班主任工作，给了我一个广角镜头，让我得以从整体层面，对学生群体有更多直观的认识，得以在时代的变迁中，感受到不同群体面临的选择、命运；那么，"导师制"则给了我一个特写镜头，在和学生的交流中，他们的坦诚、信任，让我得以拥有机会，对眼前的青年群体有了更多真实、丰富的感知。通过他们，我不但知道了这群孩子的内心风暴，也知道了班上更多同学的故事。

下面，我将按照时间顺序，让我"导师制"的学生刘婉丽（2010级）、徐则良（2010级）、李沐光（2012级）、杜子然（2013级）、颜芳坤（2014级）依次出场，让他们的生命故事得到呈现。

刘婉丽

家庭的变故

刘婉丽1989年出生在甘肃天水甘谷县安远镇的一个村庄。我在肇庆校区上课时，她最喜欢课后找我说话。婉丽容貌清丽，说话快言快语，带着一股西北姑娘的爽朗劲，第一次见面，她就给我留下了深刻印象，尽管柔弱、细腻，但能明显感知她性格里面的坚强、韧性。

婉丽爸爸原本是一名教师，读书念到高三，因为家庭变故，辍了学，没有参加高考，后来村里缺老师，顶替了爷爷的职位，当了民办老师。爸爸是家中老大，民办教师的收入，根本无法帮助父母维持一家人的开销，于是辞了职，当了包工头。说起来，他几乎算得上村里最早的一批包工头，"一开始赚了不少钱，村里的第一台电视机都是他买的。我们那个时候，家里超级好，按现在的说法，是村里的首富"。但好日子没有持续太长时间，到婉丽小学四年级时，爸爸出了一次事故，从十三层的楼上摔下来，钢筋把他的身体都穿透了，但庆幸的是，就断了几根骨头，没有致命的伤害。爸爸躺在废墟中，意识到自己不能死，拼命爬了出来，妈妈知道情况后，天天哭。

爸爸的出事，成为整个家庭的转折。

接下来的日子，爸爸在医院待着，上门讨债的人络绎不绝，这成了婉丽最恐怖的童年记忆。"我爸还在医院躺着，那些人天天上门，家里一片混乱。我妈是个农村妇女，虽然脑袋聪明，但不知道用法律的方式解决问题，问题解决不了，我妈就天天哭。那些讨债的人耍泼，在我家的地板上，睡了十几天，我觉得很害怕、很无助，晚上都不敢睡觉，始终睁着眼睛。我妈为了缓解我的恐惧，只能放电视剧给我看，我感觉爸爸比农民还可怜。"

爸爸一出事，生意很快就破产了，表面上的风光，其实脆弱无比。以前和他保持生意往来的人，知道他身体出了大问题，怕承担风险，纷纷逼债。爸爸在医院整整待了两年，到出院回家，婉丽已经上了六年级。因为身体缘故，爸爸只能继续留在家里养病，昂贵的医药费，成了家里最大的开支。妈妈外出做小工，在工地上搅拌水泥，姐姐成绩原本不错，只能辍学，哥哥和婉丽继续读书。

家庭的变故，让敏感的婉丽，很小就懂得了真实的人性，如果说讨债人的绝情，只是给她带来恐惧，那么亲人的变化，则让她感知到了另一种绝望。外公生养了九个女儿，以前家境好时，外公对妈妈挺好；破产后，外公给同一个村庄的二姨送鸡蛋，会偷偷绕开婉丽家。妈妈知道实情后，非常难受，加上身体不好，整个人变得很脆弱。婉丽目睹家境破败、亲人态度的变化，明白了一个道理，"爸爸的破产，让我看到了各种人性。生活告诉我，你不能自立时，别人不可能帮你。就算别人想帮你，如果你很难扶上去，时间太久，人也会有疲倦期，也不会有人帮你"。正是家庭的变故，让婉丽坚定了好好念书的念头，"我觉得没出路了，我要用读书来改变命运"。

姐姐辍学打工后，妈妈也在外面做小工，爸爸养病干不了活，放假时，她和哥哥不得不承担繁重的农活，兄妹俩有一种相依为命的感觉。"很多农活我不会干，我记得每次去牵牛，那个牛老是挤我，很多次，将我从田埂上挤得掉下来。"爸爸因为受到的刺激太大，脾气暴躁，心情不好。冬天很冷时，哥哥生个小炉子，婉丽为了取暖，跟在哥哥后面，毕竟是孩子，不懂得家里沉闷背后的沉重，兄妹俩有时会下五子棋打发时间，爸爸见他们玩，会一脚踹开，然后咆哮："你们为什么不去死啊！"更多时候，待到哥哥开学离开家，家里只有婉丽和爸爸，而和爸爸的相处，让她觉得无比压抑。"爸爸睡觉的时候，我不能发出一点声音，他在家，吓得我连气都不敢喘，以致我后来得了神经衰弱，在宿舍听到室友正常的呼吸声，都会吓得不敢出气，感觉脑袋缺氧，必须赶紧出去呼吸一下。"

多年以后，婉丽才明白，家庭变故后，亲人对他们态度的变化，和爸爸的脾气有关。爸爸出事后，很多亲戚在婉丽耳边抱怨，抱怨爸爸有钱时，不善待孩子和妻子，抱怨他脾气大，不懂得体贴家人、不顾家。婉丽知道爸爸铸成的很多事实，早已无法改变，就像她无法改变自己是他女儿一样。亲人在她耳边的说辞，除了增加一个孩子的心理压力，更让她陷入了两难境地。"我从小就体验到了金钱的罪恶，但是没有钱，我怎么生存啊？如果连生存的环境都没了，那我还能去干吗？"身处北方乡村的人际网络，她以个体的敏感，从小就感知到了密不透风的人情世故，这是她高考以后，坚决要离开北方，去南方寻梦的心理动机。

对孩子而言，再艰难的岁月，也有快乐的瞬间，毫无疑问，在家庭遭受变故后，和哥哥一起的日子，给婉丽带来了最美好的童年记忆。婉丽从小身体不好，经常头痛、流鼻血，寒暑假和哥哥一起干农活，哥哥会让她干轻松一点的事情。夏天，爸爸原本安排兄妹俩一起割麦，哥哥知道妹妹易疲劳，只让她拔草。"夏天的草很青，有一种毛毛草圆圆的，很茂密，又散得很开，像一把伞。我经常拔一棵，戴在头上装皇后；我哥很搞笑，配合我，他也拔一棵，戴在头上装皇上。这就是我们的快乐时光。"

有时候，婉丽会和哥哥去玉米地里干活，玉米地下面则种了西瓜。北方的玉米，高高的，密不透风的玉米地，遍布的沟渠长满了稠密的野草，虽然好看，但是会影响玉米生长，爸爸吩咐兄妹俩必须将野草铲掉。婉丽和哥哥分工，每人负责一条坑沟，铲累了，就坐在地里吃西瓜。玉米地里的西瓜很小，"我们挑一个大点的，打破了挖着吃，觉得好开心"。吃完西瓜，不想干活了，兄妹俩就回来做饭，吃完饭，睡个午觉，下午接着再去铲。"有时候，我们在草里，会发现一种小鸟，我们那儿叫贱鸡，贱鸡生的蛋，很小很小，如果捡到蛋，我们就感觉特别开心。"相比爸爸的粗糙，年长两岁的哥哥，实在给婉丽带来了太多的慰藉。哥哥和婉丽几乎无话不说。"我哥念初中时，有点青春期发育了，在班上，他学习很好，班上有三个女孩喜欢他，他回家就给我讲，哪个老是跟着他，他又喜欢哪个，他还告诉我，他喜欢的女孩子，长得怎么样，每次听他说这些，我就觉得特别美好。"

妈妈依旧在远方，直到婉丽念初二，妈妈才回家。姐姐去了南方的城市，多年以后，婉丽在她念大学的城市，和姐姐见面。

童年的经历，如此真切，又如此模糊。

艰难的求学过程

到现在为止，关于父母的叙述，婉丽最庆幸和感激的事情，是没有因家庭变故，像姐姐那样辍学。确实，她从小到大的成绩非常拔尖，也热爱学习，父母没有让孩子辍学的理由，但这种在别人看来理所当然的上学机会，婉丽也曾经差点与之失之交臂。

爸爸因为是长子，自然和父母承担了养育其他弟妹的责任。以前当包工头赚钱时，爸爸曾将不少钱交给爷爷奶奶，以便留给三爸（注：婉丽的叔叔）结婚。爷爷去世后，三爸依旧没有成家，爷爷临终前，将所有的积蓄，都给了三爸。没想到三爸替朋友打抱不平，外出替朋友讨债，冲突中，因同行的人冲动行事，不小心失手打死了人，当事人跑了，事情全部赖在了三爸头上，三爸没有办法，只得连夜逃亡。当时爸爸刚出事，还要承受弟弟带来的变故，一家人的生活，彻底陷入了绝境。"尽管从法律上讲，爸爸已经分家独立，没有义务承担三爸惹下的事，但在乡下，别人不管那么多，总觉得你是大哥，你必须负责。那家人天天来吵，我爸吓得要死，只得全家很早熄灯睡觉，到第二天七八点都不敢开门，整天过着提心吊胆的日子。"舅舅见状，让他们全家连夜逃跑，在一个很偏僻的村子躲起来，他们不敢和外人交流，晚上也不敢开灯，一家人黑灯瞎火地过了四个月。婉丽自然也无法再上学，这让她非常害怕，也非常着急，她害怕就此失去读书的机会，直到几个月后事情出现转机，他们的生活才恢复正常，她才又回到学校。

家庭的一系列不幸，给婉丽带来的直接伤害，是她身体的变化。初二以前，常年和脾气暴躁的父亲单独相处，导致她心情压抑，神经极度衰弱，凡事小心翼翼。家里经济条件变得拮据后，连煤气都用不起，婉丽一边学习，一边还得用费时费力的煤炉，给养病的父亲做饭。"我害怕浪费煤，浪费一块煤就几毛钱，所以不敢让炉子一直燃着,但炉子灭了以后,又特别麻烦。很多时候,我经常不吃饭就去上课,时间长了,就开始便秘、头晕,最后还得了满身疱疹,直到有一天昏倒在学校。"她将全部的希望,寄托在读书上,"像上了瘾一样地学习,不学习,心里就不踏实"。她成绩很好,一直是全校的第一名,这对她而言,既是荣耀和光环,更是坎坷和压力。"生怕成绩掉下去,学校的老师,也给了我很大压力,我必须维持成绩。"初中毕业,婉丽原本考上了兰州市一中,因为家里出不起住宿费,她最后选择了甘谷三中。

高中的学习压力更大,婉丽一直以为自己念书还算用功,没想到同学更用功。"北方的孩子,读书真是太苦了,一个个像疯子一样,一天的休息时间,只有五六个小时,大家没日没夜,晚上关灯了,还有同学躲在被子里背书,我也经常躲在厕所的灯光下看书。"高中阶段,是婉丽一家最艰难的时刻,父母的身体越来越差,妈妈顶不住家里的经济压力,终于在她高二那年,叫爸爸来学校领她回家。"我当时都蒙了,打死也不要辍学,我当时的念头就是,要不将我嫁人吧,让我先和婆家订婚,让婆家送我读书,等毕业了,再嫁给别人。"因为她的坚持,家人没有强行将她带回,但两次差点失学的经历,让她在紧张的学习生活中,多了一份难言的苦涩。

她拼尽全力,成绩始终名列前茅,但日渐衰弱的神经,让她没有办法住在集体宿舍,她不得不在学校附近,租一间房子独居。租房子的结果,是要浪费更多的时间,中午要快速回家做饭,碰上漫长的冬季,路上的雨雪冰霜,会一次次让她陷入困境,"不敢骑自行车,怕摔断腿"。婉丽目睹学校一个很帅的男孩,在神经衰弱之后,因为顶不住成绩下滑的压力,成了疯子,"整天疯言疯语地到处跑,谁看到都觉得可惜"。这个男孩的经历,对她震动极大,她接近崩溃的身体,让她重新审视自己。"我决心放弃维持第一的压力,做出这个选择,尽管特别不甘心,但我的身体,已不允许我再多消耗一点。"婉丽想起上高中以来的生活,越来越多的感冒,感冒后,头总是疼得要命,刚打完吊针,就算感觉脑袋里面很多东西在流动,但为了学习,她还是会逼迫自己坐在课室。"那个时候我真是固执啊,我把身体弄垮了,神经衰弱了,感觉一切都坍塌了。无论干什么,都上不去,晚上睡觉,整个晚上都出虚汗,总是害怕睡不着,又不敢和家里人说。父母已经给我买了药,但吃药也没效果,我都不知道怎么办,只是想着,以后如果有一个好的生活,一定要好好活着,不要过得那么苦。"

在认清自己的真实状况后,她的第一个选择,是在高二那年,从理科转为文科。尽管因为这件事,父亲和她产生过矛盾,但她没有妥协。"我一看到化学、数学就头疼,我从理科转为文科,是在为自己找一条退路,爸爸不是我,当然不知道我的痛苦。我的神经绷得那么紧,那种苦只有我自己知道。"

现在回想起来,婉丽觉得高中时候,最需要的,就是别人的理解和引导。在无助中,她将所有的压力都自己扛,将高考当成了唯一出路,"但是不将高考当出路,又能怎么办呢?北方的孩子,读书太苦了,农村的孩子,真的没有别的出路"。她觉得对一个十几岁的孩子而言,那种精神上的重压难以承受。"我总是感觉自己挂在悬崖边,渴望有人拉一把,但偏偏有人拿石头砸下来。"在放弃保住第一的念头之前,她几乎天天跑校医院,医生都认识她了,总是说,这个孩子身体都这样了,还在坚持。

通过高考，尽管婉丽获得了进大学的机会，但作为优生，她对应试教育深恶痛绝。"中国的应试教育，真的是残害人，尤其是残害我这种傻人。我不该将精力在学习上用得那么过分，都是死知识，书本上都是死知识，我当时做了很多题，参考书目都做遍了。我那个班主任，老是惦记着班级优秀这些鬼东西，老是想评上什么，一定要让我保住全年级第一名。其实，考了第一又能怎么样？人最重要的是，关键时候不能掉链子，但我总是关键时刻掉链子。"

婉丽指的"关键时刻掉链子"，说的是高考结果。她转到文科班后，尽管没有始终维持年级第一，但成绩依旧很好，高考时，因为压力大，她发挥不太好，尽管当年分数上了兰州大学的线，但填志愿时，没有人给她太好的建议，也没有人对她进行引导，加上她一心想离开北方，想到经济发达的地区看看，于是将目标锁定在广州。但广州的高校，对外省考生而言，有更严苛的要求，婉丽的分数，只够进到我任教的学校。"当家里人知道，我最后被一所二本大学录取，都觉得我的高中白费了，我当时很难受，老师也为我感到可惜，也许，是我高中的成绩太好，他们对我的期望都太高了吧。"

到南方上大学

度过高三过后的漫长暑假，到南方上大学，成为婉丽最期待的事情。她永远忘不了从西北出发来广州的行程，随着火车的移动，周围环境的变化对她的冲击。当火车驶入南方的土地，南方的秀美、葱茏，和西北的苍茫、黯淡构成了强烈对比，这种对比让她震撼，"到处都是树木，到处都是绿色，我简直不敢相信自己的眼睛，惊讶得不知道怎么呼吸"。她的大一，安排在肇庆校区，校园的优美环境，再一次让她欣喜，她漫步在七星岩的湖边，仿佛自己置身仙境。到达学校的第一个晚上，在痛快淋漓地洗了一个热水澡后，她告诉自己，"再也不要回到北方"。

确实，在上高中以前，她几乎没有好好地洗过一个热水澡。北方天气干燥，她对洗澡的记忆，更多停留在"抹一下，抹一下"的印象中。北方缺水的现实，让她第一次见到满湖碧玉般的七星岩湖水时，内心产生了强烈的冲撞。"我也不知道用什么词语把它形容一下，那个水好美呀，美得不得了的感觉，别人说抱住，我觉得比抱住还想抱，一下子就喜欢上了广东，南北差异一直让我难以忘怀，但我始终不知道如何表达。"南方自然环境的优美，勾起了她更多关于故乡的记忆，她想起在故乡的山路上学，"山路又远又走不动，还很危险"；她常坐车的那条山路很窄，一不小心就会掉下去，很多人都摔死了，这种恐怖的记忆，一直给她留下了很深的阴影。故乡的冬天，也让她感觉萧瑟，"冬天就是一片灰啊，树不多，还被砍伐得厉害"，她当时的念头就是，"能在南方多待一天就多待一天，就为了天天能够洗热水澡，也值得"。

除了恶劣的自然环境，婉丽坦言不喜欢老家的氛围，对老家那种密不透风的人际关系感到窒息，"北方的后门，就像网一样，织得很密"，这些印象，更多来自家庭遭受变故后，婉丽所看到的人情世故。初到广东，她切身感受到南方人际关系的宽松，像七星岩里的湖水一样，让她倍感舒畅。在广东待了半年后，她寒假第一次回家，老家人都说她变得漂亮了，人也滋润了，"得益于南方的水吧"。

但很快，在审美疲劳产生后，婉丽的日常，回到了正轨。她明显感到，尽管所念的大学是一所并不起眼的二本院校，但来自城市的同学，还是让她感觉到了差异，"人家那些小孩子英语很好，我上英语课时跟不上，我和周围的人的差距很大，发现了差距，就有伤害"。更让她惊讶的是，在和宿舍的同学交流了高中的情况后，她再一次确认，"北方的孩子，读书太累了，那时候我们忙得不得了，过年才放十五天假，一周才放半天假，整天紧张得要死，根本不可能有时间外出；而广东的孩子，则轻松很多，他们居然在寒暑假时，还有时间外出旅游，甚至是出国旅游"。

对婉丽而言，大学必须面临的另一重挑战，是高中埋下的身体隐患，在大学期间的爆发。被透支的身体，给她带来的第一个困惑是失眠。她在老家养成了早睡早起的习惯，高中阶段，学习再紧张，在放弃了保住年级第一的念头后，她逼迫自己，晚上一定要十一点睡觉。但到广东后，她突然发现，广东人睡得很晚，那些舍友的精力都非常旺盛，她本就神经衰弱，宿舍嘈杂的环境，加上与舍友步调的不一致，这让她痛苦不堪。"一天到晚，我总感觉耳边有蚊子在叫，整天只能戴着耳机，八个人的空间，我不可能去管住别人的嘴。"她每天最大的期待，就是舍友能够早点睡觉。

失眠的结果是精神的抑郁，人整天恍恍惚惚，头疼更为频繁地发作，只要进入学习状态，头就开始嗡嗡作响，感觉非常难受，"我睡不好觉，整天状态就不好，我想努力改变现状，但什么都改变不了"。更让婉丽害怕的是，她发现睡眠障碍所导致的失眠，已对她的生活产生了一连串恶性循环，"睡不好就会头疼，头疼就害怕病情加重，害怕又产生担忧，担忧又导致神经紧张，一紧张就暴饮暴食，暴饮暴食又导致强烈的自责，但自责过后，身体又不允许我，好好去做一些事情，总感觉自己浪费了太多时间，没有好好念书。总而言之，我的大学生活，整个人就处在害怕与自责中，感觉苦不堪言，而又无处诉说"。

身体的失控，让婉丽进一步看清了自己精神所处的真实状况，她感觉从大一开始，自己已有抑郁倾向，人非常焦虑，但不知道该怎么办，"那时候，我整天看镜子，看自己还是不是个人"，更让她难堪的是，为了排解压力，她内心总是抑制不住，想去拿别人的东西。"我拼命克制自己，第一，是提醒自己绝不能去偷东西；第二，是提醒自己不能做极端的事情。"

说到底，抑郁的根源，来自婉丽内心的迷茫。高中三年，高考的压力附着于"上大学"的目标上，她内心有着明确的方向。高考结束，她突然发现，当为之奋斗的具体目标消失后，她感受到了一种真正的迷茫。"上大学后，我对学习非常绝望，我不知道路在何方，我感觉大学没有光，没有人指路，胡乱地学，胡乱地跟着放养，课堂浑浑噩噩，自己也浑浑噩噩。我还听很多人跟我说，毕业以后会找不上工作。"和高中的老师相比，她对大学的老师有所不满，在她眼中，高中老师极为负责，教学很勤奋，但大学老师给她的印象，就是整天因为考评的原因，拼命忙自己的事情，很多老师对学生的教导，根本没有系统性，"只是蜻蜓点水，点一下就没了，学生领悟不到很多东西，渴望有个领路人"。

在认清了现状后，她决心像高中那样，再一次向自己妥协，"我不能想更多，我必须尽快调整自己的状态，我对自己说，将大学当作疗养院好了，先将身体调养好再说"。在肇庆校区，她天天沿着湖边散步，回到广州校区后，她再一次利用学校的优美环境,天天爬山,周边的火炉山,成为她最常去的地方。她投入学习时,身体会不舒服,但是去爬山,身心会很舒畅。"我决心向着有阳光的地方伸展,老天爷总会给我条路走。"

回过头看,婉丽认为自己大一、大二最大的收获,是通过运动,将身体彻底调养好了,她真实感受到学校周边的湖水、森林,无形中将自己修复到完好如初。

到大三,为了维持住好不容易调养过来的身体状态,她决心到校外租房子住。最便宜的房子,在学校后门的村子里,看起来近,但交通不方便,为了节省进出校园的时间,她模仿那些校外租房的学生,学着翻越隐藏在竹林里的围墙。从出租屋进入校园,成为她面对的新课题。"我每次翻围墙都非常害怕,围墙外面杂草丛生,长得特别茂密,每次都吓得瑟瑟发抖,三伏天怕三角脑袋的毒蛇,怕长得肥大的蜘蛛,更怕那心怀诡异的坏人。"为了给自己壮胆,她找了一个二战考研的师姐合租。

校外租房的另一个后果,是婉丽必须到外面兼职,"没钱的时候,会感觉钱特别重要,念大学时,一百块钱对我而言,都不是小数目"。为了缓解房租带来的压力,她每周都要去荔湾区做家教,尽管忙碌了很多,但租房好歹帮她彻底逃离了学生宿舍的环境。更为重要的是,家教的经历,也让她更多地接触了真实的社会,在手头有了一点积蓄后,她利用假期的空档,迅速地拿到了驾照,"反正多学一个技能,出路也多一条吧"。

从高中到大学,在历经了各种和自我的斗争后,尽管婉丽通过强制运动,恢复了身体,但她内心还是弥漫挥之不去的疲惫感。"我感觉自己每一步都走得很辛苦,碰到的,都是日常生活里的小事情,但小事情,可以将很多东西磨光。"她提到租房搬东西的苦恼，因为交通不便，她力气小，最后只得将东西扔过围墙，最后艰难地拖回房间，那种看不到的无力和无奈，都会对她形成细密的折磨。

很多时候，婉丽会回到高中时代的噩梦中，她感觉自己走在悬崖边，总是有人踢她一脚，然后自己会掉下悬崖。醒来以后，她知道，引起噩梦的原因，还是来自日常生活中那些无处不在，但又无法指证的小事。她知道自己的苦恼和敏感有关，她确实太敏感，对不敏感的人而言，有些事情根本就不是事情，身边无数的同学，仿佛并没有陷入她面对的个人困境，但她就是对此有直接的感知。

婉丽想起大一结束回校区的那个暑假，因为宿舍的交接，她在李敏师姐的宿舍住了几天。就在这焦头烂额的几天里，她过早辍学的姐姐，在广州打工准备回家结婚的路上，因为被小偷偷去了所有家当——包括几千块现金、身份证，甚至还有结婚证，而不得不求助同城唯一的亲人，以致婉丽的生活，在一种真实的困顿中，再一次陷入了一团乱麻的境况。在目睹李敏师姐将考研当做大学的坚定目标后，她突然清醒过来，感觉眼前的路，没有了先前的狭窄，同时明白了一点——广东F学院，只是自己人生驿站中的一程，无论高考与其产生了怎样深刻的关联，她如果要顺利留在南方，不再回到那个缺水的村庄，最切实可行的出路，毫无疑问，是再一次回到考场。

考研的目标，在她进入大二时，终于清晰显影。

研究生的梦想和痛苦

2014年6月，毕业前夕，婉丽到我办公室，非要给我几个苹果，我再三推辞，让她带回宿舍，和其他女孩分享，她坚持让我留下，并告诉我，"苹果是从家里带来的，苹果就产自家里的果树"。我想起她向我讲述童年经历时，除了玉米地里和哥哥拔草带来的快乐，最多的，就是与苹果有关的记忆，"我们那里，有很多苹果，手一伸，就可以摘下来吃，感觉很开心"。

婉丽毕业后，我突然失去了她所有的联系方式，直到一个师兄告诉我，我们学校有学生考上了他的研究生，我才知道，婉丽离校后，经过打拼，最终还是实现了她研究生梦想。尽管因为第一学历的限制，她和名校再次失之交臂。

2017年4月1日，我约定和婉丽见面，快三年不见，她已出落得越发漂亮、苗条，和大一那个经常跑我房间，慌慌张张说话的黄毛丫头，形成了鲜明对比。尽管多年来，她内心经历的风暴异常激烈，但不能否认，南方的水土，确实将她滋养得愈发水灵。

因为参加了应届研究生考试，婉丽错过了就业的高峰期。考研失败后，有老师介绍她进了一家很小的报社，"干了三个月，绝望得要命，老板不但管得死，没有一点空余时间学习，而且从工作中，也提升不了能力，看不到出路在哪里"。婉丽决定一边工作一边考研，为了寻求更多的学习时间，她辞掉报社，找了一家大学图书馆做临时工。

大学图书馆的工作貌似稳定、平静，其背后的波澜，却给了她一个窥视社会真相的机会。婉丽的身份是合同工，在图书馆的日子，因为身份的差异，她第一次感受到了体制内的阶层差异。在图书馆，最苦最累的活都是合同工干，"我必须天天对着电脑，眼睛都快瞪出来了，总是感觉眼睛很痛，很雾，一直到睡觉前，都会很痛。有时候忙起来，早上五点钟就要工作，头痛得要命，害怕猝死、想哭。最担心领导突击派任务，他们总以为做事情不需要时间，以为我是个火箭，是个机器，任务一下来，就能立马出成果，像花一样，恨不得今天播种，明天就会开。我整天的工作就是复制、粘贴，一处理就是几千本书，付出了很多很多，然而所有的付出，都是领导的成果"。

婉丽提到的领导，大都是同龄人，不过获得了体制内的编制，有一份体制带来的安逸和优越。在婉丽眼中，"有编制的员工，脖子抬得比谁都高，看起来很有尊严，一种天不怕、地不怕的感觉；我这种合同工，感觉像老鼠一样，心里没一点底气，做事情时，总是畏畏缩缩"。这种鲜明的对比，让她对有编制的工作，滋生了一种强烈的愿望，"没有编制，就没有安全感，缺乏保障，感觉害怕"。

大学毕业两年后，婉丽再一次参加了研究生考试，她心仪的高校，因为第一学历的原因，连面试的机会都没有争取到，最后被调剂到了一所普通大学。对于这个结果，她心怀感激，无论如何，只要没离开她喜欢的广州，留在广州的梦想，就依然存在。在读研究生期间，她依然在以前工作的大学图书馆兼职，并且萌生了一个小小的梦想，希望研究生毕业以后，能获得一个机会，成为图书馆一名有编制的员工。有人偷偷向她透露过信息，得到这份工作，需要打点十五万的介绍费。婉丽认为，这个价位不算离谱，她曾经向爸爸提起过此事，爸爸认为只要可行，愿意为了女儿的前途借债成全，但这只是她隐隐约约听来的小道消息，没有具体的操作路径。

相比大学期间因为失眠、自卑、肥胖所带来的青春期"无知的痛苦，无病的呻吟"，上了研究生，婉丽才感到自己所面临的境况，称得上"认清了现实之后的真正痛苦"。她现在年龄已不小，考上研究生时，已经二十五岁，结婚、生子、找工作，这些对女性而言，极其现实的任务，一件不落地摆在她面前。念大学时，为了调养身体，排解压力，她可以说服自己，将大学视为疗养院，到了研究生阶段，她突然感觉到了真正的紧张，时间一下子变得紧迫起来。

图书馆有编制的工作，看起来极为普通，对婉丽而言，却总是遥不可及。2017年，她得知图书馆一次正式的招聘信息，因为在外兼职，赶回来的路途遇上堵车，迟到十几分钟而遗憾错过。她反复恳请熟悉的领导，给一个面试机会，但领导以一副公事公办的口吻，并没有念及她在图书馆兼职多年的事实，告诉她只能等待下次机会。这种失之交臂的挫败，让她很长一段时间，陷入了无边无际的自责，"关键时刻掉链子"的宿命，仿佛再一次隐隐验证。

在目睹有关系的人，随时都能以各种名义招进来后，婉丽内心一片释然，释然过后是更深的沮丧，"大家都付出，但结果不一样，本来以为大家一起在爬树，但到最后，却发现人家没爬树，却用工具走捷径悄然摘走了苹果"。她承认自己对编制的执念，也突然理解妈妈，为何一再强调编制的重要。无处不在的细密现实折腾她，一次次升腾起的期待，一次次不动声色地落空，多年的工作实践，她明白了做行政需要的本领："八面玲珑"，"懂事、狡猾、情商高"，"将聪明用对地方"。她可以付出数倍的精力，以坚韧之心将烦难的事情做好，但无论如何，做不到"将聪明用对地方"，西北乡村质朴的土地赋予她的性格，并未在喧嚣、繁华的南方城市改变多少。

很多事情，她说不出理由，只是感觉累。

婉丽现在意识到，自己之所以如此辛苦，最根本的原因，既不是大学时代缺乏老师的指引，也不来自没有较早地做职业规划，更不来自"情商低、不狡猾"，而是和西北农家的出身、和高考失利所带来的限制有更深的关联。"一个地方被堵了，另外一处也透风漏雨，处处都是陷阱，没有人告诉你怎么躲开，迟早都会撞上"。每个月有几天，她情绪特别低落、沮丧到无以复加，"不知道自己在干什么，焦虑的那几天，心情低落到不想去奋斗，总感觉做了也改变不了什么，就算我有那个力气，也不想去干，感觉没劲头，真的绝望了。但消沉几天，我又恐惧，越消沉越恐惧，于是又奋起，又去努力，又去看书，就这样徘徊好多次，任无数细小的事情消耗我"。情绪低落的日子，读研的师姐，会根据自己的经验，鼓励婉丽去打坐，去听《大悲咒》，她笑称："我已经不吃肉了，是佛系少女了，让我打坐，我还是会为未来而浮躁啊，听了《大悲咒》，还是没有用啊。"

研究生还有一年毕业，不似几年前本科毕业时，因为心存考研的梦想，自己还有缓冲的余地，经过多年的跋涉，她发现读研最后，还得面临更为严峻的考验，而飞涨的房价，总是让她隐隐约约地感觉，离广州越来越远。她清晰地意识到，"对我们这一代农村孩子而言，改变命运的机会不多了"，和其他懵懂的同龄人比较起来，婉丽对自己群体铁一般的命运，有更为敏感的认知，这是她焦虑的根源，也是她无法排解的死结。

婉丽曾经想过接着读博士，但已没有当初考硕士破釜沉舟的勇气，内心真实的声音让她纠结，"既怕考不上，也怕考上后，还得面临找工作"。谁也无法预料现实的变化，就如她从来没有想到龙洞的房价,短短几年,会蹿得如此高不可攀。更多时候,婉丽感觉自己的状态,从高中开始的漂浮、迷茫,哪怕在考上研究生后,都没有消解掉。每一步的艰难,每一步背后的不确定,只会加剧她从小因为家庭变故所致的不安全感。她拼命读书,像高中阶段一样,抓住一切机会学习、深造,结果的不确定,她无法掌控,她唯一能做到和掌控的,是自己足够努力。

婉丽坦言:"我一想到通过自我的努力,还不一定成功,就绝望得想哭。我还想过走歪路,想过哪里有一个干爹型的人,帮我找一份工作,让我安稳下来,然后我再去追求梦想,再去提升自己。"

很多时候,婉丽会想起北方的生活。她置身南方的广州,恍然如梦。尽管北方的秋天,因为萧瑟、肃杀以及无边的落叶,会给她带来悲伤情绪所致的快意,但她排解不了北方给她的感觉始终是寒冷,深入骨髓的寒冷,"冷得我的脸,感觉都要掉下来"。除了寒冷,还有缺水的记忆,让她无可奈何又刻骨铭心,家里打的水窖,妈妈特别在乎,总是要将院子扫三四遍,以储备雨水家用。冬天的时候,她拿个粗勺子,跟在哥哥、姐姐屁股后面,一起去抬雪,沉重的雪块,危险的路面,让她无能为力,她又冷又怕,既怕摔跤,也怕爸爸对他们的责骂。她不喜欢拉水,但对北方的孩子而言,拉水几乎是最常见的家务。在此以前,她无法想象,南方的水,能从水龙头源源不断地跑出。她也不擅长干农活,从小就感觉自己笨手笨脚,父亲叫她去放牛、扬灰,她总难以找到得心应手的感觉,难以从沉重的劳动中获得满足。繁重的农活,更激起她从黄土高坡飞出的愿望,她难以理解,妈妈为何总是将姐姐从南方带回去的电饭煲，擦得一尘不染，然后又高高束起。

家里的老房子还在，但通往村庄的路，早已挖得面目全非。妈妈认准有编制的工作，总希望她研究生毕业以后，像村里其他念书的孩子一样，去新疆工作，去考新疆的公务员。他们都知道新疆的编制多，婉丽偶尔也会有这种想法，但还是舍不得离开广州。

在和妈妈独自相处时，她坦白告诉妈妈，自己不喜欢老家，有时还会情绪化地责怪妈妈："为什么要生下我？为什么要将我生在这样一个地方？我一路走过来，辛苦得要死，还不如死在路上。"妈妈听后，只是沉默，但婉丽就是忍不住，想和妈妈说这些话。她明白自己为什么一定要坚持在广州，她担心自己的孩子也会这样问自己，"不想让未来的孩子那么苦，如果不能给孩子提供过得去的条件，宁愿不生"。

毫无疑问，尽管婉丽认为自己年龄已大，但相比漫长的人生，她事实上正处于女人一生中，最美好的年华。念硕士期间，有三个男孩向她示爱，一个是暨南大学近代史的博士；一个是就职广州农工商学院的硕士，尽管收入不多，但已经咬牙在增城买了房子；还有一个是番禺本地人，男孩没念什么书，有一个好逸恶劳的哥哥，但家里有三栋房子，番禺男孩的父母见过婉丽，非常喜欢她。婉丽仔细向妈妈讲起这些情况，妈妈的择婿标准只有一条：是否拥有体制内的编制工作。

她对三个男孩都没有太多爱的感觉，她觉得自己太忙、太累，也没有时间去纠缠太多，无论男方拥有什么，都不能给她带来踏实的安全感。她始终坚信一点，"只有自己稳定了，就什么都不怕"，这也许是南方的广州，给她带来的最深刻变化。

尽管婉丽将自己目前的状态，概括为"一边在改变，一边在绝望吧"；尽管她认为，"现实密不透风，留给我们的只有一条很小的缝，就是这样一条缝，我怎么努力都钻不过去"；但她也承认，比起童年的生活，现在已经好了很多，至少一家人不会东躲西藏，不用担心讨债的上门。

哥哥已在西安工作，姐姐已经成家。爸爸身体比以前好了很多，对妈妈也好得不得了。更为重要的是，来自西北的婉丽，已是广州一所大学的研究生，等待真正的毕业季来临，也许，她会有自己的好运。

徐则良

在漠视中长大

徐则良与刘婉丽同一届入学。2010年下半年，我在肇庆校区上课时，刘婉丽最喜欢找我聊天，徐则良则最喜欢交作文给我看。则良清清瘦瘦，架一副眼镜，笑起来很腼腆，话也不多，但文笔极好。

则良1990年出生在汕头市潮阳县金照镇。爸爸1965年出生，属蛇，妈妈比爸爸大一年，属龙。则良有五姊妹，他是家中老大，下面依次为两个妹妹、两个弟弟。

在则良的记忆中，他的童年，很少有和父母在一起的画面。父母生下他不久，就选择了躲计划生育，生完第一个妹妹后，还在躲计划生育。至于父母为什么在生下男孩后，依旧要外出偷偷生孩子，则良说不清其中的原因，只知道，周边的人都将此当作生活的自然部分。父母躲计划生育的日子，具体是什么情形，则良不清楚，他只知道五年内，父母给他带来了两个妹妹、两个弟弟。换言之，除他以外，家里的其他孩子，都是躲计划生育的产物，均为父母偷偷摸摸所生。他的第二个妹妹，即家里的第三个孩子，因为父母实在无力照顾，送给了一个亲戚照看。

爷爷、奶奶在儿子、儿媳外出躲计划生育后，将照顾孙子的责任，视为理所当然。则良的童年，自此和爷爷、奶奶相伴。他的处境，很难归结为留守儿童，但和父母的隔膜以及由此造成的后果，和留守儿童并没有任何差异。父母因为超生曾经被抓过，爸爸在生下第二个男孩后，曾被抓去结扎，但结扎完后，又生了一个男孩。家里孩子多，在当地并非个案，则良的家族，都是五六个孩子：大伯五个，两个男孩，三个女孩；大姑六个，五个女孩，一个男孩；小姑稍微少点，也生了三个男孩，大姑过继了一个女孩给她。他父亲那一辈，同样是大家庭，爸爸有两兄弟两姐妹，每到逢年过节，如果整个家族成员到齐，要开好几桌。但在则良记忆中，家族亲人已很少聚在一起。

在和爷爷、奶奶相处的日子里，整体而言，则良过得还算快乐。爷爷种地，他则陪着割草，爷爷放牛，他则跟在身后。两三岁时，则良甚至懂得开动一辆三轮车，这让村里人甚是惊讶，觉得这孩子很奇怪。更让村里人惊讶的是，则良对着电视，学了很多东西，看到电视的字幕，背转身，居然可以将很多字写下来。村里一个德高望重的老人，由此对他另眼相看，时不时教他写更多的字，事实上，在八岁上学以前，小学课本里的字，对则良已没有太大难度。

除了爷爷、奶奶，则良没有玩伴，更没有同龄的玩伴，陪伴他最多的，是家里各种各样的小动物。他曾经养过两只猫，经常和猫待在一起，让他难以释怀的是，有一次猫不见了，竟然是奶奶藏起来，卖给了猫贩子。则良自此才明白，村子里那些经常吆喝、巡逻的人，目的就是收购各种动物，送去城里的餐馆，这个秘密成人心照不宣，唯独孩子们蒙在鼓里。则良难以忘记知晓真相一时的煎熬，"当知道自己养的猫已被奶奶卖掉时，心理特别矛盾，奶奶缠不过，最后和我说，不卖也行，但要将卖猫的十块钱还给别人"。则良从来没有拿过这么多钱，不想将到手的钱拿出来，只能眼睁睁一边哭，一边看着猫被贩子带走。除了售卖动物获得一些零用钱，则良还记得，奶奶经常披着白色的丧服，去为村里逝世的人走丧。村子边有一条小溪，溪边有一间公共浴室，他每次就站在浴室旁边，远远地看着奶奶披着孝布走过。

当然，对则良而言，童年最刻骨铭心的记忆，是奶奶将自己看得很紧。奶奶的脾气极为温顺、柔和，是逆来顺受的传统女人。"年轻时，奶奶被曾祖母虐待，追着跑，却不会反驳半句，如果奶奶反抗的话，应该不用过得那么苦，我奶奶苦了一辈子。"老人一生柔弱，不想惹事，只求身边的亲人平平安安，一个家能够完整。则良父母经常吵架，经常提到离婚，奶奶告诉儿子，"你想一下，你的父亲有一个继母，如果你离婚了再娶，你的孩子也会有一个继母"。则良是长孙，奶奶怕他出事，总喜欢将他关在屋子里，则良有一次和别人打完架回家，老人苦口婆心地教导，"你看你，被人打了，我不能帮你讨回公道，你打别人了，我还得向别人赔罪"。

则良六岁时，父母不再外出躲计划生育，回到了他们身边。大伯因为要外出做生意，爷爷奶奶搬去了大伯家。父母关系依旧不好，吵架是家常便饭，妈妈经常因为一些小事，就跑回娘家，娘家的舅舅，为了调解关系，也经常来人。家里住房紧张，只有两间屋子，一间旧，一间新，旧的屋子，父母用来开了小卖部，则良自从搬去新屋后，几乎没叫过妈妈，母子之间的坚冰，谁也不知道如何结成的。"我的性格固然倔强，但妈妈对我的态度也出奇冷淡，早上我如果忘了饭点，妈妈从来不会叫我吃饭，我经常饿着肚子去上学。有一次娘舅家来人，我很生气，和妈妈打起来，还大声地喊了一句，'我没有妈妈'，我甚至叫她猪母娘。"尽管父母出于养育孩子的责任并未离婚，维持住了家庭，则良却感受不到太多温暖。"妈妈做好饭，每次都是自己拿着大碗吃，不管别人。弟弟、妹妹很排斥我，想把我赶出去。邻居家的人，给我取外号叫'粪屎'，嘲笑我是没人要的孩子。爷爷奶奶看不过去，就将我带到大伯家。我大伯有两间屋子，我爸只有一间，我经常跑到奶奶那边吃饭，很少在家里，我觉得我妈像后母一样。"

则良直到八岁才上小学，尽管如此，他依然是家里最早念书的孩子。村里的小学，在废弃公社的大祠堂中，旁边是村委会，里面只有三个班。在上小学以前，他曾在村里念过幼儿园，幼儿园的厕所，是一个茅坑，他还闹过笑话，不知道大便后要用厕纸。则良一年级的成绩属于中等水平，直到二年级，才慢慢有点进步。到三年级，他必须转到另外一个村子上学，到四年级，在老师的鼓励下，成绩慢慢好起来。父母对他念书一事，听之任之，很少过问。

因为孩子多，开支大，家里的经济状况并不太好，加上躲计划生育那几年，父母无法进行正常的劳动，进一步恶化了薄弱的家底。在将生孩子这一人生大事完成后，父母利用旧房子，开了一家小卖部。则良念小学时，小卖部生意尚好，但熬到初中，生意就很差了。妈妈没有收入，爸爸在村里当了村干部。"我们村很小，没有土地，没有工厂，当然也没什么油水。爸爸一个月的收入，只有补助的四五百块钱。"相反，因为负责村里的规划，拆了很多违建，爸爸暗中得罪了不少人。到初中，则良连一个学期三百元的学费，都交不起，他记得有一次修自行车，需要修理费八元八角，问爸爸要，竟然拿不出手。

父母因为孩子多，家务忙，经济压力大，根本没有心思打点孩子们的生活细节。家里的伙食非常差，很多时候，父母根本不知道则良饿着肚子，以致他初中吃食堂后，居然认为食堂的饭菜美味无比。因为从小和爷爷、奶奶一起生活，老人没有穿内裤的习惯，回到父母身边，父母也没注意到这些生活细节，直到初二，则良才知道，还有穿内裤一事。

从初中到高中

则良小时候看过《西游记》，他总会将自己臆想成孙悟空，希望自己神通广大。小学二年级时，他看过一篇文章，和理想有关，"那时，我就立志要当一名科学家"。

小时候，他以为世界上只有两个国家，"中国和外国"。

上初中后，则良眼界大开。他留着长头发，穿得很邋遢，脚踩破球鞋，走进了乡村中学那间教室。"当时竞选班干部，我莫名其妙地当了班长"，这成为则良改变自我认知的开端。童年的压抑、痛苦开始释放，精神深处说不清楚的晦暗，伴随身体力量的增长，不再坚硬如铁，生命的欣喜和雀跃，隐隐约约呈现。他发现自己并不是村里人嘴中的"粪屎"，初中的课堂，他凭借个人能力，能获得班长称号。但因为小学基础差，知识面窄，一进初中，他立即感受到不懂的东西太多，"比如英语，我五六年级才接触英语，班上五十八名同学，我英语考试总是倒数第一"。则良渴望爸爸给他买一台复读机，可爸爸一直拖着不给钱，这件事就这样不了了之。他还羡慕关系和睦的同学家庭，初中时，他曾去过别人家，"父母关系特别融洽，会互相说调皮话，调侃对方"。一到放假，则良压根不想回家，他害怕家里的争吵。"家里的氛围，和妈妈有关，我妈妈没有念过书，不识字，如果她文化程度高一点，贤淑一点，家里应该很少发生争吵，至少念大学的，不会只有我一人。"

则良尽管喜欢阅读，一直到初中，都不喜欢语文。他讨厌语文课上段落大意、中心思想的套路，厌烦这样的形式，甚至和老师当场吵架，"我压根没有听过几次课，感觉语文没有太大用处"。但对语文的反感，并没有妨碍他写作的兴趣。从初二开始，他给两个女孩子写过情书，第一个女孩，他写了几封以后，很快有了回应，但则良突然就没了兴趣，还被女孩在食堂质疑，为什么不再给她写信。第二个女孩，母亲去世后，表现得特别坚强，他被女孩打动，原本想通过写情书，表达仰慕之情，但写着写着，最后竟然有了讽刺的味道，女孩直接将信交给了老师，事情变得尴尬：不但未能和女孩子接近，反而生了嫌隙。其实他写信的那些女孩，都是平时下课后，一起做作业、一起骑车回家的好朋友，"但都被我弄砸了，那段时光令人怀念，特别美好"。

初中毕业，则良没有考上高中。"当时真的不想读了，自己找了一家纺织厂，厂里包吃包住，我打算就在纺织厂上班。但经过一天岗前培训，突然感觉特别孤独，当时一接到奶奶的电话，就哭了起来，奶奶叫我回去，说是送我复读一年。"在则良的家乡潮阳，普通高中只有一所，其余都是重点中学，但他的分数，不够重点中学，普通高中，又受制于农村户口，没有资格报。"我们那里的中考比高考更重要，如果考上了重点高中，基本上都可以读大学，普通高中就算考上，也没什么希望。"在则良心目中，让孩子上中专、大专这样的学校，是有钱父母干的事，他们让孩子混个文凭，就会过上很好的生活。对则良而言，村里人有一个共识，"考不上重点高中，就不用读了，早点去打工吧"。

爸爸对则良复读的态度无所谓，"能考上重点高中就去读，考不上就去打工，反正考上普通高中，上大学也没什么希望"。他很幸运，在复读班上，碰到了一些好老师，尤其是历史老师，直到今天则良依旧会时时想起。感冒了，老师会将泡好的蜂蜜茶端到教室，给他喝；有一次，拖鞋的带子断了，根本无法正常穿着，老师跑过来，问他穿多少码的鞋，他不知道自己的码数，无法回答老师的询问，但还是收到了买来的新鞋。"父母从来不会如此细心地待我，每次我都特别感动，但老师后来调走了，我再也没有和他联系过。"

这些细小的温情，让则良得到了极大的慰藉，童年粗糙的生活，以及与父母感情疏离所带来的情感缺失，在历史老师不经意的关心中，一点点唤醒了他内心柔软的一面。他对同学特别好，无论谁求助，都是先将别人的问题解决好，将自己的事情放一边。他始终记得，有一次班上写作文，写身边的人，他们班甚至隔壁班，竟然有十几个同学不约而同地写到他，"这让我特别惊讶，也特别感动"。老师、同学的关注与认可，重塑了则良的自我认知，也增强了他的自信。

复读一年，他考上了黄图胜中学，学校坐落在潮阳城南，在所有的重点中学里面，算是中等，而当地最有名的是金山中学，则良的人生，迎来了第一次转折。姑丈主动提出，与爸爸一起开车送他上学，他切身感到人生进入了一个新阶段。"学校条件特别好，毕竟是重点中学，硬件设备也很好，有投影啊、电脑啊、球场啊、图书馆啊，这些以前都不敢想象。"初中阶段，他一直盼望学校能有一个图书馆，这个愿望，终于在高中实现。但在新奇感过后，则良再一次感受到了尴尬，"因为没摸过电脑，第一次上电脑课，连机都不会开，文档更不会打，而身边的城里孩子，熟门熟路，什么都会"。

在复读考进黄图胜中学以前，则良曾有一次考大专的机会。他初中毕业时，曾参加过广州外国语艺术学校的招考，如果入读，初中毕业后再念五年，可以拿到大专文凭。那是他第一次来广州，第一次见老外，第一次当众说英语，但考试没有成功，他失去了入读机会。

这次招考经历，让则良对广州产生了深刻而美好的印象。他记得考试期间，在外面餐馆吃饭时，不小心弄丢了订好的车票，服务员得知消息后，拼命帮他找，甚至去翻垃圾桶，丢失的车票，在热心人的帮助下失而复得。这件不起眼的事，来自一个陌生人的关心，却坚定了则良的一个心愿，"我发誓要来广州，要来到这座城市"。这也许是他中考失利已进纺织厂后，听从奶奶的安排回来复读的心理动机。

上高中后，则良依然担任班长。"算起来，从初中到高中，我当了六年半班长。"这倒不是因为他能力比别人强多少，而是出于一种彻底的奉献心理。"初中、高中的班长没人当，大家都怕耽误学习，这是一件吃力不讨好的事，唯一的好处，是可以评优秀学生干部。"

尽管在则良眼中，相比初中，黄图胜中学还算是一所好中学，但从客观情况看，依然具有乡村中学的混乱和无序，"班里每天都吵吵闹闹，宿舍一进门，到处都是垃圾堆"。他声称自己的高二，过得极为糟糕。"重新分宿舍后，我住进了十二人间，和我同住的那些人，很多都是富家子弟，一点都不讲卫生。有一次，我实在看不过去，叫同学去丢他扔下的垃圾，没想到对方说，他从来没有丢过垃圾，他感觉丢垃圾很没面子。我为了维护同学关系，没说什么，但感觉热脸贴冷屁股，很失望也很失落。"高二时，他实在无法忍受，和几个同学商量后，到宿舍外面租了房，反而交了一些好朋友。

在父亲和姑丈将自己送往高中后，高中阶段，除了每月收到父亲的四百元伙食费，父母再也没有来学校探望过则良。他异常自尊，无论碰到什么困难，宁愿告诉老师、同学，也不告诉父母。高中的生活相对简单，大家穿校服，按学校的作息时间行动，除去休息，一天学习十几个小时，脑子里只有考大学的目标，也感受不到同学之间因家境差异所带来的压力。

爸爸因祸得福，因别人举报他包庇村民多生孩子，违反计划生育政策，被撤销了村干部职位，终于可以名正言顺地去小姑那儿帮忙。小姑开了一个工厂，爸爸负责帮忙调试机器，收入是村干部的几倍，家里的经济条件，反而意外地得到了改善。

在远离父母的日子里，除了爷爷奶奶，则良从来不会去想念家人，也不会留恋家庭，学校有再多的不快，在他看来，也比待在父母身边宽松自在。但随着年岁的增长，进入大学后，他突然顿悟了一件事情，彻底原谅了童年阶段妈妈对自己的漠视、粗疏，他突然明白妈妈的局限，更多来源她的成长环境，来源她教育的匮乏和爱的贫瘠，而不能归结到后妈一样的坏心眼。

从高中开始，则良再一次叫出了"妈妈"二字，而在此以前，他基本不和妈妈打招呼，母子两人互不理睬，形同陌路。尽管他依旧不能像别的孩子那样和妈妈亲热不已，但现在，每次回家，他都会想着给妈妈买些东西，而妈妈则会给他"做一顿好的"。母子关系的改善，也直接带来了他和爸爸关系的好转，放假回家，爸爸不经意中竟然将手搭在他的肩上，这个举动，让则良尴尬，但却让他感受到爸爸态度的改变。

工作史

则良坦言，在高中的紧张学习中，他内心有过远大目标，他曾经想过，等学成归来，一定要改革汕头的经济状况。但2010年考进大学后，"好像心头汹涌的一切顿时归零，生活猛然失去动力"。这种状态和高三的一段感情有关，则良喜欢一个女孩，毕业表白失败后，由此陷入沮丧，并将情绪带到了大学阶段。来到广州上大学，他不再乐意去当班干部，目睹其他同学兴致勃勃地参选各类社团，他冷眼旁观，漠然置之，"说到底，还是人生没有目标，不知道自己到底需要什么，不知道自己能干什么，前途的问题，变得迷茫"。

和婉丽大学期间内心历经的折磨比较起来，则良并未陷入太多具体的困境，他没有婉丽南北差异带来的诸多挑战，尽管对于广州，两人都有强烈好感，但行动却构成明显反差。婉丽入学后，细心地规划着每一处人生环节，一切以广州立足为目标；则良却随波逐流，一切都被惯性推着走，中学阶段的亢奋，反而在大学期间快速消褪，童年的压抑和不快，仿佛又重新入驻内心。大学毕业后，他没有回到家乡，留在广州开始了不同职场的流动。

则良的第一份工作，是在一家饮品店当储备店长。这是他实习就业的延续，每个月工资两千元左右，不包吃住。作为实习生，住学生宿舍，坐公共车往返，两千元的待遇，当然感觉不到太大的经济压力。但恍惚中，毕业季悄然溜走后，他竟然没有意识到，应该找待遇更好的工作。离开校园后，学生宿舍不可停留，租房的压力摆在眼前，饮品店捉襟见肘的薪水，给他带来了实际的挑战。坚持了十个月，在看不到任何上升空间后，他选择了放弃。

第二份工作，则良在一家广告公司做文案，公司位于嘉禾望岗，二号地铁的终点站。公司的待遇，相比第一家，并没有明显优势，依旧是不包吃住，月薪两千，则良之所以选择它，无非看重工作和专业相关，可以更快地实现个人成长。他和另外两位同事，一起在梅花村租房，租金两千四，则良支付的房租近八百元，超过收入的三分之一。除了吃最廉价的饭，他不能有任何额外的开销，更谈不上存钱，"不能给家里任何帮助，仅够自己糊嘴"。在看不到公司太多前途后，坚持了三个月，再次离开，"离开不久，公司就倒闭了"。

在放弃第二份工作后，则良开始总结、反省难以找到满意工作的原因，他始终认为，除了没有积蓄，必须快速解决生存问题导致行事匆忙外，更为重要的原因是自己能力弱，"那些在校表现活跃、口才好、能说会道的人，机会更多，他们更容易进大公司"。则良找工作的途径，主要通过前程无忧、智联等网络公司海投，而他的同学，不少都是通过现实中的人脉解决毕业去向。网络公司如汪洋大海，他投递简历，仿佛没有抱太多指望但又明明心怀期待，一次次地投递，一次次地落空，除了增强他的挫败感，并不能给他带来真正的机遇。

和婉丽不同，则良很少审视社会现实，他从不追问个人命运和社会的关系，也不认为从小到大的经历，隐含了某种来自家庭的必然遭遇。当然，他也不否认自己还算努力，大学期间，看了很多书，学了很多东西，也写了不少作品，只不过，他不想像别的同学那样，为了简历的光鲜，沉迷考证、双学位和各类学生干部。他承认由此养成了一些懒散的习惯，"上课总是晚起，乃至迟到，上班以后，偶尔也会这样"。则良认为大学最大的失误，在于没有好的时间管理和职业规划，缺乏明确的目标指引，没有做到严丝密缝地对接职业目标，他将此视为毕业后经常换工作的原因，"因为你像无头苍蝇一样，没有目标，随便乱撞，哪里接受你，不管好坏，是否适合，你都去"。

在离开校园一年后，则良深深意识到第一份工作的重要性。"第一份工作，会限制人的求职方向，成为此后求职的基础。除非别的渠道或表现，决定面试官是否赏识人的原因，只能来自此前的工作经验，我的失误，恰恰是第一份工作太过随便。"

毕业后，则良对一个事实的确认，让他产生了真正的挫败感：他发现自己即使不读大学，找的工作也差不多。他的高中同学，很多没有念大学，早早去社会历练，衣食住行、成家立业的生存问题，早已得到解决，混得比他顺的人，并不鲜见。父母不时在他耳边嘀咕，说某某不读书，"现在有房、有老婆、有孩子，你看你，读了那么多年死书，还不能养活自己"。则良无法说服父母相信读书的意义，依旧在村庄艰难挣扎的父母，很难不将家庭的希望和唯一的大学生对接。念高中时，则良坚信读书可以改变命运，而来到大学，他懵懂中仿佛洞悉了某种真相，待到进入社会，现实已赤裸裸向他展示了最真实的一面。他隐约明白，为何一到大学怎么样都提不起精神，那种深深的倦怠仿佛来自某种隐秘的洞察。高中曾有的远大梦想，余温并未散尽，汕头的经济发展，和他产生不了太多关联。毕业后，摆在则良面前的严峻现实，是找到的工作，月薪始终难有突破。

他和高中的同学偶尔会见面，那些没有考上大学的同窗，并不如父母描述的那么光鲜，不过是更容易接受现实，在得知则良目前的收入和状况后，甚至会暗中庆幸。则良明显感到，尽管便捷的网络，能轻易将中学同学召集到小镇的歌厅，但他们之间确实难以找到共同话题，大学时光，隔膜的不仅是自己梦想的和现实的，还有曾经朝夕相处的同学情分。

第三份工作，则良谨慎了很多。就算工资不能有较大突破，他意识到，必须做自己擅长的事情。新媒体的快速发展，公众号的运营成为每个单位的选择，但合适的人选微乎其微。凭借出色的写作能力，他很快找到了第三份工作，进入一家整形医院做公号，尽管待遇依旧没有大的突破，但他可以借此快速积累不同的工作经验。"整形医院并没有外界想象的那么不正规，我感觉他们还挺负责。"工作经常加班，转正以后，待遇也没有提升，依旧是基本工资两千八百元。掌握了运营公号的基本知识后，干了半年，他再次选择离开，尽管早已意识到自己的问题，"换工作太多，缺少积淀"，但劳动强度大、待遇差，付出和收获完全不对等，他无法说服自己在看不到前景的情况下坚持下去。

但这次离开，让他找到了定力，他逐渐明白以后的职业发展方向，相比前台的管理和服务，他确实更擅长在后台运营公众号。

在整形医院，他不但能较好编辑内容，也懂得吸引粉丝，懂得在短时间内快速提高关注的人数。经过仔细甄别，第四次择业，他选择进入一家化妆品公司，依旧运营公众号。按照合同的约定，工资三千五百元到三千八百元，不包吃住，但三个月转正后，会给他买社保、买五险一金。这是所有工作中，他干得最为舒心的一次，他已经决心好好在此坚持下去，不再像以前那样频繁变动工作。他从来没有想到，公司在他转正后，根本不履行此前的约定，既不给他买社保，更不用提五险一金。他咽不下这口气，和公司产生了纠纷，最后通过劳动仲裁，获得了四千元赔偿，但也将他逼向再次找工作的境地。

回想起来，从毕业算起，在不到两年的时间内，他已经换了四份工作。让他欣慰的是，自从进入新媒体行业后，他每次的薪水都能提高；更让他欣慰的是，每次离开旧的工作，他都能凭借中文的专业功底，在很短时间内，找到新的下家。这种"失业和就业"之间的无缝对接，让他的生活没有陷入难堪的窘境，而保住生存，是他留在广州的底线。

则良很快找到了第五份工作，进入潭村淘宝旗下的一家分公司做公号。公司非常正规，会落实给员工买社保之类的福利，工资也比以前高些，每个月扣掉一切费用，拿到手的收入，将近五千元。"第一次感觉稍稍稳定了一点，相比以前的拮据，生活也有了一些改善。"他最大的心愿，是电商的发展能保持上升的势头，所在的公司能维持目前的态势。

回想毕业以后在广州的工作经历，则良坦言经历了很多苦楚，真切感受到"九零后"的中年心境，但他从来不后悔留在广州。他知道以自己目前的收入，要在广州立足、买房、安家，难度太大,"如果自己没有更大的发展,要在广州买房,肯定不可能",但他从来没有降低对广州的热爱。

他也不后悔上大学,"如果有可能,我将为进更好的大学努力"。尽管一纸文凭没有太改变他的处境,他还是感觉单薄的生命打开了别的空间,他坚信好的大学依旧能改变人的命运,会给人带来更多的选择和社会资源。对农村孩子而言,他始终坚信,名牌大学依旧是改变个人命运的捷径。

父母关心的事情,显然和他不同,他目前的最大压力,来自家人的催婚。大妹妹已经结婚,两个弟弟也已成年,作为大哥的他,如果不解决婚姻问题,将给后面两个弟弟的成家,设置天然的障碍。父母不知道他在广州的真实处境,只知道儿子大了,应该延续古老的生活律令结婚生子、成家立业。好不容易和父母的关系得以改善,因为催婚,他再次选择了疏离。

而事实上,故乡的一切早已改变。童年时候,尽管因为奶奶的管束,他缺少玩伴,但村里的孩子随处可见,到处都是欢声笑语;而现在,哪怕到过年,村里也冷火疏烟,毫无人气。更多的人在城里买房,不再回到乡下,留下来的人,守着一个冷寂无比的村庄。村里唯一不变的,是一直沿袭的赌博风气,父亲当村干部时,想尽千方百计,给村里争取了一个贫困村资格,并坚持在村里建了一栋小学,但小学建起来后,从来没有孩子在此念书。那些真正想让子女接受更好教育的家长,纷纷将孩子送往城市,败落的小学,早已成为村庄刺眼的废墟。

则良也不是没有想过回老家发展,当老师或者横下一条心考公务员,但他对于故乡的土地,始终难以亲近。与他坚决留在广州的选择不同,来自家乡的同班同学李鸿姚,一毕业就选择回家,很快考上公务员进入当地检察院，在精准扶贫过程中，恰好与则良所在的村庄对接。这是两种不同选择背后的真实人生，则良貌似镶嵌在繁华的都市，背后却有无尽的苍凉；鸿姚貌似落入贫瘠的村庄，背后却拥有稳定受人尊重的职业。

一代年轻人对于城市的向往与逃离，同一个班的不同个体，已做出了最好的演绎。

李沐光

李沐光是2012级中文班的学生，在我"导师制"的名单中，他给我的印象极为深刻。他从不掩饰自己贫穷的出身，与老师交往大大方方，身上弥漫一种难得的干净、敏捷而又柔和的气质，没有一般学生的生涩和小心翼翼，更无半点世故和投机，永远满脸阳光，稍稍有点斜视的眼睛，掩饰不住男孩特有的狡黠与调皮，仿佛这个世界所有的浮躁、功利，都与他无关。他从小热爱文学，喜欢读书，渴望过一种有精神世界的生活，深受王小波影响，希望做"有志有趣"的人，他是难得的可以进行精神沟通的学生。

越南妈妈与烂仔弟弟

沐光1993年出生于广东省湛江市吴川市长岐镇一个普通村庄。村里有一条交通干道，不算太偏僻，但吴川的经济水平，在整个广东地区，算是落后。爷爷在很早以前，去扫墓，因为天气太热，去水塘游泳，溺亡了，爸爸都没有见过自己的父亲。爷爷在时，家境还可以，爷爷去世后，家里失去了主要劳动力，奶奶不得不独自拉扯两个孩子：沐光的爸爸和他大伯。在大集体年代，奶奶依靠煮几百个人的饭，用高强度的劳动养活家人，两个儿子念到小学五年级，便不再继续读书。大伯因为很早就去往湛江，得以扎根城市，奶奶不愿跟随大伯离开家乡，便依靠沐光一家生活。他有两个弟弟，加上奶奶，一家有六口人，两个弟弟辍学在家。

爸爸生于1953年，辍学后，十几岁曾跟着村里一些老人，从事过一些迷信活动，诸如有人去世，做一些法事之类，但由于各种原因，并没有坚持学下去，后来又跟同村的一些小青年去卖酱油。爸爸不属于生存能力强的人，家里实在太穷，拖到四十岁，才找了从越南偷渡过来的沐光妈妈，妻子比自己小了二十岁。1993年，李沐光出生，随后，妈妈又生了两个男孩。

沐光很少听妈妈提起来中国的细节。他只知道妈妈来中国二十多年，从没有回过越南的娘家，一直是黑户，始终没有获得中国户口，也无法办理身份证。沐光有两个小姨都在中国，这多少给了远在异国他乡的妈妈，一些难得的亲情慰藉。两个小姨，一个在廉江，姨夫从事建筑行业，沐光家里建房子时，小姨一家还曾过来帮过忙；还有一个在南宁，家庭条件好一些，但来往较少。在沐光印象中，小时候，越南的舅舅曾经来过家里一趟，他抱着舅舅的大腿讨钱，舅舅没给，他将正在咬的甘蔗渣滓，扔了舅舅一身，被爸爸揍了一顿，"这是我一生中，比较丢脸的事情"。此后他再也没有见过舅舅，外公、外婆已经去世，妈妈在越南的唯一亲人，只有哥哥，这导致妈妈没有回娘家的强烈心愿。就算回去，也支付不起其中的开支，更何况因为没有合法身份，正常的路径麻烦而且难以走通，而偷渡则危险重重。

妈妈从不教沐光说越南话，她已经学会吴川长岐的方言，只是还带有越南的口音。妈妈性格开朗,村子里有五六个像她这样,从越南偷渡过来的女人,她们在异乡以姐妹相称,会互相来往,也会暗暗沟通一些信息,其中舅舅的到来,就得益于她们的帮助支持。爸爸不会像别的男人一样,打自己的老婆,但会恶声恶气地和妈妈说话。他脾气暴躁,虽然善良,但眼光短浅,狭隘而又专制,沐光认为爸爸是典型的"火炉皇帝":在外没能耐,还要在家里耍横。沐光有一个叔婆,也来自越南,叔婆曾和村里别的越南女人约定回家,也怂恿过沐光妈妈一起同行。"我妈妈精灵很多,没有和她们一起去。"同行的女人,有一个从此杳无音讯,不知道是回了越南,还是在路上被拐卖或出了别的意外。留在村里的丈夫,根本无法将妻子找回,三个幼子面对妈妈失踪的境况,麻木得没有任何表示。

父母的婚姻说不上太好,妈妈刚来中国时,语言不通,人生地不熟,经历了很多苦楚。生了沐光三兄弟后,家里再穷,也从没有想过离开孩子。"父母不会离婚,他们的世界里没有'离婚'这个词。"父亲中年得子,对沐光极为宠爱,妈妈因为身份限制,不能外出打工,一直安心在家养育孩子,相比其他同龄的留守孩子,在童年阶段,沐光反而拥有父母完整的呵护和关心。

真正让沐光揪心的是二弟,二弟是村里有名的烂仔。村里的中学,风气非常糟糕,打架、斗殴是常事,沐光就读于此,但幸运地考上了当地的好高中,两个弟弟辍学后,像村里大多数孩子一样,直接走向社会。二弟外出打工捞的钱,还不够自己一人花,每次从城里挣点钱,就回到家乡的村头巷尾晃荡。小小年纪,就染上了赌博、吸烟、酗酒等恶习,更让家人担心受怕的是,他喝醉之后,会跟别人动手,疯狂的时候,甚至回家拿菜刀出门。二弟如脱缰的猛兽，任凭青春的本能，横冲直撞，父母完全控制不住他。爸爸尽管在妈妈面前凶，但对变坏的儿子，完全没有办法。村里像二弟这样的烂仔不少。则良曾经提到，他高中的同学，没有考上大学的，很多比考上大学的他，混得还好，但对于初中都没毕业就走向社会的孩子而言，更多可能，不过像沐光的二弟这样。这些年轻、躁动的男孩，会抱团，一旦被村民认定为烂仔行列，反而获得了胡作非为的本钱。他们不会好好干活，更不会像父辈一样，吃苦耐劳地去坚持一件事情，往往是三天打鱼、两天晒网，无所事事。没钱了，就去城里混一段日子，手头活络一点，就回到村里，天天蹲在村口的小铺子混吃混喝，虚荣、爱消费、追求享受、内心没有道德、法律观念，做事毫无底线，成为其共同特征。他们非常抱团，村里人怕他们，更怕家里未成年的孩子受此影响。

二弟常年混迹于此，变得好吃懒做，爱慕虚荣。他羡慕别人有车，曾偷借别人的小车开，结果不小心撞了路人，回来不敢声张，直到别人找上门，父母才知道儿子惹了大祸。家人整天提心吊胆，和邻里的关系，也直接受到影响。

在沐光印象中，二弟并非蠢笨之人，主要受环境影响。除了家庭教育无方，村里恶劣的习气，对二弟产生了很坏影响。村子里田地不多，从2000年开始，更多人不再耕田，选择外出打工，有了收入之后，留守在家的妇女闲着没事干，就会聚在村头村尾的小铺赌博，一赌博，就没有心思养育孩子，而孩子在赌博盛行的环境下耳濡目染，也会慢慢染上恶习。外出的男人，同时将买码的风气带回村庄，在沐光印象中，两个弟弟若犯了什么事，就会通过谈论买码的话题，讨得爸爸的欢心。

沐光感觉自己很难和二弟沟通，两兄弟像生活在两个不同世界里。他每次寒暑假回家，都不外出，只是在家陪伴妈妈干一些农活，他和二弟的烂仔团伙保持距离，轻易不和他们有任何接触。三弟因为年幼，心性并未定型，还停留在男孩子爱玩的阶段，但没有太多坏心眼和恶习，相对要听话一点，他目前在中山日立电梯公司干一些杂活，能够通过劳动养活自己。

沐光妈妈是一个聪明的女人，来到中国后，她逐渐学会写一些汉字，在育儿观念上，她更能坚持一些朴实的想法，别的事情她不和丈夫争辩，但如果丈夫当着孩子的面骂粗话，她会认真地和丈夫理论，并表达自己的观点，"孩子都这么大了，还骂这些东西，学坏了怎么办？"沐光并不认为妈妈持有自觉、高明的教育理念，她所遵循的，不过是生活的常识，和对孩子本能的爱。沐光承认二弟的暴躁、粗疏，更多来自父亲的基因，妈妈的耐心和温存，对此无能为力，这个来自异国他乡的女人，将生活更多的期待，放在了沐光身上。

贫穷的中学时代

与刘婉丽整个中学时代，刻骨铭心的求学记忆比较起来，李沐光对自己的求学经历，没有太深刻的印象。在整个中学时代，唯一刻在他内心深处的烙印，就是贫穷。

沐光认为，"自己的家庭，属于那种上有老、下有小的农村家庭，主要以干农活为生"。他记得家里曾经种过很多地，爸妈早出晚归，靠种菜为生，三兄弟则由奶奶照看。但所有的劳动，只够糊口，随着孩子们长大支出的增加，田里的那点收入，入不敷出，捉襟见肘。村里外出打工的人员逐渐增多，一部分农田开始荒废，一部分则直接租给人家做厂房。爸爸没有别的手艺,在目睹种田作地已无法维持家庭的基本开销后,他在农闲时节,也加入了打工的行列,不时去城里建筑工地,做一些小工。爸爸因为中年得子,年近六十,孩子尚未成人,生存压力极大,村里一些人见他负担重,近几年,带他在湛茂铁路打工,主要负责搅拌泥浆。

妈妈因为身份所限,不能离家外出。她除了料理家务,主要精力用来打理剩下的田地。"她身材矮小,但精明能干,干活精细,家里的运转,主要靠妈妈维持。"为了增加收入,在料理好家务后,妈妈会去村口的一家胶带厂干些杂活,拿计件工资。她手脚快,尽管计件单价极低,完成一件只有几分钱,但一年下来,她也能拿到一万余元,这已是厂里兼职员工,所能达到的极限。沐光不忍心妈妈太过劳累,寒暑假回家,会到胶带厂和妈妈一起干活。但这种工厂难以稳定,越来越不景气,越来越多的胶带厂已经倒闭。妈妈有时会偷偷跟随爸爸外出,到工地去做一些小工,尽管辛苦,但好歹能够多一些收入。

沐光家的房子,在村里最破,"很旧很旧,摇摇欲坠的那种。泥墙盖瓦的,房顶上有个斜顶,但支撑的梁已经开裂,承重墙也向外歪斜,随时都有倒塌的危险,不得不依靠外力,用木头撑住,防止倒塌"。房间的地板,是凹凸不平的泥地,有时候从地里将喂猪的番薯叶收回来,往地上一扔,过两天就会从地面生根发芽。家里太潮湿,所有的家具都不耐用,那些木质的床啊、桌子啊,不是被潮湿腐蚀,就是被虫蛀得厉害,没有一件家具,能够在房中放稳,都需要从下面拿东西垫平,才能避免摇晃。吴川台风多,全家最害怕的事情,是不期而遇的台风。每次台风来临,孩子们挤在一张床上呼呼大睡,父母则提心吊胆,找遍家里的盆盆罐罐，以接住漏下的雨水。沐光年幼时，不懂台风的危害，睡在床上，反而喜欢台风呼呼刮过的声音，也喜欢大雨噼噼啪啪地倾盆而下。

后来是在村委的带动下，号召大家捐了几千元，沐光家从别处又借了几千元，凑钱建了一层楼。房子没有任何装修，全家只有一个门，窗户用装化肥的尼龙袋，随便糊了一下。房间里面，还是裸露的水泥地板，摆在眼前的事实是，"三间房，父母一间，奶奶一间，我们三兄弟一间。现在三兄弟长大了，全家的当务之急，是齐心协力赚钱，建造大一点的房子，以便兄弟成家立业"。

沐光曾经算过一家的收入，"我妈的手比较巧，一年累死累活能拿到一万多元，已经很不错了；算上爸爸打散工的一万多元，平均下来，我们的人均收入很低很低；除去供我念书，一家人的日常开支，完全没有余钱，如果碰上什么大事，完全要垮掉的那种"。沐光有一只眼睛斜视，但因为家里拿不出钱，小时候错过了最佳治疗机遇，直到大学毕业，为了便于找工作，在老师的资助下，才得以完成手术。从小到大，有两件事让沐光印象深刻。第一件，家里第一台电视，是湛江工作的大伯更新拿回来的，"十五寸的黑白电视机，我们特别开心，再也不用因为要去邻居家看电视，而忍受别人的脸色"；第二件，他家三兄弟的学费，主要依靠国家减免。

说起家里贫穷的因由，沐光认为，一是父母收入有限，作为农民的父亲，年事已高，劳动能力减退，机会有限；来自越南的母亲，身份所限，无法外出寻找打工机会，两人一直在底层的农村挣扎。第二是计划生育罚款，生完二弟、三弟后，按照政策，父母没有遵守间隔的年限，加上超生了孩子，计生罚款，抽空了原本就贫瘠的家底。最后，雪上加霜的是，一直作为家庭重要支撑的奶奶，意外摔伤后，不但失去了一个重要帮手，反而增加了额外的医药开支。

沐光从小喜欢读书，尽管家境贫寒，但他从未生出一定要通过读书改变命运的想法，这种难得的从容，也许和他从小获得了爱的充分滋养有关。在我教过的学生中，沐光的家庭情况，算得上艰难之列，但和很多孩子不同，他没有太多因为出身贫寒所致的局促、不安，也没有一定要出人头地的狠劲。他在一所最普通的乡村中学就读，尽管这所学校条件很差，宿舍肮脏，教室残破，加上山高皇帝远，管理也非常混乱，在他的描述中，"是一筐烂苹果中，腐烂程度较轻的一个，一到刮风的日子，黄土地的操场尘土飞扬，冬天的时候，呼号的劲风，裹着严寒与尘土，穿过破烂的窗户，不断地往宿舍和教室灌"，但因为有一个小小的图书馆，他内心产生了真实的雀跃。"图书馆里有《故事会》《青年文摘》《读者》，还有一些人物传记，一些历史故事书。"沐光的阅读，从这些最普通的杂志和书籍开始，尽管汲取的营养有限，但却在匮乏中，养成了难得的阅读习惯。他清晰地感知到，自己对文学的东西，会特别敏感，无论阅读还是写作，都会给他带来快乐。

沐光不知道自己怎样考上了当地的重点高中，他只记得，在度过了一个农村孩子初到城市的惊奇、渴望阶段后，高中卧虎藏龙、高手林立的现状，给了他实实在在的压力。伴随压力，他第一次滋生了决心，"我在心里默默对自己说，一定要走出小村庄，到外面闯荡一番"。

高中阶段，沐光最喜欢的事情，是去地摊上买书。他坦言，在看完韩寒的一套集子后，在文风上，受他的影响较深，随后，他接触到了更多的文学名著，尽管不求甚解，但至少开阔了眼界。"高中的精神状态，相比一般人，会有一种精神上的目标或向往感，我知道有一种东西，一种与文学有关的东西，让我憧憬，让我兴奋，我知道这是什么。我的同龄人，每天关注的事情，无非是上课，外加吃喝玩乐，我在QQ空间，会表达一些伤春悲秋的情绪。"沐光高一结束文理科分班时，交过一个女朋友，女朋友也喜欢文学，但两人喜欢的类型，完全不同，"我喜欢那种带有终极关怀的文字，喜欢王小波，她喜欢女性的言情话，喜欢琼瑶、安妮宝贝、七堇年、郭敬明"。高中毕业，两人分手。

高考结束后，成绩还没有出来，沐光拥有一个漫长的暑假，他决定去深圳打工。"一去就找了一份保安的活，干了两个月，赚了五千元。"当保安三班倒，有时上晚班非常闲，他就在老式的诺基亚手机屏幕上，阅读《平凡的世界》和《人生》，"这次阅读，让我突然之间，有了一种文学上的启蒙感。我以前对文学一知半解，哪个名气大，听得多，就去找来读，但在这个暑假，我坚定了阅读经典的念头，我先后看了《围城》《狼图腾》《荷马史诗》《鲁滨逊漂流记》等作品。第一个月发工资，我就去书店买了四本书：《平凡的世界》《人生》《中国最优美的散文》《中国最优美的杂文》"。

深圳的打工岁月，让他接触到了不少新鲜事物，他第一次学会坐地铁，还特意到深大参观了一番。"深大的设施非常好，我到这里后，才知道其中的差距。"

大学时光

沐光曾经提到，自己刚上大学时，并不像现在这样自信、从容,他自我定位是那种"内心丰富,比较有趣"的人。他喜欢开玩笑,但和陌生人说话,总感觉不自在,不知道选择怎样的话题,怕别人不能 get 到他的意思,弄得无趣。这种敏感的心理,导致他从小说话"细声细气",显得不够自信。

沐光刚入大学时,惊讶于身边同学的沉默。"宿舍一个广州男孩,整天沉湎在游戏中,一看就是典型的宅男;班上一个山西女孩,总是独来独往,好像从不与人交流。"那时候,沐光正迷王小波,对《沉默的大多数》,第一次有了来自生活的直观理解。

说起刚入大学对沐光的刺激,毫无疑问来自城乡差异对他的冲击。广东 F 学院尽管在大学的等次序列中,隶属二本,但因为专业的优势,城里学生的比例越来越高,已有超过农村生源的趋势,沐光被身边不少同学良好的综合素养所震撼。"我们农村的学生,除了读书,没有任何精神层面的技能,就算体育课,也没有实质性的内容,不像城里的体育课,游泳啊,各种球类啊,都会一本正经地教。"更让他惊讶的是,同学中间,只要有活动,随时都会冒出钢琴、小提琴、舞蹈、唱歌的高手,这些,他以前只在电视里面见过,他的村庄没有这些兴趣班,就算有,家里也不会报。

沐光悄悄观察过城乡学生的差异,在他看来,城里的同学,教养更好,更懂礼貌,说话时,也更在乎别人的感受,沐光坚信这些优势,来自父母的良好家教;而农村的同学,因为从小伙伴多,活动的空间、范围也更大,身体的协调性明显更好,军训时,他发现有些城里同学,走个正步,都会同手同脚,显得别扭、不协调。让他感触最深的是,相处久了,他发现,城里的同学,尽管很有礼貌,但始终难以走近,与人总保持一种距离,这也许和独生子女的成长环境有关。

让沐光性格产生改变的事件，来自他入学不久，意外被骗的经历。尽管此后的大学校园，网贷骗局层出不穷，让数不清的年轻学子深陷困境，但在沐光入学时，还只是处于萌芽阶段。他记得刚刚结束军训，接到一个电话，陌生的电话声音，酷似他交往不多、远在湛江的堂哥，沐光不好意思核实，以往的生活经验，也没有教会他对骗子的防备。"猜猜我是谁？"他很快落入了圈套，"表哥"谎称自己在外嫖娼被抓，让沐光给他汇去一万元钱，还让他无论如何不能告诉家人。沐光没有半点怀疑，拿着暑期打工挣的五千元，父母东拼西凑的三千元，加上高中同学那儿借的两千元，凑满一万，悉数汇到给定的账号。待到醒悟过来，意识到不对劲，一切都迟了，"人整个蒙了，六神无主，感觉很慌"。这是他人生持有的最大一笔款项，一年的学费、一个学期的生活费。更重要的是，这笔款项，包含了他暑期通过劳动，对自己价值的一次小小确认，没想到竟然遭受这样的骗局。沐光没有独自扛，他立即告诉辅导员，辅导员马上报警，警察见怪不怪，态度敷衍，事情不了了之，他由此开始了在系部勤工俭学的生活。

"被骗是我人生的一个转折点，如果没有发生这件事，我可能会在班里，继续默默无闻下去。"随着和辅导员交往的增多，沐光得以接触系部的学生管理工作，也逐渐学会了和别人沟通。他的性格变得自信，个性里面潜藏的幽默，逐渐显露，微信群和Q群里，他成了最能活跃气氛的一个，最后被选举为学生团总支书记。

和中学阶段一直担任班长的则良相反，沐光在念中学时，从未有过"从政"经验，没想到大学期间，竟因一次偶然遭遇，进入"学生干部"行列,他对此深怀警惕,"我做事只求问心无愧,很害怕自己不自觉地熏染官僚气息"。不能否认,担任团总支书记的几年,因为频繁地组织活动,沐光的沟通能力、表达能力,获得了极大的提高和释放。

毫无疑问,从被骗开始,大学的第一课,以一种猝不及防的方式,让沐光认知到社会和现实的残酷。他不再像中学时代那样,脑子里充斥着更多的理想主义、英雄主义,不再对远方浪漫的支教、穷游充满向往,他不想干脱离现实的事情。"爸爸年龄已大,父母这么辛苦供我读书,二弟又不争气,我希望毕业以后,能够反哺家庭,回报亲人。"毕业前夕,沐光发现自己并不想离开广州,回到故乡。"小城市虽然安稳,没那么大的竞争,但很快就会被无形的安逸削平棱角,我希望在大城市闯荡,得到更多锻炼,如果毕业就回去,我不甘心。"

大学几年,他一直喜欢王小波,微信的头像都是王小波。他依旧想做一个"有志有趣"的人,希望自己从事的职业,能够和文学、文字产生关系。"谋生可以很现实,但精神必须保持和文学的关联,如果工作之后,将文学彻底抛开,我害怕自己变成一个庸俗的人。"他对未来的设想有过很现实的期待,他希望在城里立足,有自己的小家庭,勉强过上中产阶级的生活。他知道现实的残酷,对生活没有太大的奢求,"最大的幸福,就是能够按照自己喜欢的方式去过,我甘于平淡,不需要太大的功绩,能够忍受生活中的琐事,希望能让父母过上相对富足的生活"。他没有关心过广州的房价,尽管毕业后想先在广州锻炼一下,但并不坚持一定要在广州买房成家。

沐光面临的现实是,奶奶摔倒后,家族仿佛沾上了霉运。一直在湛江工作的大伯，罹患肿瘤，大伯的二儿子，他的二堂哥，得了肝癌，早已去世。在沐光童年的记忆中，大伯一家远在湛江的生活，一直是他羡慕的目标，大伯拥有国营企业的正式工身份，城里的房子是单位所分，一直以来的经济状况，远比他风雨飘摇的家，要好上很多。他从来没有想到，患肝癌的堂哥，多年来，做废旧轮胎的回收，其实也一直在城里的底层打拼，没有想过，表面光鲜的大伯，会面临如此不堪的晚年。面对大伯的不幸，父母经济再拮据，也拿出了一笔钱，表达兄弟之间的情分。

在大学时代的习作《三个镜头》中，沐光曾写道：人生是一个漫长的过程，每个人的生命中都会发生很多的事情，在数不清的变数之中，一个不变的主题是：日子还要继续过。也许你今天正经历着大喜或大悲，但明天你的生活还是要回到正常的轨道 —— 你的生活还要继续向前。不为物喜，不以己悲；悲不失体，乐不忘形 —— 宠辱不惊，才能活得更好。

在沐光出生的村庄，有一个古老的风俗叫"年例"，这是一个盛大的节日，具体的日期，由每个村子自主确定，远在外地的游子，在这一天，会遵从"年例大过年"的律令，回到生养他的村庄，一家人团聚在一起。大伯无论生活发生了什么变故，同样会在"年例"这一天，回到生养他的村庄，沐光看着日渐苍老的大伯，仿佛看到一个时代的烙印，还有未知命运的流转。

我想起沐光在毕业前，根据"导师制"的约定，最后一次上交的作文，名叫《一路向北》，这个浪漫、倔强的标题，牵引出沐光走过大学的青春絮语。"如今，我坐在了大学的宿舍里，在电脑前敲出一路走来的心境，外面是冷雨寒风，心里温暖如春。朴树唱：那些心情在岁月中已经难辨真假，如今这里荒草丛生没有了鲜花。那过去的一切确实回不来了，可那温暖的记忆却不会因为时间的流逝而褪色，它还会陪着我一路向北。"

子然和芳坤

杜子然和颜芳坤同龄，一个2017年毕业，一个2018年毕业，是我最近几年，"导师制"名下的学生，两个孩子的家庭、性格、成长经历不同，我总是忍不住将她俩放在一起。

杜子然

在我"导师制"名下所带的几十名学生中，杜子然显得特别另类。家境的优渥、父母良好的文化素养、从小熏染的艺术氛围，和一般孩子不同的见识，加上她个人的敏感和聪颖，使得她对人生的理解、对生命的认识，和周围的很多人都不同。在我所教的学生中，和我交往较深的孩子，以农村出生的学生居多，城里的孩子，就如沐光所说，尽管文质彬彬，颇有教养，但他们与生俱来的距离感，同样也体现在和老师的交往上。

但子然不是这样，她喜欢给我写邮件，喜欢和我发短信、微信。她在被各种情绪困扰，感觉需要一个人说话时，我会成为她倾诉的对象。她显然是一个有思考能力，特立独行的姑娘，并且不可避免地带着这个年龄的"青春式自恋"。经过漫长的应试教育，还能有如此独特的学生，来到我的身边，这让我有心怀捡漏的窃喜。我们之间不需要开导、灌输、解释和廉价的理解，她非凡的洞察力，在表达的瞬间，就能让师生之间彼此打开和接纳。我有幸见证一个生命、见证一颗心灵，曾经沉默而又毫无保留地在我眼前呈现，这是属于一个老师的踏实和幸运。

杜子然1995年出生于广东省汕头市，独生女。妈妈1962年出生，从事会计工作，为了兼顾家庭，一直在亲戚的公司工作，三十三岁那年才生下唯一的孩子。爸爸是设计师，毕业汕头大学艺术系。子然对于妈妈的能力，非常自信，"我相信，如果妈妈想要出人头地，她绝对是一个人才，一定是一个大才，但是她因为照顾家庭，耽误了自己更大的追求，也没有什么抱怨。她工作的时间自由、稳定，可以将更多精力倾注家庭，这种平衡，让我看到妈妈的担当和智慧"。

在子然很小的时候，爸爸喜欢带她外出看鱼、看花、看鸟，还带她收藏邮票。"他年轻时挺文艺气质，但比我务实一些。"子然从小在感伤的歌声中长大，家里到处都是港台和欧美的碟。"爸爸喜欢收集打口碟，家里成堆成堆地放，我几乎在张学友的歌声里长大。"

子然自认为童年的记忆很贫瘠，"我不爱看动画片，也不是一个过早沉迷书籍的人，我不知道我的童年在干吗。因为独生，我有从小到大的那种发小，我二十二岁，有些朋友已经有二十年的交情了，所以要说童年的记忆，也只有和她们在一块的印象"。子然对童年的叙述，和当下城里独生子女的状况并无两样，他们不像农村长大的孩子，有广袤的田野和众多的玩伴，但他们也没有经受农村孩子，因为物质贫瘠所带来的匮乏。子然对自己的成长，有清醒的认知，父母给她带来的艺术和知识化的生活，在滋养她的同时，也让她承受了一些代价。"长大后，在现实中与人相处，我会更飘一点，对人与人之间的信任、情义会更珍重一些。"

念到初中，妈妈认为环境很重要，将她送去了当地一所贵族中学。"同学家境都很好，教养也不错，各方面的素质还是蛮高的，我喜欢跟他们相处。"初二时，一次同学请吃饭，结账时，她目睹小小年龄的同窗，"从口袋里掏出一沓钱，扔出去，说，买单。这样子，我就从内心认定，自己和他们不是一路人，我很清楚，我不太能顺受这种方式，后面的交往就慢慢趋向淡漠"。

子然坦言，尽管自己来自典型的中产家庭，从小衣食无忧，和同学相处也毫无障碍，但无形中，还是会有一种来自家境方面的自卑。读贵族学校，对子然而言，最大的作用，是让她很小的时候，有机会看到另一个世界。和有钱人真实相处过以后，她反而获得了物质和金钱的免疫力。"我对物质的东西，没有太大的憧憬，没有一定要达到某个阶层的愿望。"

子然和妈妈的关系极为融洽，妈妈尽管聪明、果敢，但在养育孩子上，并无半点控制欲望。"我家其实挺民主的，我要什么东西，会表达得很完备，有什么诉求，也一定会不断地和家人讲，会尽量把自己的要求讲明白，就算妈妈反对，也会一层一层地给她讲，会反复地推磨。"妈妈对子然没有太具体的要求，持有的价值观，是中国传统、正直的知识女性最单纯的念头，只希望孩子"忠厚，诚实，善良，持着向上的心，不管别人怎么对待你，都要看着别人对你的好"。大一时，子然进入一个团队，作为负责人，遇到了很多麻烦事，忍不住向妈妈诉苦，妈妈明确告诉她，"你身在其位，要谋其职，没有什么好抱怨的，一旦果决地做了决定，就去执行"。

爸爸沉浸于艺术中的审美教育，妈妈纯正的价值观，让子然的内心，充斥着更多单纯的向往。像任何衣食无忧的中产知识分子家庭一样，子然对生活的苦难，并没有直接的感知，她的优势，来自从未受到伤害的心灵，她的局限，也来自过于纯洁的成长环境，这两者，让她对生活的复杂和多重向度，缺乏直接的认识和感知。子然显然意识到了这一点，从大学开始，她就和别的同学，积极参加学校社团，尤其热衷一些公益组织。

  2015年12月，因为参加WABC一个分享会，她第一次见识了"特殊人群"的画，并受到很大震动。"我就想，天啊，她们画得真是太好了！"分享会的主持人问了一句："这个社会，究竟谁正常，谁不正常？为什么别人不理解这个人群，却要一直去指责他们，中伤他们？"子然被这句话打动，当晚就发微信，和主持人讨论这个问题，主持人也被子然的单纯所感染，邀请她加入团队。因为这个机缘，她以在校生的身份，兼职加入了这个关注自闭症孩子的公益组织，一个不同的世界，在她眼前打开。第一次，她感到除了自己的生活，还有一个更为广阔的他人的空间。"我以前不知道中国自闭症孩子的状况，现在才知道，一百个孩子里头就有一个，很多人觉得自闭症的孩子没有情感，其实不是，每个人都有情感，只不过他们需要自己的表达方式。"

  子然的具体工作，是帮助一些自闭症孩子，通过绘画的方式，实现自我的表达，提升生活质量。"自闭症的孩子，他们想说，但没法说，我经常看到那些孩子自残，拼命地打自己，敲头啊、敲桌子啊，他们没法说，没法说清要什么、哪里不舒服。家长在一旁，也只能干着急。对他们而言，排解很重要，我会给他们画纸，给他们笔，孩子们很快就会进入绘画状态，画完后，我们机构会从专业的角度，从用色、构图、题材，联系他们的日常行为，综合判断他们的情绪，艺术就是他们的表达通道。"

子然不止一次地提到，一个妈妈对自己的触动，"十年前，她知道自己的孩子是自闭症，跟我说，当时想抱着孩子往楼下跳。十年后，她的孩子情况好转，她也变得更有耐心。孩子去打球，看到别人抢她孩子的球，她不干预，我问她不着急吗？她说着急，但是你不可能事事都去干预，你一定要让他自己成长。每次出门，她都让孩子查找公交路线，她跟儿子说，你让妈妈上车，妈妈就上车，你让妈妈下车，妈妈就下车。走错了，就重来，没什么。她不将自闭症的事实告诉孩子，认为儿子不能以此为借口，去逃避自己的成长。这个故事对我触动特别大，我问她，如果让你对儿子说句话，会说什么？她说，我一定会说谢谢他，十年后，我希望他成为一个能够帮助别人的人"。这个妈妈的经历，让子然意识到公益组织的意义，意识到关注特殊人群，就是关注背后的整个家庭，"一个孩子身上的东西，不管他特不特殊，正不正常，他投射出来的，肯定是背后的家庭"。

当然，在公益机构的工作，也意味着风险。"有一次，我目睹一个年龄和我相仿的年轻人，很强壮、高大，也很有才华，画着画，突然，整个人就冲了出去。我试图抓住他，但没有成功，抓的时候，我整个人都跟着倒了，我感觉自己没有干预的力量，第一次，我承认内心有深深的恐惧。"尽管如此，子然在公益机构的工作，还是一直持续到了大学毕业，这段经历，显然帮助她实现了更快速的成长。"通过这个机会，我迅速地逼近生活真相，对人性的丰富有了更多的体察，懂得了理解是面对生活的一种方式。"

更难得的是，通过公益组织的兼职，在直面人生残酷的一面，见识到生活中更多的无奈后，子然内心反而获得了一份持久的平和。"通过不断地接触那些特殊孩子,我破除了很多二元对立的成见,觉得没有什么不可以接受,我会站在他人的角度,去设想一些东西。由这个群体,我突然对过去的很多事情释怀,包括那些中伤我的人,我突然明白,那些伤害我的人,肯定是经历过一些伤害他的事,才会用这样子的方式,投射到我的身上,理解到这个层面,我就能过很多关。"她想起自己高中的时候,叛逆、极端。语文老师问她:"为何在高三成绩连续滑坡?"她直接甩过去一句:"因为是你教的。"老师傻了,"教了这么多年书,从来没有人这么说过,为什么?"子然直接回答:"你一直在教我标准答案,我如果照那个套路,我没法写,我写不了东西。"子然觉得高三时,自己给了语文老师不小的伤害,她突然想和老师见个面。

尽管妈妈对女儿并没有过多世俗层面的期待,但她还是希望女儿结束漂泊的状态,能找一份靠谱的工作,过一种稳定的生活。子然对生活的物质层面,依然没有清晰的规划,但她对独立的空间,对精神的需求,始终清醒而强烈。她害怕自己从事具体工作后,日渐被世俗事务折腾到麻木,也担心自己被细碎的工作缠住后,丧失对精神的追求,像海绵一样被生活吸干。她心里清楚自己需要的是什么。子然没有婉丽、则良、沐光所承担的压力,他们一毕业就面临何去何从的选择,面临生存的问题,背后的家庭,容不得他们有半点闪失,在被子女的教育吸干一个家庭的水分后,干瘪的父母,正等待孩子大学毕业以后的回馈。

子然没有这些生存烦恼,她所拥有的自由、从容,来自背后家庭的有效支撑。骨子里,她甚至不希望自己快点长大。"我很清楚,长大只是早晚的事情,如果保持足够的开放,去顺受生活的历练，才是一个人真正的成长。"更多时候，她像一个旁观者，对生活的认识和判断，除了来自知识，也来自她有意去看到的东西。她关注底层、关注弱势群体，不抗拒去深入底层，愿意以浸入的方式，去承担一些共同的遭遇。在宿舍，尽管她感觉和那些姑娘不在一个世界，但完全不妨碍她对同伴的观察、理解和接纳，她早已习惯女孩之间甜蜜的相处方式。我多次建议她去做一份具体的工作，鼓励她以更大的耐心去承受一份琐碎、卑微的工作，多坚持几年，漂浮的状态就可以落地，个体的进步也会快很多。

对自己所处的时代，子然有着清晰的认知。"这不是一个很好的时代，但也不是一个很坏的时代。我无法说服自己被物质、金钱的东西麻醉，但对集体意识，我又不是特别信任，我不想沉沦在集体声音的里头，不想跟大家一起去怒吼、呐喊，我一直在规避一些东西。当别人都往前冲时，我反而是一个倒退的人，我愿意倒退一下，我觉得没有关系。我属于九零后，又不太九零后，我并不敢妄言，自己真正了解九零后，因为我是一个不太相信物理年龄的人，觉得很多东西可以跨越年龄。"

子然对于自己未来的生活状态，也有清晰的期待，"希望自己更加单纯，保持对美的一种关照"。妈妈衡量女儿生活状态的标准，是"体面、开心、干净、舒适，有能力得到自己想要的东西"。说到底，横亘在子然面前的现实，是在物质和精神的天平上，她并未完全平衡好，她能够意识到精神的那一段，对现实中的她，始终牵扯得太厉害。如果说，更多来自农村的孩子，大学毕业以后面临的现实，还停留在解决生存问题，那么，来自城市中产之家的子然，她的烦恼，显然更多涉及个体的发展。

颜芳坤

"你跟杨老师是初恋吗？"

芳坤在我办公室坐定，她是唯一问我感情状况的学生。

在"导师制"的学生中，芳坤的成长，可以用蜕变来形容，她外形的变化，让人完全明白"女大十八变"的神奇。我知道，在辅导员给我的贫困生名单中，芳坤一直是大家公认要给予资助的一个，名单上那个孤单的名字，和她始终灿烂的笑容，形成了鲜明对比。这种反差，既让我迷惑，也让我好奇。

芳坤1995年出生于广西贵港的一个乡镇上。贵港离广东不算太远，云浮过去就是梧州，梧州过去是贵港，现在坐高铁，也只要三个小时。"贵港经济还行，我们那儿的人，都不算太穷。"

妈妈在她很小的时候，就和别的男人走了，芳坤记不起与妈妈有关的任何细节，不知道她的长相，也不知道她的名字。妈妈是贵港周边的人，但从抛下芳坤后，明明知道孩子在贵港长大，却没有回来看过一次，这成为芳坤人生中，一块巨大的空白和阴影。姑姑在芳坤懂事后，会和她聊起妈妈的事情，但她对妈妈真的没有一点印象。她小时候曾经恨过妈妈，尤其看到别人母子亲近，这种憎恨的情绪，更加明显。在上高中以前，芳坤性子阴郁，时常一个人闷闷不乐。她记得自己大哭过两次：一次是小学三年级去寄宿学校，第一个晚上，她没有任何理由地哭了一整晚；第二次是初中军训时，有一个环节是老师安排学生写家书，她莫名地哭了一个下午，吓得老师、同学手足无措。这两次哭泣，像出完了一场疹子，她从此平静下来，"不再想与妈妈有关的任何事情，好像没这个人，以前恨也是恨一个莫名的形，现在感觉无所谓了"。她考上大学后,看着她长大的老人分成了两派:一派认为她不应该去找妈妈,妈妈既然狠心丢下孩子,而且从不探望,就当这个人不存在;另一派则认为孩子一定要认娘,没有母亲愿意抛开自己的孩子,她肯定有言不由衷的苦衷。芳坤在两派意见中,不知所措,她对妈妈已完全释怀,没有半点恨意,但她对寻母的念头,从来没有强烈的心愿。"我不知道找她干吗?问之前的事吗?好像也没必要。"

爸爸倒是一直疼她。爸爸1971年出生,芳坤出生前,就一直在东莞打工。妻子离家出走后,他依旧在东莞打工,一直在各种厂子辗转,工作不定,经常变化,好像还做到过什么主管。现在开了一家小厂,基本上没有离开过东莞。

芳坤的爷爷,死得很早,连爸爸都没见过他。奶奶在芳坤满月时,得乳腺癌去世。姑姑建议将芳坤送去外婆家,但爸爸坚决反对,坚持将她交给家族的堂爷爷、堂奶奶照顾。两位老人去哪,她就跟着去哪,有时候住大伯家,有时候住大叔家,有时候住小叔家,反正和两位老人在一起,"村里每一家的饭,我都吃过,我是吃百家饭长大的"。堂奶奶的儿子、女儿都在外面打工,老人带了一窝孩子,都是子女留下的幼崽,年龄和芳坤差不多。"小孩子特别闹腾,堂奶奶也烦,我从小就闹,堂奶奶不是很喜欢我。"

芳坤一年和爸爸见两次面,和家里那帮孩子一起长大。爸爸在东莞组建了新的家庭,芳坤的存在,爸爸一开始就对未婚妻进行了隐瞒,直到要举行婚礼,真相才不得不撕开。这导致芳坤很长一段时间内,不愿去父亲东莞的新家,"爸爸倒是想让我回去,但是阿姨带过来的儿子和妈妈也在东莞,一般情况下我就不过去。那么多年了，很多事情不好讲，不解释就不解释吧，反正很复杂"。每次逢年过节，芳坤卡在中间，在去爸爸家，还是回广西之间，都要犹豫很久，"你回这边，那边要顾，你回那边，心情又不好"。但多数时候，她会回广西，尽管亲戚家的房子比较小，但他们对芳坤都很亲，"回去时随便住，当自己家那样，但主要还是住大婶婶、小婶婶家"。

上小学一年级时，芳坤住在伯父家，但因为变故，她随后转了学，她都难以想起自己的二年级，到底在哪儿入读。从三年级开始，爸爸决定让她上寄宿学校，只有周末回姑姑或婶婶家。她更多时候，选择一个人度过，"很多事情也习惯一个人做"。父亲将生活费放在伯父家，每次要花钱，她就向伯父要钱，自己记账，"到现在还有记账的习惯，从小就知道钱花在哪里，这对培养我的金钱观，还挺重要"。芳坤自认很敏感，但又记不清以前的很多生活细节，"可能我有点选择性遗忘"。

爸爸尽管一开始隐瞒芳坤的存在，将事情带入被动的境地，但一旦事态明朗，他并没有在妻子的不满情绪中，减少对芳坤的关心。初中的时候，后妈不想让芳坤读书，想让她打工，"这件事情，我也不知道怎么得知的，他们没有跟我讲，应该是我无意听到的。那段时间，我特别烦躁，不喜欢跟人讲话"，所幸爸爸没有妥协，坚持一定要送她读书。爸爸是高中生，以前曾是村里的语文教师，没有上大学是他的遗憾，他不想芳坤留下这样的遗憾。

芳坤和后妈接触较少，"在家里面，该问的就问咯，其实也没什么深入的交流"。她记得父亲结婚时，自己很开心，也很兴奋。"他们结婚时，我感觉好像可以叫阿姨妈妈了，但是结婚后，好像不是这样的结果,跟自己预想的不一样。"婚礼一结束,父亲就回了东莞,并没有将芳坤带在身边。阿姨不太喜欢回广西老家,和爸爸结婚后,只回去过三次,芳坤失去了和他们相处的最佳契机,准备改口的心愿,自此便再没有机会实现,"那个时候没叫,以后就不会叫了"。因为这件事情,她对自己的亲生母亲,有了另一种理解。"其实以前,我还挺恨我妈的,现在没有一点恨的感觉,以前不喜欢母亲节什么的,谁要是提这个话题,就特别难受、特别不喜欢,现在不会了。"

芳坤一直对爸爸心怀感激之情,她理解爸爸的难处,也知道为了弥补对女儿的愧疚,在很多方面爸爸对她非常纵容,"怎么说呢,我爸一直都没有放弃我吧"。在和爸爸分开的日子,因为居无定所,她不习惯给爸爸打电话,习惯了写信的方式,爸爸也挺能接受写信的方式,一般都会给她回信,她感觉父女的关系更像朋友。

爸爸对妻子特别好,芳坤的亲生妈妈,尽管在她很小的时候,不辞而别,他还是帮助芳坤外婆家建了一栋房子。对现任妻子,爸爸也是尽力帮助她那边的亲人。"我爸人很好,很疼老婆,他现在给我阿姨那边,也出钱建了房子,阿姨哥哥在东莞买房子,我爸也出钱,他在这一块,用心用力还挺多。"

与子然通过公益组织,看见另一种生活不同,芳坤从很小开始,就利用假期打工,这成为她人生中很重要的历练。

小学六年级暑假,她去爸爸的新家。因为没有什么东西玩,爸爸又不让她整天看电视,于是就带她进了自己所在的工厂打工。六年级时,爸爸对她的产量没什么要求,主要是为了让她早日体验生活;不过从初二开始,每年暑假的两个月,她都在工厂打工度过。"初二、初三的时候,在东莞桥头,进了一家电子厂,做流水线工作。"当时爸爸在工厂担任主管,流水线上的人,对她还挺关照,倒不显得太累。大一时,她进到爸爸的工厂,做日本车的车模,也是做流水线工作。中学期间她打工,只是做事而已,不会想很多,但进入大学后,来到工厂,她就会想起过去的事,会观察身边的人。她留意到工厂外包了不少事情,一个四川的带头人,将活揽下来,带领很多人在厂里干活,很多做事的,初中都没毕业,一看就是小孩,但整天待在流水线上,这让她想起自己曾进的工厂,其实里面一直也有很多童工,只不过此前,她没有留意。

　　大一打工的体验,让芳坤第一次感觉到做工的辛苦,"每天差不多要做十二个小时,早上八点到十二点,下午一点半到五点,晚上还有四个小时,正式工每小时八元,暑期工每小时七元五角,工资就那么一点点"。她注意到流水线的主管不好说话,特别严。"主管也是看人说话,见你不怎么好欺负,就不欺负你;好欺负的,就一直骂,流水线上的小孩,经常被骂哭。"

　　芳坤在学校,勤工俭学,常年担任学生助理,一直以办事利索著称。她坦言自己的利索,和流水线上的历练有关。"在流水线上,你不做快,就会挨骂。现在回想起来,这些锻炼还是挺有用的吧。"她知道这些安排,包含了爸爸的苦心,"相比小时候暑假将我丢在老家,我宁愿进厂和老爸待在一起"。

　　芳坤的性格,真正变得开朗,是上高中后。"我真正懂事,是在高中,高中遇到的人,很不一样,他们都很乐观、开朗,我要融入集体,就不能耍小脾气,要学着开朗。那个过程还挺煎熬、挺难受的,不知道怎么处理,有什么不开心,就会放在心里,也不和人说，怕负面情绪伤害别人。但现在，我已经能够很好地控制情绪，也会跟别人袒露不开心的情绪。"

高三那年，堂爷爷想让她报师范类的学校。堂爷爷退休前一直当老师，还曾作为优秀教师，搭很多天火车去北京领奖。姑姑也曾考上师范，本来打算当老师的，但考上后，去干了别的职业。老人希望这个从小带大的堂孙女，能继承自己的职业，他甚至建议芳坤尝试一下北京师范大学的自主招生。芳坤不喜欢教师职业，选择了金融类的专业。"我是上了广西的一本线，录到广东F学院的，但没有上金融专业，调剂到了中文。"

调剂到相对边缘的专业，芳坤倒没有太多的抱怨。她回忆自己的青春期，好像从未经历过一般孩子的叛逆，除了没有叛逆的对象，她情绪的排解，主要得益于高中开始的大量阅读。"文学对我来说，帮助还挺大的，高中开始大量看书，语文老师也一直讲心灵构建这一块。"和沐光一样，在身心贫瘠时，正是阅读和文学，帮助他们走出了内心的困惑，也帮助他们感受到生命的美好与充盈。

进到大学，芳坤从未为学习发愁，相比高中，她大学期间的生命，得到了进一步的释放。她日渐开朗，也积极参与学校的社团，因为办事麻利，一直在系办兼职。大三时，她开始思考毕业的去向，开始严肃地对待学习，准备考研。

初中的时候，有一个男孩喜欢她，"我不喜欢他，但他将事情闹得特别大，很轰动，绝食、考试不写名字，搞到整个年级都知道。因为那件事情，直到今天，我都感觉好怕"。进到大学，芳坤从理智上告诉自己，读书期间谈恋爱不可行，一切等到毕业后再说。但她从来没有想到，自己会不经意中陷入一场感情纠葛。

在考研过程中,芳坤曾向一位已经读研的师兄咨询,无意中,竟喜欢上了师兄,鼓起勇气表白后,没想到遭到了明确的拒绝。这是芳坤多年来遇到的最大挫折,从高中开始调整的良好状态,轰然塌陷。"很难受,很难受,我也没想到后果那么严重,学习都学不下去,学校也待不下去。向书记请假时,书记以过来人的身份开导我,我控制不住自己,什么都听不进去,跟她讲话都很强势,只想快点离开学校躲起来。更严重的是,我开始怀疑自己,怀疑对他的判断是否出了问题,怀疑自己去争取的东西没有意义,又想起小时候的一些事情,就特别难受,第一次给我爸打电话,使劲哭。"芳坤知道问题的症结所在,从小被寄养的生活,让她骨子里产生了太多的不安全感。她平时灿烂的笑容,发自内心对生活的认同、热爱,很难让人将她与一个失去父母陪伴的孩子联系起来,但冰山下的火山,一旦遇到导火索,也会爆发、失控。

在独自成长的漫长岁月中,芳坤因为没有父母太多的管教、约束,天性里对于自由,有着更多的向往。因为从小精打细算,就算在大学较为拮据的经济状况中,她也会积攒兼职所得的有限收入,在假期和同学结伴出游,"花不了太多钱,订的酒店都是最便宜的"。芳坤印象中,旅游花费最多的一次,是大二那年暑假去重庆,花了一千五百元。重庆这个山城给了芳坤极为美好的回忆,她甚至将此作为大学毕业后的目标去处。"对我来说,重庆是我去过、对我吸引力最大的城市,它挺发达,但不像广州这种发达,它有很深的底蕴,我挺想去那边看看。"爸爸不愿女儿远游,只想她留在珠三角一带。

我曾建议芳坤报考重庆的研究生,诸如西南大学中文系,算是先通过读书,体验一下重庆的生活,但在考研的目标上,她又舍不得离开广州,她喜欢中大,也喜欢暨大。上一届师兄何建建非中大不考的决心,对下一届影响极大,更多想考研的孩子,受到何建建孤注一掷勇气的鼓动,铁了心要考中大,想通过考研实现名校的梦想,但何建建以超过三百八十的高分,进入面试遗憾失败的结局,让他们多了一层担忧和害怕。名校考研对第一学历的看重,成为学生中隐秘流传的魔咒,在孤注一掷的勇气和明知失败的结果中,芳坤理智地选择了暨南大学作为目标。她第一次意识到,高考没有进入一本院校,没有进入985、211等高校,早已给她未来的选择,设置了重重的障碍。这些事实在高考的时候没有人告诉她,一些孩子放弃内地偏远处排名靠前的大学,进入广州这所以金融专业为主的院校,如果他们想以此为起点,进一步考研深造,南方的这座都市,事实上并没有给他们提供额外的方便。

芳坤的性格里,没有一股非如此不可的狠劲,她的成长,在灿烂笑容的遮蔽下,更像一场意外的绽放。妈妈在给予她生命后,就立即离场;爸爸因为生计,根本没有时间,见证她的蜕变;更多成长的脉络、细节被时光冲淡,内心的沉疴,随着岁月的流逝,稀释在日益蓬勃的青春中。截至目前的生命中,她唯一争取过的东西,就是对师兄强烈的爱,但她从来没有想到,好不容易鼓起勇气的一次主动,却在最理性的拒绝中,消解了一个女孩对青春的确认。

芳坤对未来的生活,没有特别功利、清晰的渴求。高中阶段,她排解学习紧张的手段,是中年妇女喜欢的刺绣。"刺绣时,人很沉静,不会想太多东西,不会有那种很浮躁的情绪在。我骨子里喜欢刺绣、手工、泥陶等一切手工，我喜欢动手操作，感觉做这些事情很开心。我知道毕业以后，不可能和爸爸住在一起，我肯定先要找赚钱的工作，然后到三四十岁，才有可能实现我的手工梦。"

从2017年开始，芳坤着手考研，接受高考以后最为艰难的考试。在她身边，从大二、大三开始，并不清晰的就业前景，让越来越多的人加入了考研队伍。考研结束，等待成绩的日子，给她带来的不是释放，而是另一重更为真实的迷茫，"好像一下子失去了一个重要目标，感觉被掏空了，知道有很多事情要做，却无从下手，感觉很迷茫，不知道往哪里走。找工作，简历拼不过人家；考完等结果，又不能对可能到来的面试不准备，什么都比别人慢了一拍"。芳坤的宿舍中，找到工作的舍友很少，外出实习的，主要是帮助单位运营公众号。在经济活跃的广州，貌似有很多就业机会，但摸不到头，不知道从哪里下手。芳坤隐约发现，如果不能考上研究生，手里的一纸文凭，含金量并不高。有些工作，即使不读大学，也能找到，大学生的竞争力，在现实中，并不是很强。2018年3月，她奋战了一年的考研成绩公布，三百六十多分，上了国家线，在激烈的竞争中，她与暨大失之交臂。调剂过程中，她明确不去那些太一般的学校，最后重复了师兄何建建的命运。

尽管念大学以后，她回广西的机会少了很多，但她还是为所了解的情况忧虑：养育自己长大的堂爷爷的大儿子，也即他的大伯，产生了很大变化。他以前当兵，后来做司机，不做司机后，迷上了网络，后来由于生活所迫，做酸菜去卖，但禁不住诱惑，陷入了赌博，负债累累，生活一塌糊涂；更让她难以安心的，是大伯的儿子，她从小一起长大的堂弟，和他爸爸一样，沉迷网络，还到处找人借钱。芳坤的爸爸，曾将侄子带到身边工作，每个月给他两三千的零花钱，但他嫌钱少，也吃不了那个苦，根本不愿做下去。堂爷爷面对这种境况，特别难过，感觉没出几个像样的后代，他当了一辈子老师，从来没想到自己的儿孙，会在不缺吃少喝的时代，变成今天这个样子。

这些故乡的事情，因为和自己有关，会让芳坤在远方发愁，但她没有任何办法，也没有办法安慰沮丧的堂爷爷。考研失败后，她耽误了最好的找工作机遇，她从来没有想过寻求父亲的经济支持，她已下定决心，准备二战再考一次。

芳坤的当务之急，是在备考期间，找一份养活自己的工作。

在呈现刘婉丽、李沐光、杜子然和颜芳坤的生命故事后，我突然对自己多年来私自实行的"导师制"产生了疑惑：在精英化和精细化教育幻象的牵引下，在一地鸡毛的大环境中，我不能掩饰自己，重回教育本源图景的企图。我想知道，在无数次粗疏而隐秘的师生交流中，这些自愿跟随我的学生，到底获得了怎样的滋养、成长？文学对于他们坚硬的生命和赤裸的前途，到底留存了多大的弹性空间？

我明显感到，世界的丰富维度，正以开放姿态呈现在所有群体面前，如何面对世界的发言，不同群体拥有不同的声音和话语权。对年轻人而言，在真理逐渐模糊的时代，对真相的尊重，成为他们理解和进入世界最可靠的入口。单向度的金钱标准、消费主义的疯狂肆虐、信息时代对生命的占有、奴役、大学教育赤裸的就业导向，正构成我课堂下的年轻人，最真实的生命场景。他们必须拨开这重重迷雾，冲出无数疯狂的包裹，在个体虚幻的自由中，重建生命的踏实和妥帖。尽管在各类课程尝试中，我深刻意识到，尊重个体生存体验，对接独立思维能力，打通知识和能力之间的边界，是当下大学生成长的必经之路，但面对知识密集、灌输为主的教学方式中的痼疾，我无法在单一的课堂实践中，达成如上目标。"导师制"的私下实行，不过为了听到学生的真实声音，进而在真实的交流中，促成他们面对自我，坦然清理个人的经验，并能在大学阶段，实现对自己内心的整理，也让师生之间的有效交流真正达成。

　　唯一值得安慰的是，从他们的讲述中，我悄然印证了自己的一种直觉，在艰难的生存突围中，文学曾经打开了他们生命的另一扇窗口，对文学没有理由的热爱、一所简陋的乡村图书馆、高中的课外阅读、一个好的语文老师，都曾是他们精神航标中的小确幸。在或黯淡或顺利的青春岁月中，他们内心持有的文学光芒，曾让年轻的生命发光。从孩子们的讲述中，我看到了一种从容，看到了文学对他们的抚慰，看到了他们内心的柔韧和开放，看到了年轻个体，不得不赤膊上阵面对时代洗刷的淡定、从容还有顺受。我喜欢子然常用的"顺受"这个词，这一代人的青春和命运，其实早已在无人喝彩的开场中，下定决心独自面对。而"导师制"之于我，不过在教学之余，像一个好奇的旁观者，利用职业的便捷，获得一个机会，与他们相处，并由此对这个群体进行扫描。

　　我惊讶地发现，和班主任经历提供的整体性认知相比，我"导师制"名下学生的个体命运，依然呈现了彼此吻合的特征：越是和学生深入交流，越能感知其背后的家庭，在他们身上烙下的印痕，学生成长的可能性，越来越受制于家庭的溢出效应。我同样惊讶地发现，尽管在代际的偏见中，八零后、九零后甚至零零后，往往被贴上更多的标签，而事实上，如果能获得和他们平等交流的机会，其个体的丰富性，便会于自在的打开中，昭然若揭。令人欣慰的是，尽管就业的局促、房价的高涨，已成为他们一毕业就无可逃避的生存压力，但某种建设性的力量，还是从他们身上倔强地生长。无论是婉丽、沐光、芳坤对故乡、亲人的回望和牵挂，还是子然小小年纪就投身公益的热情，都让我看到喷薄而出的生命热力，和来自青春的尊严与尝试。

更重要的是，对我而言，因为"导师制"所带来的近距离观察，年轻人身上所呈现的丰富性，极大地纠正了我的偏见。客观说来，尽管对他们而言，"读书改变命运"的成色，在教育市场化的语境下，早已褪色了很多，但在和更多的学生具体交流后，我还是能感受到农村孩子上大学的重要意义。他们从最底层的社会挣扎出来，在转型期的驳杂中，经历的心灵磨难、挣扎，并不比父辈少半点。他们也许错过了"读书改变命运"的时代，但他们避免了，若不读书，就会滑入更为糟糕境地的可能。当我从他们的讲述中，感知到身后一群群没有受到良好教育的孩子如何在底层挣扎的图景，我能明显感到，那群被抛出的孩子，其无望、狂放，早已成为社会触目惊心的疤痕。对沐光而言，在破败的村庄，若不是通过读书，等待他的，很有可能就是二弟的命运。就算暂时不能在城里立足，他来到广州的突围，也算得上一次胜利的逃离，通过念大学，他至少避免了变成烂仔的可能。

作为一所普通大学的教师,我切身感受到处于高校生态链末端的二本院校,有着更为重要的使命,他们和无数普通青年的命运,有着更为深切的关联。

五　班主任（1516045班）

来到九零后身边

　　062111班毕业五年后，我接受系部的统一安排，于2016年9月接手1516045班（该班大一时，在肇庆校区），再一次担任班主任，从062111班到1516045班，中间相差了九年。1516045班有点特别，大一时，系部没有分专业，中文、文秘、传媒三个方向的学生，混在一起，到大二才按照大一的绩点排名，确定专业。实际的情况是，绩点排名靠前三分之一的学生，都选择了热门的传媒方向；中间三分之一的学生，选择了不愁分配的文秘方向；剩下的三分之一，自然到了高冷的中文方向。这种排法的一个意外结果是，传媒方向的两个班，没有一个男生，而中文方向，却囊括了80%的男生（尽管如此，男女生比例在中文班还不到1∶3）。如果绩点在某种程度上，能代表学生的学习能力，那么，男生在中小学阶段，无法与女生抗衡的局面，哪怕到了大学，都没有获得根本改变。

班上一共有三十七名学生，二十九名女生，八名男生。如果说，在接手062111班时，我对班上的男女比例还有意外，到接手1516045班时，我内心唯有奇怪的感激，一个纯粹的中文班，拥有八名男生，已经是让人欣喜的结果。无论如何，我不希望一个班级，全部是同一性别，单一性别集合的班级，让人产生陌生的失衡感，仿佛与人相处的半径缩小了一半。班上生源依旧以广东为主，除了严闽轩来自福建、何海珊来自广西、苟亚东来自贵州、李萌来自山东、秦思思来自湖南，其他三十二名学生全部来自广东各地：其中茂名六名，潮汕地区五名，珠三角一带六名（广州、深圳、佛山、东莞各一名，中山两名），以及来自诸如信宜、韶关、罗定、河源、湛江、阳江、翁源、化州、云浮、台山、梅州等广东稍微偏远一点的非珠三角地区。

对1516045班的孩子，我有一种与062111班完全不同的感觉。

062111班给我带来的触动，更多来自空间的阻隔，通过他们的语言、性格、爱好、价值观念和文化烙印，"广东学生"作为一个群体开始植入我的内心。他们让我意识到，在我根深蒂固的湖湘文化视野以外，灿烂而丰富的岭南文化，其实也一直在滋养一群人，一群完全不同于湖南人性格的广东人。

而1516045班，给我带来最直接的触动，则来自时间的隔膜，我不得不感叹，我完整见证长大成人的第一个群体，竟然已经这么大了，竟然已经上大学了。我想到这群孩子，他们的年龄和我大学同学的孩子相仿，和我的两个外甥相仿，一种真实的"代"的感觉油然升起。尽管他们和062111班仅仅相隔九年，但这九年的岁月，足以在我的视野中，淘洗出另一个完全不同的群体。

在中国的教育体系中,"班主任"类似一种教导者的角色。面对062111班时,我很自然地履行着教导者的职责,当辅导员告诉我,吴志勇有一段时间经常逃课,经常躲在宿舍不进课堂时,我曾理直气壮地去宿舍找他。在楼下的过道中,从人生的意义、念大学的价值、父母的期待谈起,我说服他无论如何要按时出勤,至少要拿到毕业文凭。他听了我作为一个班主任的类似谆谆教导的话,竟然改变了学习态度,不再逃课,也不再对学习听之任之,不但顺利拿到学位证书,而且在大三那年,履行一个班长的职责,管理班上很多的琐事。

但今天,当我面对1516045班一张张看不出任何表情的脸时,我突然感到班主任身份以往配备的诸多常规手段,统统失效了。我满腔惯有的热情顿时冰封,他们只需一个低头看手机的动作,就足以消解班主任角色给我带来的"权威",凛凛的漠然中,让我意识到一种真实的尴尬。我感到此前持有的、负载在班主任身上的话语系统,已难以进入他们的频道,更让我忐忑的是,我不知道自己所持有的价值观念,在度量这个群体时,是否依然有效。

仔细想来,为何在面对1516045班时,我会有如此明确的困惑,和我在家族里面真实的经验有关。我大姐的儿子江江,出生于1994年,已从浙江一所二本院校毕业。我二姐的儿子佳佳,出生于1995年,正就读湖南一所理工大学。在养育江江、佳佳的过程中,家人面临了很多全新的挑战。父母和子女之间,有着难以调和的矛盾,两个阵营,仿佛两个绝缘、互不理解的黑洞,一种真实的代际,在信息时代的喧嚣中,因为各自经验的异质性,相互感受到一种失控的无力。我想起八十年代的初中生,父母最担心的事情是早恋，仿佛只要避开了早恋的沼泽，父母就可以高枕无忧，孩子的前程则一片光明。而今天，到我们为人父母，面对孩子的成长，最让人恼火的事情，已经变成了如何面对他们对网络的沉迷。

初中阶段，江江和佳佳总是偷偷跑去外面上网，姐姐、姐夫束手无策，最后蹲守在湖南汨罗大众南路一家叫智慧桥的网吧，将早已沉迷游戏的孩子捉拿归案，并给予最严厉的惩罚。但惩罚的后果，并未让他们远离网络，青春期的叛逆，使他们面对大人的反对，激起了更强烈的反弹。尤其是佳佳，哪怕到高三，依然沉迷游戏、网络小说，致使亲子关系陷入了难以调节的困境，尽管高考成绩尚可，但到大学后，依然沉迷虚拟的网络世界。二姐百思不得其解，小时候的佳佳，热爱阅读、喜欢思考，成绩也一直很好，如果不是沉迷网络，我们全家都相信，他会有更好的出路。在我们眼中，无形的网络，像一个奇怪的恶魔，会让小时候聪明亲近的孩子，变得眼神冷漠，拒绝交流。

现在，一群与江江、佳佳完全同龄的孩子，来到我的身边。我突然意识到，随着信息时代的坐实，"代际"这个词，已变成一种坚硬的存在，对我的教学生涯而言，面对更为年轻的群体，将是专业以外的新调整、新挑战。而我再次担任的班主任角色，也将从以往的教导者变成一个旁观者，孩子们青春成长的剧目，早已更换了布景，我在见证过他们中学时期的情景后，终于因为班主任的便利，得以拥有机会看见他们的大学生活。我还观察到，我眼前这帮九零后的年轻人，并没意识到，他们成长所带来的挑战，让他们的父辈，早已置身毫无依傍的茫然。

第一次，我对"代沟"二字谨慎起来，我明显感到，"代沟"

的中性、温和，掩饰了我和他们之间更为深刻的差异，横亘在我面前的，显然不是"沟"，而是"渊"，是"海"。身边眼花缭乱的世界，快速得让人回不过神，转型期现实的丰富、跌宕，他们同样是承担者和见证人。虚拟化的网络，不过以技术的名义，掩盖了两代人对社会完全不同的感知，光是一个微信，就足以将更多群体，推向边缘。

对我而言，一个更为个人化的视角是，作为公有制尚未解体时成长起来的施教者，面对一群市场化彻底铺开后长大的受教者，这中间的错位，将以班主任的角色，折射一个交织的窗口。在送走062111班后，我接手了更多学生，目睹不少个体的暗处挣扎，内心沉淀的直觉日益清晰：年轻的生命，正以越来越快的速度，被现实甩出，一个群体处境的塌陷，正越来越显示出坚硬的确定性。我内心潜藏的集体主义视角，以及负载在教师职业上的本能牵念，总让我不自觉地越过课堂的边界，将目光投向更多原子化的学生，我一直想通过具体的教学过程，廓清无数年轻人在遭遇教育产业化后，到底呈现了怎样的命运？他们的出路和背后的家庭、教育的质量、整体的经济形势，到底有着怎样细密的关系？一群在我大学时代，被视为"天之骄子"的精英群体，如何在不知不觉中步入一种结构性、整体性的困境，并被学术界冠以"屌丝"和"蚁族"的命名？我面前的1516045班，是否能以更为清晰的特写镜头，让我看清更为细致的肌理？

根据美国学者罗伯特·帕特南在《我们的孩子》中的描述，我的大学时代，类似于美国五六十年代提供的教育背景，我的成长，得益于二十世纪八九十年代尚未崩塌的公有制教育。那时城乡之间教育资源的差异，远未达到当下触目惊心的地步，普通家庭所承受的压力，要比今天小得多，但教育投资的回报，却要更为可靠和确定。在考察062111班毕业多年的境况后，我依然为教育对年轻人前途的积极作用感到欣慰：尽管读大学对整个家庭而言，更像经过艰难权衡后的投资选择，经济成本与时间成本比我求学时代高得多；尽管两极分化的趋势已经显现，但我还是为班上大部分孩子，通过上大学能够换来一份衣食无忧的生活，感到踏实的庆幸。

但通过近十年公共课、专业课上与孩子们的接触和观察，我感觉趋势发生了很大的改变，就算在经济发达的广东地区，就算我所面对的学生，大部分来自广东省，比之062111班，1516045班的孩子已有更多的个体，陷入了真实的迷惑和困顿。毕业季来临，越来越多的学生敲响我办公室的门，试图从班主任的口中，下载一个关于未来的坚定答案；越来越多的学生询问考研的细节、考公务员与创业的胜算，他们在穷尽各种可能后，往往回到一个问题：如果这样，念大学，到底有什么意义？我不知道，这种无法穷尽所有个体感知的清晰印象，是来自个别的偶然倾诉，还是包蕴了一个群体的确定趋势？

比之我大学毕业的1995年，到我接手1516045班的2015年，整整跨越了二十年时空。二十年的滞后，因为班主任的身份，我终于获得机会，走近一个群体。面对他们时，无论我内心有着怎样的慌乱与不踏实，九零后这个群体，还是真实地来到我身边，并成为我工作的依托和载体。七零后和九零后的相遇，是我第二次班主任工作的主题，懂得这一代孩子，已成为摆在眼前的挑战。

而如何让他们感知，一个时代的转型，就在身边悄然完成，是我作为一个见证者，内心最大的隐秘。

两份名单与网络原住民

在我心中，1516045班有两份名单。一份是学校教务处提供的，为了便于管理，有一个顺序，学号从151604102李萌开始，经过李金蔓、叶嘉怡、秦思思、唐睿、严闽轩、雷红霞等三十多人，到151604647刘早亮结束，跨越从山东菏泽到广东江门的距离。

他们的名字，闪烁着碎片化时代的特色，看不到任何宏大叙事的踪迹，也和国家、民族、建功立业等印象，扯不上关系，显示了父辈在个性化时代，对孩子命名的平实，但因为大都来自广东地区，明显的地方趣味——温婉、甜腻、港台腔的字眼，成为家长取名的首选。这种审美趣味，也许来自粤语的音调直觉，至少当我用普通话发声时，总是难以从声调上轻易辨识其差异。自然，每次拿到名单，从字眼入手，也总是难以从意义层面做更多联想，这些汉字——"嘉""睿""怡""珊""轩""娜""琪""惠""璐""培""妍""倩""瑜""炯"，像一盘散乱的花瓣，单独看，都有颜色和味道，但混在一起，真的很难将它们之间的生发、组合，与一茬茬鲜活的年轻人，对应起来。

但我知道，1516045班，还有另一份名单，一份来自他们自我命名的昵称，和家长无关，也和教务处无关。在班群里，这些昵称，组成了一个魔幻的世界。我偷偷分析过他们的命名方式：

第一种：全英文。Hazan、Bewilder、Ayden、WyB1tch、Sioubing、Logers、Cy-Elaine、Ste-Max、Cristal li、carrie、Rara、il0v1Xwt 分别对应的是何海珊、叶紫晴、苟

亚东、钟培栋、陈少彬、罗益鹏、崔奕岚、华柳诗、李金蔓、叶嘉怡、陈阁妹、严闽轩。严闽轩的名字尤其特别，他的昵称是il0v1Xwt，很难说是英文，感觉就像一排没有任何关联的数字、字母组成的密码，我仔细寻找其中的组合规律，以及和"严闽轩"三个字的关联，但怎么样也无法发现其中的秘密。闽轩来自福建中山，他在第一次交给我的作文中，自我介绍略显戏谑，但还是难掩中规中矩的本色，"本人严闽轩，姓严，字闽轩，纯爷们，来自福建中山，很多人一看到我的名字就会问我为什么中间取一个闽字，其实我也不知道，大概是我亲爱的母亲大人和父亲大人想让我记住老家在福建吧，至于那个轩字，我猜是为了好听，够酷够炫的吧。目前十九岁，过多一个月就步入二十岁的门槛了，家庭非常普通，普通到不能再普通了，一周一顿麦当劳还是负担得起的，离小康也就还差几十公里而已，母亲大人是当幼儿园老师的，父亲大人是开船的，而我是个搬砖的（开玩笑开玩笑）"。在连续一年给他们上课的过程中，我对闽轩的印象并不深刻，有一次讨论课，原本排好是他当组长，但因为迟到，他并没有安排好组员的出场顺序，上课铃响了半天，他匆匆赶进教室，没有说任何话，同学们则发出了心领神会的笑声。对他的认知，我感觉il0v1Xwt这个昵称，更能描述他的真实状态，在"严闽轩"以外，他有另一个世界，而我作为班主任，并未能走进来。

第二种：全中文。字数不限，有词语，也有句子。果仁、慕橙、奈奈、水墨丹青、毒番茄、豆子、不拿拿，分别对应的是许玉晓、张彩莹、陆锐娜、胡小芬、何锦鸿、谢慧霞、邹燕玲。让我惊奇的是张亚康对自己的命名，"一个在当地较为英俊的人"，我不知道，他是否真的在乎自己的长相，还是另有所指。在广东学生中,亚康确实算得上一个较为英俊的人。程雪芳的昵称是"许过的愿不能忘!",更像是对自己坚定的承诺。雪芳来自湛江,我知道她背后更多的故事,知道她较为复杂的家庭关系,她需要一种精神力量,支撑自己度过大学时光。谢晓珊的昵称是"现在是十二月",我不知道背后的确切所指。

第三种:中英文混合。雷红霞的昵称是"XGS雨共蕻",我知道她独特的个性,但我不能确认,这种混合型的昵称,是否能映衬我的猜测。秦思思老家是湖南祁阳,她幼年随父母南迁,在广东定居多年,她的昵称叫"悠yo"。

第四种:纯图案。还有一些学生的昵称,干脆就是一个图案,诸如李萌的昵称,是一个柠檬;黄楚晴的昵称,是一朵云;陈倩儿的昵称,是一个微笑的卡通;黄璐的昵称,则是五个蛋挞组成的一排图案,看起来就像一家香喷喷的蛋糕店。

第五种:文字与图案组合。诸如李晴,昵称是"肥晴"两个字,加一个太阳的形状;唐睿的昵称,则是一个气球加条幅的图案与"RiRi"的组合;范敏琪的昵称,是一个金色皇冠加"范"这个汉字;梁映彤的昵称,是"Cu"加太阳的图案。

整体而言,以上五种命名方法,都和他们真实的中文名字没有太大关系,但我相信每一种命名的背后,都有他们的认真和谨慎。我不能完全理解他们名字的含义,也许,他们根本就不在乎含义和意义,他们只不过想用符号建构一个隐蔽的世界,一个属于自己、阻挡他人进入的世界。我还知道,他们建了两个班群,一个加了我的班群,专门用来发布各类公开的信息;一个拒绝我的班群,我永远无法知道其中的秘密。

但我还是发现了一些和真名有关的昵称,杨慧蓉叫"Yanghr"，刘早亮叫"Liang"，罗玲玲的昵称，没有舍弃她的本名，叫"TL 罗玲玲"。班上唯一没有昵称的学生，是沈敏就，她来自深圳，在第一次班会发言中，就坦言自己不是一个聪慧的人，但从来没有放弃成为优秀者的梦想，她是一个有主意的姑娘，带着特区的果敢和活力。

在所有的同学都进了班群以后，群主程雪芳强烈要求入群的人用真名，但还是有一个学生没有理会，他（她）一直保留在班群用"Zbbaoyyn"的权利，我没有用排除法，去弄清楚 TA 是谁，我感觉群里有一个隐形人，目睹一切，从不显身。

昵称是这一代孩子在网络时代互相确认的眼神，我不懂其中的含义，但不妨碍他们彼此心领神会，但课堂的交织，终究会让我以自己的方式，感知他们的秘密和世界。我得承认，在中国当代文学史 II 的课程中，我所采用的教材，就像打了封闭，为了构建所谓的知识体系，强行以某一时段为边界，生硬地清理掉文学史毛茸茸的肌理。教材的内容，涉及"十七年文学""文革文学""新时期文学"，唯独没有与他们生存和经验息息相关的网络文学；教材的内容，无法和他们的生命经验产生任何勾连，从学科的角度，这无可厚非，但课堂的实际，无法掩饰两者的错位，无法阻碍课堂产生假面舞会的幻觉。教材与学生的相遇，就像两个历史时空的暗中较量，"十七年文学""文革文学"甚至"新时期文学"，对他们而言，早已弥漫着历史的烟尘；而他们阅读的《诛仙》《龙族》《天堂的路》《斗破苍穹》，哪怕冒着腾腾的热气，也像夜空中遥不可及的星星，哪怕处在同一时空，因为盲见，同样有人视而不见。对他们而言，一种与网络碰撞的阅读经验，就如空气一样常见，对我而言，却如一个巨大的黑洞横亘眼前。

从2016年9月起，根据教学计划，我要承担2015级中文班的两门课程，中国当代文学思潮史和中国当代文学史II，时间跨度一年。2016年11月3日的课堂上，我和两个班的学生，特意讨论了我经常和学生聊起的两个问题：(1) 课外阅读情况如何？(2) 为什么读书？来自贵州遵义的苟亚东，讲到他受爷爷的影响，喜欢读史书、人物传记和天文地理，但到大学后，突然发现自己不会读书，他期待阅读能够提升自己的思维能力，但他感觉文学像一门艺术，遥不可及，难以入门。他没有像别的学生那样，强调自己喜欢文学名著，而是坦然宣称，"我喜欢读恐怖小说，《鬼吹灯》《盗墓笔记》，还有仙侠类的《诛仙》"。

亚东的话，像接通了一个共同的秘密，教室里立即活跃起来，孩子们的脸上，绽放出了心领神会的笑容。讨论了十年"为什么读书"后，苟亚东第一次在课堂提出，他热爱网络小说。我突然想到，同样在大学的佳佳，应该拥有这样的课堂，自由地交流他的阅读经验，并在多年被深深地误解中，袒露被遮蔽的青春困惑和心灵伤痕。

罗益鹏立即接上了话题，仿佛找到了一个倾诉的出口。他来自广东梅州，父母都是农民，关于读书，他从小听到的告诫，依然是几十年前的声音，"好好读书，考上大学，才能离开农村，走向城市，才能摆脱贫穷的命运"。他坦陈并不真心喜欢读书，但从小承载了家族的希望，他没有其他选择。紧张的学习中，他排解压力的唯一方式，就是读网络小说，从初一开始，已经持续了七八年。"我内心很压抑，不得不去寻找一些东西麻痹自己，网络小说是一个很好的东西，它是架空文，热血文，会让人的精神得到很好的寄托和麻痹！"他毫不否认，哪怕在高考前，面对巨大的复习压力，依然会去看网络小说，"读小说的一刹那，烦恼被抛在了一边，觉得什么都不用想，人好像被彻底放空！"但他也承认，网络小说只是一种快餐文学，并不能让自己获得精神升华，沉溺其中时，会有一种矛盾心理，"感觉自己在浪费时间，罪恶感很重，但又欲罢不能，管不住自己"。

面对被益鹏点燃的课堂，早亮跃跃欲试，但显然没有抢到表达的机会。他出生广东台山，是家里唯一的男孩。高中阶段，听到最多的言论，和益鹏一样，来自父母、老师反反复复的唠叨，"要好好学习，要为考大学奋斗"，至于考上大学以后的出路，村庄的父母，依然停留在八十年代的记忆和想象中。他事后告诉我，到高中后还是看网络小说，这是从初中开始就养成的习惯。"我瞒着我妈把钱存起来，买了一个阅读器，骗她说用来学习英语，然后偷偷摸摸拿来看小说。"早亮的电子阅览器，在谎言中寄托了一个母亲对孩子学英语的期待，但最后被班主任发现，上缴放进了上锁的抽屉。他沉迷过的网络小说，有萧鼎的《诛仙》、江南的《龙族》、唐家三少的《天堂的路》、天蚕土豆《斗破苍穹》等。

作为一个以文学批评为专业依托的教师，我对早亮提到的网络作品一片陌生，它们搅起网络江湖的万丈狂澜，却在大学的课堂上，悄无声息。它们让年轻的生命沉醉其中，我却对此视而不见、找不到话语进入，它们构建了一个个玄幻、穿越的世界，却能用最短的距离，唤起年轻人的共鸣，并将是否阅读，作为衡量自己阵营的暗号、密语。这背后到底隐藏了怎样的秘密和景观，以网络的名义接纳了年轻人的情绪，而我作为现实中的班主任，却惨遭他们的隔离？ 早亮提起了网络作品之所以吸引人的原因，"想想啊，一个个矮矬穷，相当于废柴，家族被杀光，只剩下一个，突然得到偶遇，然后就走向修仙之路，然后就杀掉仇人，抱得美人，从此改变命运，一读网络小说，我就满身热血，一回到现实，我就提不起斗志来，也有可能，我是幻想自己也能成功吧"！

  我在课堂现场统计才知道，对男孩子而言，中学阶段除了看网络小说，打游戏同样是他们重要的生存方式。父母担心他们沉迷于虚拟的世界，害怕他们用虚拟世界的游戏规则，指导、影响自己的现实人生，而事实上，对他们而言，打游戏，不过他们进入虚拟世界放松现实压力的方式。以早亮为例，在封闭式的高中，他们一周会放半天假，特别的节日，才放一天，常年处于高压之下，他必须找到自己的排解方式。早亮喜欢踢足球，但高中校园，没有场地，也没有时间和同伴，唯有网络，才能让他在碎片化的时间中，最大限度的实现自我放松。他从高中开始接触电脑，每周日十一点下课后，和朋友吃个饭，就进入网吧玩游戏。家里每周给的零花钱是二十元，他每周回去一次，除去路费十元，能自由支配的零花钱只剩十元，够他在网吧玩三个小时。他初中玩的游戏是《地下城与勇士》《穿越火线》（又称《CF》），高中阶段玩的游戏则是《英雄联盟》《LOL》，这是属于他们一代人的共同记忆。事实上，对青春期的男孩而言，共同出入网吧，已成为彼此建立联系和友谊的方式。早亮坦言，将身上的零花钱用光后，宿舍的一群少年，会去城里随便逛逛。他们并没有太多的自由，一周的高压，也只能通过半天高强度的游戏得以缓解，"回去学校就被考试包围"，他并不认为，游戏对自己的人格，产生了多坏的影响。

我依旧不懂网络小说，更不懂电子游戏，但遇上1516045班，终于明白了他们青春方式里的现实底色。从应试教育的通道穿越，他们来到大学课堂，在高中老师对大学想象的善意谎言崩塌、卸除了高考的集中目标后，他们如一卷失去弹性的弹簧，松弛的状态让他们陷入更深的迷茫。他们成就感、满足感、目标感和生命能量的释放，依旧无法在现实功利目标之外，找到更多的通道。我隐隐约约感受到这些，但始终找不到一个理解的切口，直到苟亚东第一次在课堂宣称他喜欢网络小说，才开启了我洞察另一个群体的契机，才真正理解，他们的化名，不过网络时代一次次隐秘的自我命名。课堂上，益鹏、早亮向我描述了《斗破苍穹》的中心思想——"三十年河东，三十年河西，莫欺少年穷"，这部"废柴逆袭"的网络小说，不过向我揭示了农村孩子在现实中，通过网络寻求慰藉的真实逻辑。他们将网络文学视为"热血文"，就如另一个时代的读者，阅读《青春之歌》的时候，曾经激情澎湃，热血沸腾。而我，面对自己不懂的网络世界，曾经作为二姐的同谋，将去网吧捉拿两个九零后的外甥，当作家长理所当然的责任。

　　我忽然意识到，当无法回避的信息时代降临，我们这一代凭借时间的错位，早已在现实中筑稳了各种堤坝，而这些孩子，却只能任由信息时代的冲刷，在不被理解的委屈中，承受各种未知的风险。智能时代貌似给他们带来了诸多便捷，但他们却居于这一庞大、无形的网络中，最为被动的一个环节。他们貌似获得了更多自由，但个人生活，却借助网络的方便，被制作成一罐密不透风的沙丁鱼。无处不在的微信、数不清的群、早自习点名、课堂刷脸、网络霸权，不过以科技、消费的名义，将他们的生命切割成更多的碎片。而我所看到的重点大学的孩子，却仍旧以最古老的方式，端坐在图书馆阅读泛黄的纸质书籍。

青春的本质从未改变，当"丧""无感""低欲望"成为亮眼的标签，贴在这面目模糊的一代人身上，我在课堂听到的偶然表达，正徐徐向我开启另一扇门，但更多的未知，我依然无法抵达，作为班主任，我一次次在课堂上面对深深的茫然。

我想起陈雪在2017年毕业之前，和我说过的话，"我觉得我们这一代是这样的，真实面目不会从外表看出来，我们都有自己的保护壳，所有的事情，全部都自己吞"。

乡村留守女生

关于九零后孩子的描述，"亚文化"的笼统概念，显然只能勾起我更多关于城市孩子的想象。在给1516045班上了两个学期的课后，他们身上笼罩的网络色彩，逐渐淡去其神秘面纱，Hazan、Bewilder、Ayden、WyB1tch、Sioubing、Logers、Cy-Elaine、Ste-Max、Cristal li、carrie、Rara、il0v1Xwt，更多时候以何海珊、叶紫晴、苟亚东、钟培栋、陈少彬、罗益鹏、崔奕岚、华柳诗、李金蔓、叶嘉怡、陈阁妹、严闽轩的面目，在我眼前出现，我校准班主任的焦点后，发现在网络世界以外，他们所浸润的现实，并未发生根本改变。

除了"网络原住民""宅男""腐女""颜值""玄幻""先修"这一套呈现他们日常的词汇，出现在学院困难名册的"低保家庭""单亲家庭""母亲残疾子女""特殊困难""困难""孤儿"，同样是呈现他们真实的另一组词汇。我意识到，在他们的世界中，包含了两组话语体系，在"课堂""班群"这样的公共场合，他们总是不经意就溜出网络词汇的影子，但进入私下的交流，诸如作为班主任，在与他们的例行谈心中，他们能立即切换到另一套话语系统，一套与他们的父辈、老师共享的话语系统。

下面是2017年11月14日，在班主任工作的例行谈心中，来自湛江的秀珊和我说的话。在班上的学生中，她是唯一主动约我的人，但在具体的聊天过程中，她说的话，最让我意外。她总是坐在教室的第一排，和我靠得极近，每次目光相撞，就拿书挡住嘴巴，黝黑的脸庞立即浮现满眼的笑意。她几次兴致勃勃地邀请我去家里看一下，但进入订票的环节，最后反悔，终止了行程。我原本想通过实地感知，去解读与她谈心过程中，被隐匿的诸多"梗"，这个愿望，因为她"没有必要跟别人说太多家里的事"，就此搁浅。

  我出生在湛江廉江，家里的门牌都看不清楚，邮政送录取通知书时，要一家一家地问。我中学时，爸爸在一家石灰厂上班，后来做不下去了，进了一个玩具厂。在我初中以前，妈妈一直在镇上工作，我上初中后，她去了东莞，今年到了广州，住在芳村，家里的主要经济来源靠妈妈打工。
  我有一个姐姐，一个哥哥，还有个弟弟，家里太复杂了。念大学的，到现在只有我一个。考上大学的时候，我爸很开心，但我妈不开心。我读一二年级的时候，隔壁村一个孩子考上了北大，我妈天还没亮就出去了，回来的时候天已全黑，她去那边帮忙办酒席，政府也来人了，还可能送了什么礼。

妈妈那时就让我考北大，但我考了广东F学院，她有点不开心。我爸对名校没有要求，但一看到"金融"两个字就不舒服，他觉得以后银行都没有了，还进银行工作，就很不高兴。爸妈始终将希望寄托在我哥身上。虽然我觉得爸爸没什么用，但和我妈相比，我还是比较喜欢爸爸，妈妈脾气太暴躁，老是打我。在家我不是很听话，感觉读了点书，思想观念跟他们不一样，没法和家人沟通，因为我说的所有事情，他们都没办法理解，哪怕我出去玩，他们都觉得不可理解。这让我很尴尬，又不能顶，但又不服。高三毕业那个暑假，我过去东莞，跟妈妈住在一起，但两个人没办法相处。念大学后，妈妈在广州芳村，从龙洞坐地铁二十多个站。我受不了，很少过去。

我姐小时候成绩挺好，到初中后一般般，就作文还可以，她初中毕业考上了湛江一所师范学校的幼师专业，但不想去，就外出打工了，可能是不想当幼儿园老师。我哥初中时像一个流氓，就会打架，离中考还有一个星期，突然说不读书了。我姐大我哥两岁，我哥大我三岁，但我大部分时间，都和弟弟在一起。小时候会和弟弟去田里、小沟里抓鱼，有时会捉到水蛇，有一次在香蕉地里，用那个簸箕在水里赶水，结果没赶到鱼，赶到了两条蛇，到现在还记得。很小的时候，感觉还挺快乐的，后来长大就不行了，再大一点点又不行了。我跟我哥、我姐之间，没有和弟弟那么亲密，他们上初中时，我比他们晚了两三年，所以我们的世界不太一样，他们两个像大人。我弟弟连初中都没读完，就回家了，他被抓回家了。我们家的关系太复杂了。

我们村是镇里最乱的一个村,很大,偷鸡摸狗的人好多,吸毒的人也很多。念初中时,村里吸毒的风气非常盛行,堂哥吸毒,堂哥那个年纪,是个人,都会吸毒,很多人都被抓走了,现在留在村里的人很少。堂哥与堂嫂离了几次婚又复合了,我搞不清堂哥对堂嫂到底是怎样的感情。堂哥吸毒期间没有理性,很多事情都很残忍,我侄女在场,我觉得更残忍。堂哥一直想要个男孩,但生的都是女孩,现在有三个女儿了,堂哥家第二个孩子一直放在我家,因为奶奶要带小堂嫂刚生的那个孩子。我大堂嫂和小堂嫂本来差不多同期生孩子,我在学校,不知道发生了什么事,最后大堂嫂的孩子没有生下来,太残忍了。村里就是这样,都想要男孩,我喜欢我侄女,觉得她们好可怜,我的情况正在她们身上重演,但是她们不像我,喜欢读书,我们村里,很多人读到初中都不读了。到目前为止,我们村只有我一个大学生,村子闭塞到什么程度?像我考上大学,村里居然还有人问,毕业以后分配到哪里工作,然后我说没有分配,他说你怎么考上这样的大学啊?我说现在的大学都没有分配,他就觉得我考的大学有问题。

我家里经济条件不好,父母关系也不好,因为从小封闭,只跟自己玩,处于一种没人管的状态,我都不知道自己怎么长大的。上初中后,基本就我一个人,我都是自己长大的。初三第一次去我妈那里,在东莞,她见到我,不让我叫她妈,因为她跟工友说,只有两个儿子。奇怪的是,我一点情绪都没有,所以上大学后,我也很少去芳村看她。我从小对父母印象不好,他们总是问我,你要跟爸爸,还是跟妈妈?我怎么知道，反正越长大就越无所谓了，也能理解一些东西，是的，从原生家庭的伤害里跳出来，太难了。

　　也不知道为什么，我从小就喜欢读书，但没什么书读，读的都是哥哥、姐姐初中留下来的政治作业、材料题。八九岁上学时，有个老师，一直拿粉笔砸我的头。我当时会乘法口诀什么的，有些字也会读，课文也懂，然后我妈认为我可以跳级，但校长不同意，我妈就一直往学校跑，然后就同意了。但那个老师对我很不满意，比如我现在的位置，在第一排，那个老师不让我坐第一排，把我调到后面。我也不知道怎么上课，看到别人举课本我也举，他们放下我也放下，有一次，还没来得及放下，老师就拿粉笔砸我的头。从小到大，我很少碰到合格的老师，他们大部分喜欢板着脸，教训学生。尤其是我高中那个老师，对学生很不好，你知道他怎么骂我们吗？我们学校有个下坡路，那里有个很大的垃圾厂，他说我们就像那里的垃圾，我们都被骂习惯了，也麻木了。有一次，他儿子半夜发烧，第二天到学校后，他对我们很生气，其实他儿子发烧关我们什么事呢？但我也碰到过好老师，六年级时，有个杨老师教我，我感觉打开了另一个世界的大门。除了杨老师，还有一个老师对我也很好，她将我当女儿看，她有两个儿子，但是没有女儿，她不介意我叫她妈妈，我们关系就是很好。

　　进到大学后，我感觉学校和自己的想象差太远了，我当时想，这是一个什么大学？我们宿舍六个人，平时都很忙，基本没什么交流。所有人忙的活动、方向都不一样。有个女生，她平时做那种高大上的兼职，她接了很多活，整天都在宿舍做策划书之类的；还有一个整天往男朋友家里跑；另外一个呢，热衷研究少数民族，学习藏语之类的；还有两个喜欢打游戏，但我不能告诉你。

今天上课的时候，讲到小说《风景》里面的二哥，我感觉和他就很相似啊，他通过另一个世界，看到了生活的另一种可能；但我的生活是在这边，没有办法脱离这边，这种根深蒂固的感觉，可以用绝望来形容。我也不认为社会不公平，比尔·盖茨说，世界本来就是不公平的，我觉得每个时代的事，它的难，在不同的地方。我什么都不想做，我觉得累了，我以后想过很普通的生活，其实我理想的生活，写作就可以了，我喜欢音乐，还可以帮别人填词。

我大一的时候，还挺好的，但现在热情被消解掉了，曾经的设想也破灭了，活着就好。活着，要求就这么简单，有时想想，还不如一无所知，比较幸福。谈到毕业以后，要留广州还是回老家？我们很年轻，不想回家，但留在广州的话，可能一个月的工资，付完房租都没有钱买衣服了。

秀珊在和我聊天的过程中，总是说到她的家庭很复杂，但我始终感觉她欲言又止，不愿和我多谈家庭为什么复杂。她跳跃的叙述，清晰地呈现了故乡廉江村庄在她身上打下的烙印。多子女、重男轻女、父母关系不和、一个人长大、封闭的村庄、吸毒的堂哥、被引产的堂嫂、像流氓的哥哥、童年捉鱼的快乐、热爱读书的天性、砸粉笔的小学老师、称学生为垃圾的高中老师、妈妈不切实际的期待、热爱写作的梦想、活着就好的淡然，无法留在广州的失落，压根没想过走进老师世界的直率，当然，还有给她打开了另一个世界的杨老师,待她像妈妈一样亲切的女老师,这所有的一切,在我心目中勾勒出了秀珊成长的基本底色。

她没有告诉我妈妈从事的职业,也没有告诉我,为什么大一还有目标,到大二则突然破灭。她没有改变命运的决心,也不知权衡和计算人生的紧要环节,并且拼尽力气去争取该得的一切。她有着与年龄不相称的消极,但我却从这理性的消极中,在和她小心翼翼的对话中,感受到了一种明心见性的智慧和残酷的真实。她看到了很多,明白很多,懂得很多,但她不说。

班上更多的孩子,尽管情节无法与她完全重合,但在最本质的方面,却与她有着相同的命运,下面,我说说同样来自湛江地区的胡小芬。

胡小芬1996年出生在湛江徐闻锦和镇,徐闻是广东省最南端的一个县,隔海就是海南省。她有四个兄妹,在家排行老大,下面有两个妹妹、一个弟弟。大妹妹2017年考上了华南农业大学,弟弟在徐闻中学读初中,最小的妹妹在念小学六年级。爸爸之前在家务农,因为收入太少,只得离家寻找门路。由于没有技术,爸爸主要在徐闻周边建筑工地打小工,工作缺乏稳定性,收入并无保障。妈妈先后在湛江、徐闻打工,主要是在广场擦皮鞋。

因为想要一个男孩,在有了两个女儿后,待小芬念到小学五年级时,父母一直在外面断断续续躲计划生育,顺便也打打散工。初中三年,她一直跟着爷爷奶奶过,有一段时间的留守经历。弟弟出生后,妈妈又怀孕了,抱着侥幸心理,以为又是一个男孩,于是偷偷生了下来,这样,小芬就多了一个比她小十岁的妹妹。

小时候,小芬整天和同伴爬树,玩一些游戏,性子极其野。

小学五年级时，妈妈外出打工后，爸爸和奶奶去田里劳作，就会把她托付给姑姑照顾。姑姑嫁到了邻村，村子近海，孩子们穿过一座小树林，就能迅速到达海边，捡螺、捡贝壳、赶潮，成为海边孩子童年的乐事。尽管大人不准小孩去海边玩，小芬还是会经常和姑姑村里的孩子混在一起，偷偷结伙溜去海边。捡螺是小芬最爱干的事情，每次回来，她怕姑姑发现破绽，首先要做的事，就是赶紧去别人家，将弄脏的腿脚洗干净。

妈妈是家里第一个外出打工的人，小芬曾跟随妈妈到了湛江。六年级第一学期，她就读在湛江市区一所私立学校，因为学费贵，妈妈负担起来过于吃力，小芬懂事地要求回家。从第二学期开始，她就回到了村里，此后一直到初三毕业，都待在奶奶身边，和奶奶共同承担起照顾弟弟妹妹的工作。大妹妹性格孤僻，不爱说话，比她小两岁，因为年龄接近，两人经常打架。弟弟比她小八岁，最小的妹妹比她小十岁，两个人性格极其活泼。小芬到现在都记得，自己给最小的弟弟妹妹喂饭、洗衣服，"除了晚上，最小的妹妹，几乎就是我带大的，大妹妹也是小孩，总是将他们弄哭，而我必须想办法将他们哄住"。

到小芬念初二时，爸爸也决定外出打工，并带上三个弟弟、妹妹。小芬选择独自留下，一个人守着奶奶，初中三年的学费，靠父母打工支付，而生活费主要依靠奶奶去海边挖螺、种甘蔗、养家禽。奶奶出生在对面的海岛上，从小在海边长大，人非常灵活，爷爷很早就去世了，是奶奶一人独自将孩子拉扯大的。

小芬明显感到，家里的经济状况，是在妈妈生下弟弟交完罚款后开始变差的，没生弟弟前，妈妈在镇上的墟里卖鞋，在村里其他人都住茅草房时，家里已盖了村里的第一个独立厨房，家里的正房也是新盖的瓦房。生完弟弟后，不但被罚了一万多超生款，还因为妈妈要带孩子，少了打工的收入来源，家里的开支，只能靠爸爸、奶奶在田里干活支撑。一直到现在，村里不少人家的茅草房，早就换了楼房，小芬家的房子，依然没有任何改变，"房子还是二三十年前的瓦房，有四个房间，中间有个放牌位的厅，房子现在到处漏水，奶奶存了一点点钱，好不容易换了个屋顶"。家里的人气也越来越稀薄，小芬外出念高中后，就只剩奶奶一个人。

相比秀珊的村庄，小芬显然更幸运。村里有一个图书馆，是她经常去借书的地方，也是她和妹妹最喜欢去的地方。奶奶只要两姐妹进入图书馆，就很开心，在老人家看来，只要翻开书，就是在学习，哪怕她们看的是《爆笑校园》。事实上，乡村图书馆的书几乎全是盗版，图书的质量也粗劣不堪，但小芬还是为此庆幸不已，至少她能从图书馆借阅到金庸的小说。初中时，为了省钱，过一段时间，班上会组织同学统一去网上买便宜的盗版书，这同样成为小芬早期阅读经历中难忘的记忆。除了图书馆对小芬的滋养，乡村对小芬的馈赠，更多来自徐闻村庄随处可见的戏台，每年的演出，是小芬的节日。奶奶生命中，唯一和艺术有关的事情，就是看雷剧，带上孙女小芬一起观看，无意中培养了小芬对雷剧的兴趣。

小芬一直深感庆幸的事情，是父母尽管重男，但不轻女。他们四姊妹的学习，始终是爸爸妈妈最为看重的事情。高中阶段，小芬考上了徐闻一所中学，父母承担不起孩子们在湛江的学习费用，决定转移到徐闻打工，既可以更好地陪伴小芬，也可以省下留在湛江不得不支付的高额学费。对于父母的外出，小芬的态度极为矛盾:一方面,她极为感激父母能够陪她上到小学五年级,而不像弟弟妹妹那样,很小的时候,就留守家中;另一方面,她觉得就算到了五年级,也还是不宜离开父母,小孩天然就应该和父母在一起。小芬知道,大妹妹极为内向的性格,就和父母过早离开她有关,堂叔的两个儿子,原本成绩很好,也是因为堂叔、堂婶闹矛盾,导致堂婶外出后,两人的成绩急剧下降,三科加起来都不到一百分,而且总是恐吓养育他们的爷爷。但她明白,父母没有办法两全其美,若不外出打工,一家人的生活,真的会难以为继。

多年来,真正让小芬一家人发愁的事情,依旧是捉襟见肘的经济状况。爸爸在徐闻打散工,一年的收入仅有一万多元;天气冷的时候,妈妈擦鞋一天,勉强可以挣到一百元,而天气暖热,连买菜的钱都挣不到。但广东的天气,真正寒冷的时光,总是出奇的短暂。奶奶年龄已大,没有任何收入,除了两个姑姑偶尔接济一点,还得靠政府补贴。小芬深知家里的状况,从上大学开始,就一直在外兼职,不找家里要生活费。大一在肇庆校区,她在学校旁边找了一家小饭店,中午和下午上班,一天干四五个小时,每月能挣六百元,基本能维持生活开支。轮到递交补助申请时,她也会按时填表格;而就读华南农业大学的妹妹,来自同样的家庭,就是不向学校递交任何助学金申请表,这让父母恼火,也让小芬恼火。小芬最大的心愿,是希望大学的课程能够少一点,这样她就有更多的时间,做自己的事情。

临近毕业,家里都希望小芬能够考公务员,尤其是奶奶,更希望孙女可以获得一份稳定的工作。小芬尽管对未来并没有确定的预期,但回湛江的目标非常坚定。"我不知道以后会做什么工作,但我喜欢雷剧,湛江有雷剧,我希望工作和雷剧有关。"

胡小芬的性格较之吴秀珊,显得更为平和、温驯,这和两者的成长环境、家庭氛围有一定关系。但从两者具体的生存境况而言,拨开两者成长过程的一些具体差异,会发现承载计生政策的后果、贫穷、孤独、看不到出路等方面,都是两者的相似之处,也是1516045班学生,常见的家庭标配。

我从内地来到南方,在广东从教十几年,对我冲击最大的事情,来自计生政策对学生的影响。我原本以为,只有在计生政策并未完全执行的七十年代,多子女家庭才极为常见,我从来没有想到,课堂上的学生,会完全颠覆我此前的认知。对那些多子女家庭的学生而言,父母"躲计划生育"的经历,是他们必须承受的生活常态,伴随这一无从逃避的宿命,被留守或随父母居无定所,成为他们必须承担的隐匿痛苦。这些灰暗处的细节,说起来触目惊心,却是学生平时和我聊天的常见话题,也是女生的作文、邮件中经常写到的事情。种种无形的伤害,说不清前因后果,也找不到任何责任主体,在我从教的十几年里,一直沉沉地压在我的心底,我知道,现实的逻辑,就这样消解了很多沉甸甸的叹息。

与多子女相伴的现实,是贫穷。贫穷对学生的心灵伤害,同样触目惊心。尽管广东属于经济发达地区,在常人眼中,学生的经济状况,比之内地,应该光鲜很多,而事实上,因为班上的学生,很大一部分来自非珠三角地区,这些地方的经济状况,和内地比较起来,并无明显优势,有些地方甚至更为落后。以学院2016—2017年度家庭经济困难汇总的情况可知,全年级有一百六十人申请补助,其中特困三十七人,贫困一百二十三人。

以2015级为例，申请贫困补助的人数为四十九人，其中特困十人，贫困三十九人。换言之，在全年级的二十四个班中，有四个班的学生申请了困难补助，其中特困生有整整一个班之多。而我知道，碍于名额限制，有不少孩子，像胡小芬的妹妹一样，根本没有统计在内。

不可忽视的是，伴随多子女家庭，因为亲子关系欠缺所致的孤独童年、留守经历，同样是他们的共同特征。秀珊用"我一个人长大"形容这种状况，小芬也不否认父母五年级后离开她的遗憾，显然，对她们而言，良好的亲子关系和团聚的家人，是童年最大的奢望。孩子多，生存压力大，父母的主要职责，都在为生计忙碌，放弃对孩子的陪伴，成为父母无奈但必然的选择和代价。多年来，我注意到一个事实，对学生而言，伤害最深的并不是贫穷，而是缺爱，童年缺乏关爱的孩子，到了大学，最典型的特征就是自卑，内心无所依傍，始终有一个无法填充的黑洞。邓桦真在《风》中就曾坦言："有时候想到生活的种种，我会连生活下去的勇气都没有。"2018年6月，一名留守女孩，在毕业之前，袒露了相似的心迹，"做事永远小心谨慎，除了自己，谁都不敢依靠和信赖"。

当然，对即将结束大学时代的1516045班学生而言，临近毕业，一种看不到出路的迷茫，成为他们真实又沉重的情绪。对比我带过的两个班，我明显感到1516045班孩子的精神状态，比不上062111班富有活力和朝气。尽管062111班是我们独立成系后，招收的第一届学生，各个方面都处于一种摸索和未知状态，但因为整体经济形势好，房价也相对合理，大部分学生，并未表现出悲观和迷惘的精神面貌，更没有一个学生，为了提高就业的竞争力，拼命去考研。而到1516045班，客观而言，不管在专业设置、师资配备、教学条件等方面，比之以前，都有了很大改善，更为重要的是，就业好，一直是我们学校在广东高校中拥有的良好口碑。但就算如此，还是难掩学生对未来和前途的深重担忧，很多学生，从大一开始，就早早谋划考研，班上考研学生的比例直线上升，人数也早早过半。对农村孩子而言，经历过大一的兴奋期后，一旦认清真相，意识到理想和现实的差距后，往往会陷入长久的情绪低落期。但我没有想到，1516045班的低落期如此之长，以至大四来临，还没有走出。

以班主任身份，经历过和学生的常规谈心，并对这个群体有了更多了解后，我不否认，在网络貌似平等的空间以外，在私下的场合，他们曾经用另一套语言，向我展示了一个更为真实的维度，在很多方面，他们接续了062111班已经开始分化的事实，并且呈现出强化的趋势。

历史的尘埃飘过课堂

过完寒暑假，便进入新学期。在关于1516045班的叙述中，给他们上专业课，是我作为班主任，一个非常重要的观测点。

算起来，从2005年博士毕业进入龙洞，到接手1516045班，中间横亘了十年的时空。在习惯了教师的生命节奏后，我强烈意识到，对教书这个职业而言，计量时间的单位是年、学期、周，一年年，一期期，一周周，在极其规律化、程式化的日程中，我的生活被开会、填表、写总结材料、评职称、发论文、报项目、做课题等日常词汇所塞满。剔除这些让人沮丧的事件，我发现真正支撑起自己职业生涯的依托，恰恰是课堂，是和学生的相处，是无数的公共课和少有的专业课机会。如果说，公共课让我有大量的机会，接触到不同专业的学生，像是在自己流动的教室，架设一个广角镜头，那么，专业课则让我能够和特定的群体，做更深入的交流，能够在更为细致的专业教学中，感受到他们的想法、气息，得以聚焦更为具体的生命。

2017年3月至2018年1月，横跨整个年度，根据教学安排，我承担了包括1516045班在内的两个中文班的专业课。2016—2017年度的第二学期（2017年3月到7月），所上的课程为《中国当代文学思潮史》，2017—2018年度的第一学期（2017年9月到2018年1月），所上的课程为《中国当代文学史Ⅱ》。显然，从内容而言，这两门课程有诸多重合之处，而如何在教务体系的规定动作中，通过自己的课堂实践，让学生附着于专业学习的同时，尽可能理顺时代的转型如何在他们这一代推进，如何感知他们和时代建立关系的方式，是我教学任务中，很重要的一个维度，也是班主任角色，赋予我的一个隐秘视角。对一个群体的理解，当我无法直接从日常生活获得清晰的感知时，对课堂的观察，是我作为一个教师的特有方式。

横亘十年时光，与学生群体变化相对应的，是教学方式所面临的挑战。如果说，2005年刚刚入职时，我感受最深的，是多媒体泛滥对传统课堂的冲击，那么，到面对1516045班的课堂，我更深的感受，则是随着新媒体的兴盛和智能手机的普及，学生人手一部手机的状况对课堂的瓦解。在知识极易获得的时代，我第一次意识到，教师职业所面临的根本挑战：知识的传达，不再成为教师理所当然的优势，泛滥信息对学生注意力的争夺，成为教师面临的最大现实。

　　学校对此的应对，是利用行政力量加强管理，为了激励学生利用早上的时间自修，以制度的形式，规定他们必须早起，为了提高到课率，刷脸的软件，已在某些班级推行。专业规划、教材、大纲、教学进度、考点、难点、重点、知识点，这些上交教务部门的必备材料，以打印纸的苍白脸孔，横陈在学校的某个角落，除了表明某种形式主义、官僚主义的达成，除了直接沦为应付教学检查的物证，如果没有彻底内化到作为教学主体的教师生命中，对新媒体语境下的学生而言，事实上，和他们的生命产生不了任何关联。单纯的知识灌输，已经不能引起学生半点兴趣，他们不会反抗，但他们会立即耷拉下脑袋，低头去看手机，连一个不屑的表情都吝于做出。脱离了高中的学习氛围，大学的老师，不再像高中班主任那样去管纪律，对这些孩子而言，这是一次集体的踏空适应。

　　在中文专业的课程设置中，各类文学史既是最重要的部分，也是发展最为成熟、被规范得最为彻底的部分。文学史的教学，是累死累活的妇产科，内容繁琐，知识点多。更现实的处境是，因为二本院校开设中文专业的边缘化，相对文学史的内容要求，课时往往会被大量削减，每次拿到教材，感觉就是将一个成人拼命地塞进一套童装。无论如何，带着学生在有限的课时内，尽可能帮助他们初步建立个人的文学史观，成为我2017年专业课教学的核心目标。既然按照常规的教学方法，我只能浮光掠影地将文学史的知识点梳理一遍，而这种单纯知识点的灌输，又太容易引起他们的腻烦和疲倦，那么，我们能不能在有限的课时内，尝试建构起一种真正和学生交流、触及人心的课堂？建构一种老师引导、学生参与、课内和课后相结合的立体课堂？通过教学实践，我能否做一名在场的反思者？

2017年下半年，和学生商量后，我决心拿出一半的课时（二十七学时，九周，每周三学时），采用讲授和讨论相结合的方式，让学生更好理解文学史的建构过程。学生讨论的专题如下：

一、伤痕、反思、改革文学专题：涉及的作品有刘心武的《班主任》、卢新华的《伤痕》、古华的《芙蓉镇》、何士光的《乡场上》、路遥的《人生》、蒋子龙的《乔厂长上任记》。由蔡妍欢担任讨论小组的组长。

二、现代派专题：涉及的作品有刘索拉的《你别无选择》、徐星的《无主题变奏》、残雪的《山上的小屋》。由杨小诗担任讨论小组的组长。

三、莫言专题：涉及的作品有《透明的红萝卜》《丰乳肥臀》《蛙》。由严闽轩担任讨论小组的组长。

四、新写实专题：涉及的作品有池莉的《烦恼人生》、方方的《风景》、刘震云的《一地鸡毛》、刘恒的《狗日的粮食》。由邹易伶担任讨论小组的组长。

五、韩少功专题：涉及的作品有《马桥词典》《山南水北》《日夜书》。由程雪芳担任讨论小组的组长。

六、现实主义冲击波专题：涉及的作品有谈歌的《大厂》、刘醒龙的《分享艰难》、何申的《信访办主任》、关仁山的《大雪无乡》。由黄璐担任讨论小组的组长。

七、非虚构专题：涉及的作品有梁鸿《中国在梁庄》《出梁庄记》、阎海军的《崖边报告》、王磊光的《一个博士生的返乡笔记》、袁凌的《青苔不会消失》。由陈敏霞担任讨论小组的组长。

八、广东作家专题：涉及的作品有王十月的《无碑》《国家订单》《收脚印的人》，郑小琼的《女工记》《黄麻岭》《铁》，塞壬的《下落不明的人》。由张亚康担任讨论小组的组长。

很明显，这八个专题，无法勾勒出一部完整、系统的文学史，某些专题的设置，诸如韩少功研究，甚至充满了我个人的偏好，"非虚构专题"和"广东作家专题"更是越出了现有文学史的边界。但因为我台下的学生，大部分来自农村，来自广东，让他们阅读近几年与乡村书写有关的非虚构作品，或许能更快地唤醒他们的生活经验，让他们审视自己的村庄，建立起对文学史贴皮贴肉的真实感觉。更为重要的是，作为转型期的一代，面对文学史相对封闭的边界，了解广东现代性转型过程中的文学表达，将有助于他们了解自身，也有助于他们在他者的表达中，了解自己的出生地。

文学小组很快活动起来，由于课堂时间的限制，师生被迫主动向课外延伸，这种化被动为主动的学习转变，让我暗暗吃惊。我一直隐匿心头想通过课堂，逐步训练他们学术思维的想法，找到了落地的契机。更重要的是，通过课堂的拓展，他们懂得了课后去组建学术小组，懂得了真正去探讨一些问题，懂得了在团队中配合着完成各自的任务。我知道，在重点大学，学生有很多机会获得学术信息，也有很好的学术氛围激发学生组建团队去讨论一些真正的学术问题。我也知道，在我们这种金融气氛浓厚、强调应用性的高校，老师如果不能意识到对学生批判性思维的训练和思考能力的培养，是相比眼花缭乱的技能传递更为核心的问题，那么，所有的孩子，经过课堂表演性质的知识大雨，就像被一瓢水淋过，貌似酣畅淋漓，但各个知识点，顺着下课铃声的响起，就会滑溜溜地消失。在对付完期末考试后，教材又原原本本地还给了老师，学生如果没有系统的思维训练，所有的知识，必然无法参与他们的个体成长，也无法在具体的生命实践中，达到活学活用的目标。

从一开始，我就意识到，专业课堂中，我面对的最大挑战，是如何在四平八稳的教学流程中，找到一些缝隙，激发学生想问题的欲望，并尽可能在有限的课堂训练中，激活学生对时代的感知和对自身的认识。在文学思潮、文学史所叙述的每一个转折处，我想知道，历史或现实，到底能在多大的程度，和眼前这个群体产生关联？他们能否发现，自己其实也是建构历史的一员？

以我多年的观察，我发现所谓的重点大学和一般大学，学生最大的差别，并非来自智商，而主要来自他们是否拥有更多的机会，进行学术思维的训练。这种综合的训练，和以前的应试思维完全不同，如果大学教育无法通过课堂将应试的痕迹剔除干净，这些孩子就算找到了工作，也无法彻底释放自己的潜能，上升的瓶颈会立即出现。

换一种上课的方式，属于学生的文学史，竟然呈现出了别样的生机。

更让我意外的是，每次上讨论课，学生轮着要上台发言时，都会特别在意自己的形象，显示出对学习一种难得的敬畏和庄重。我留意到大部分女孩子都修过眉毛，妆容淡雅、精致、得体，衣服也逐渐脱离了学生时代的宽松风格，显示出对女性身份的认同和确信。和内地女生比较起来，广东女孩不喜欢穿高跟鞋，不喜欢穿皮鞋，更不喜欢穿丝袜，她们习惯了穿休闲风格的平跟鞋,哪怕是穿裙子,也是脚蹬一双白色的运动鞋。我还留意到,在课堂的发言中,涉及一些敏感话题,诸如性和性取向,学生不会遮遮掩掩,而是大方自然地表达自己的观点,"我们班的同学,没有一个从父母那儿获得性知识,只能通过书籍、电视、小说、电影等途径,男孩子都看过A片"。他们真诚、坦率、自然,和我大学时代面对两性话题的拘谨、封闭,构成了鲜明对比。

确实,敞开和面对,是他们理解青春和生活的方式,也是他们这一代独有的进入文学史的方式。事实上,只要进入到学生的专业课堂,可以发现,日常生活中,除了"网络话语系统"和"共享话语系统",他们还有一套自己的"学术话语系统",尽管在当下的高校氛围中,就业的指挥棒会很大程度上稀释掉学术氛围,但不能否认,对大学生而言,学习是他们生活中最重要的事情,课堂是他们生活中最主要的场域,而课堂的表达和互动,客观上构成了他们的"学术话语系统"。

第一次讨论课,"伤痕、反思、改革文学"专题,按照计划,将从第六周开始。在进入讨论前,我让学生联系自己和家族的经验,通过和家人的访谈,写下对1966至1976年的印象。如果说,对当代文学史的理解,八十年代向九十年代的转型,是一个绕不开的节点,那么,对"十七年"和"新时期"之间历史阶段的认识和清理,则构成了理解当代文学史生发的关键。而这一时段,因为历史的隔膜,无论从老师的教学,还是学生的学习看,都难以找到最为贴切的方式。从我以往的教学经验看,学生进入这段历史,更多依赖文学作品得来的感性印象,《班主任》《活着》《黄金时代》《平凡的世界》是他们提到最多的小说;此外,杨绛《干校六记》《杂忆与杂写》及季羡林《牛棚杂忆》也成为他们了解历史的重要来源；电影《霸王别姬》更是他们对特殊历史阶段理解的教科书级别的影像资料。概而言之，学生对这段并不久远的历史认知，更多来自二手资料。

在新的课堂尝试中，我对他们的首要要求就是，尽可能还原语境，尽可能通过访谈、调研，进入自己的长辈、亲人、村庄、故乡去获得第一手材料。根据年龄推算，1516045班学生的爷爷、奶奶刚好出生在五十年代左右，见证了很多重要的历史时刻。在没有办法重回过去的情况下，和爷爷、奶奶聊天，从他们的日常生活中感知一个时代的风云和气息，对学生而言，也不失一种进入历史的有效途径。我想起念博士期间，跟随导师做课题，为了更好进入具体的历史语境，整天待在图书馆看1966至1976年的《人民日报》，深刻感受到一个时代的真实氛围，甚至研究此间的连环画，以此触摸历史的肌理。但这种纸上的功夫，还是比不上和父辈的聊天，比不上重新审视村庄留下的历史遗产：四通八达的水渠，以及直到今天依然发挥重要作用的水库。在公共和个体经验之间，历史对我尚且存在隔膜，更不用说一群比我年轻得多的学生。

十几年来，因为职业的关系，面对年轻人时，我始终坚持，能不能正视自己的生活经验，能不能直面自己，能不能和真实的生命体验打通，是决定年轻人是否产生力量的关键。我深知一群经过应试通道，来到我课堂的学生，因为此前长久对生命感受的剥夺，早已对真实的生活产生了深深的隔膜。在他们最富生命力、修复能力最强的时候，我不知课堂上有限的唤醒、激活，是否能帮助他们更好地实现自我认知，更好地接近历史真相，从而达到去蔽的效果。

  让我惊喜的是，一旦开启了个人经验和文学史的对接，学生眼中的烟尘历史，便和父辈的生命产生了关联，并延续到自身的经验片段中来。谢慧霞坦然提到，"历史对我来说，意味着是否能够看清问题，有没有能力看清问题"。陈乐民生于中山石岐，中山是我国著名的侨乡，他印象深刻的是，因为老一辈人有亲戚、朋友在港澳地区或国外，"偶尔接济一下，并没有过得太惨"。刘思敏注意到一个事实，"六十年代出生的人（六零后），被称为是'被耽误的一代'，我的父母也是出生在那个年代的。但是，或者是例外，我没有从他们口中听到诸多抱怨。毕竟，父亲好歹从大专里毕业了，母亲没有能继续学习也更多的是与经济条件有关"。吴秀珊则有一份独特的理智，"对并非自己亲身经历的历史时期觉得难以评论"。

  浩天对于出生的古老村庄，也有深刻的印象。"尽管二十世纪六七十年代的事，离我有些遥远，但我还是能触碰到当年留下的痕迹。每次家中祭祖的时候，都会到上一辈人居住的老宅中祭拜。另一个记忆，是我小时候常去打羽毛球的一个破旧的将军府，府前的门墙上刻着精美的壁画。但是画的下半部分被破坏了，宛若割下一块皮肉。只是上半部分，较高的，人够不到的部分，才残留着先前的模样。每次看到被破坏的壁画，每次都会觉得可惜。"

  浩天来自潮州潮安区龙湖镇银湖村的一个古老村庄，我曾经去过他从小长大的村庄。2018年1月20日，在浩天爸爸的陪伴下，我得以拥有机会，来到村里的老宅和一群当地的老人聊天。

历史的曲折、缠绵，不动声色地湮没在一栋栋老旧而典雅的房间里。四个八十多岁的老人，在一间隐藏很深的堂屋中，散坐在同样拙朴的木凳上聊天。时光仿佛凝固，但墙壁上依稀可见的特殊年代的字迹，并未随着时光消除。作为主人的老人已经八十多岁，他在四十多岁时，曾经被集体派去广西支农，教当地村民种植柑橘。潮州的柑橘非常有名，但今天，受制于无法大规模种植，哪怕是土生土长的浩天，也未曾听说"潮柑"的辉煌历史。老人出生贫农，现在居住的老宅，曾住着村里的一个地主，二十出头的浩天，显然从未听老人如此表述他们见证的历史。确实，今天，这些曾经光鲜的雕梁画栋，已成为年轻人抛弃的对象，伴随对故居的疏离，真实的历史也隔膜在代际中，我不知这种和浩天重回老人身边的共同倾听，能否可作为课堂的一种延伸。

在第一次小组讨论课上，我留意到莫源盛在讲述《芙蓉镇》时，找到了一张当时的四类分子登记表。在历史的烟尘中，穿越时光的课堂，终于落实到了一个具体的生命。这些零星鲜活的个体，以其具体的遭遇，勾起了师生对一个时代的感知，并在课堂中，因为重溯、回望，突然照亮了很多暗处的阴影。这些课堂外细枝末节的勾勒，也许能让他们意识到，任何一段教科书中的历史，其最有生命力的地方，正来自和日常生活的关联。

如果说转型期，是理解当代文学史的一个基本前提，那么，当我置身广东的高校，置身一群主要由广东孩子组成的课堂时，我不能否认，个体经验中，对广东的回望、呈现，是我作为时代转型期的见证者，对自身的一种重要清理。我不能否认，在我的青春年代，广东给我带来的南方想象，事实上构成了我理解九十年代的一种基本底色。

回想起来，南方作为一个文化意象进入我的视野，始自1984年。那一年，开办工厂的满舅，买了村里第一台电视机，黑白的电视机，摆在小小的地坪里，在暑热散尽之后，成为乡亲们难得的娱乐方式。电视里播放的电视剧，多是港台的武打片，《霍元甲》《陈真》成为当时最热的IP，港台明星开始进入青少年的世界，初中生的抄歌本上，米雪、黄元申、梁小龙的画像贴得到处都是。伴随武侠片的大热，随之而来的是全村男女老少对粤语歌曲的传唱，《万里长城永不倒》所弥漫的热血情怀以及爱国激情，涤荡了一代青年的心灵。对内地人而言，港片、粤语是改革开放之初的广东，向内地亮出的炫目名片。

1992年，我考上了湖南一所地方大学。南方不再作为一个抽象的词汇，不再作为一个可望而不可即的目标而存在。大学校园里，教外国文学的张老师，再三强调我们要学好粤语，街头巷尾，随处都可买到粤语磁带。毕业的师兄师姐，已有人不接受单位的分配，直奔南方寻找新的机会，在过年回乡的聚会中，隐隐约约的成功故事，已在暗处流传。我初中、高中升学无望的同龄人，他们的首要选择，依然是"去广东"。现在回望，恰恰是因为升学失败，在遍地机会的时候毅然南下，才让他们实现了人生的弯道超车。1993年，我初中的闺蜜，邀请我去城陵矶看她新开张的小店，她向我讲起消失那几年去南方的见闻。"从广州到深圳，已没有农村，到处都是工厂，到处都是楼房，广东太发达了，太发达了！"几年以后，她离开父母极为满意、有固定职业的丈夫，抛弃了好不容易经营起来的小店，再次义无反顾地奔赴广东，奔赴南方，并最终定居于此。更多与我大学时代相关的细节,同样充斥了南方元素:女生宿舍贴的海报是青春洋溢的刘德华、张学友、黎明、郭富城四大天王;伴随《公关小姐》《外来妹》的热播,从广州走出的杨钰莹、毛宁、甘萍的歌曲,响彻宿舍的每一个角落。这种零散的青春记忆如此鲜活,以致在广州定居多年以后,对这座城市,我始终充满了一种奇怪的情愫。

但我没有想到,在多年以后偶遇的课堂中,因为讨论现实主义冲击波小说,出生广东的九零后学生,无意中向我展示了南方的另一重图景。一个女孩在课堂上大声说,她对九十年代的唯一的记忆,只与计划生育有关,她自己就是"计划生育逃出来的"。源盛对此进行了补充,他说他们村子,直到1996年才开始感受到计划生育的风声。我去过源盛的村庄,一个离广州两小时车程的地方,在粤西云浮郁南的一座大山里,他的堂哥刚刚三十出头,因为生计,外出打工,留守在家的妻子背后,站着一排高高矮矮、花花绿绿的孩子。另一个学生则提到,他对九十年代隐隐约约的记忆,来自1998年的洪水。那场洪水几乎是我对集体主义信念尚存年代残存的最后记忆,我不能忘记当年岳阳街头洪水退后,禁鞭的城市满街烟尘,仅仅为了送别坚守在一线的子弟兵,无数的市民难以表达感激和敬意,只能买最好的烟丢向缓缓离去的军车,这一幕在我眼中唯有感动和庆幸,但在同样遭受洪水的孩子眼中,在同一课堂,留存记忆的,唯有童年的无助和惊慌。

课堂绕了一个大圈后,早亮终于进入正题,提到了谈歌的《大厂》,提到了九十年代曾经出现过的一个巨大群体——下岗工人,而恰恰是这四个字,接通了我对九十年代另一维度的审视,我猛然想起,时代的裂变,正是从这一不动声色的瓦解开始的。多年以后回望,我再无当初读《大厂》的感动,而是遗憾现实主义冲击波作家,过多停留在经济维度对一个群体进行审视上。

——我不能否认,在整个学生时代,广东的文化幻象,曾带给我诸多生机勃勃的想象,但对我而言,成为下岗工人,是个体关于这个时代最为深刻和真实的图景,也正是这一身份,让我接通了一个更为广泛的群体,而这个群体背后,其所隐藏的悲欢离合,显然也是九十年代的真实布景。今天,他们的孩子已经长大,进入到大学课堂,以讨论文学的名义,终于得以拉开二十年的距离,重新审视父辈的生存。在我的学生中,辛追的妈妈是下岗工人;2008年离世的洁韵,爸爸是下岗工人;062111班的胜轩,不但父母是下岗工人,姑姑、姨、叔叔都属于这个群体。九十年代对他们而言,虽只是童年的朦胧印象,但他们也是在场者,是见证人,进入大学,他们终于理解了自己与时代的关系,终于意识到身边的人,其实也在建构文学史。

我想起2018年1月,和浩天走在他的村庄上,他不断询问我大学时代的事情,"上世纪九十年代是多么久远啊!"我留意到在指向同一时段时,他喜欢用"上世纪"这种表述。这种不经意的用语提醒我,在我和他们之间,在我和我的二本学生之间,丈量时间的尺度,都已发生了根本改变。因为和这个群体相遇,我得以获得另外的视角理解时代更为丰富、本真的双重面向。对我而言,八十年代向九十年代的转型,伴随了整个成长历程,仿佛在转身之际便已完成,但对他们而言,这个过程,则犹如街角的拐弯处,待到回望时,呈现在眼前的,已是市场化落地后疯长的另一片丛林。

我想起李萌在讨论课上的话:"我们横着去看这个社会的时候,当然可以说,我们很骄傲,我们的GDP增长了多少,我们在全世界排在第二，但是，当我们纵着去看这个时代，我们会发现，每个个体的人变得非常重要。因为我们每一个人只有一生，每个人只有一辈子，我们都是在为自己的一生而奔波而劳动，我们的爱恨情仇，在整个时代背景下，不过历史长河中的一朵小小浪花，但它却会真切地落到每个人身上，会让人椎心至痛。我们站在远方、站在高处，当然可以看到远方的河水波澜壮阔，但当我们置身人群深处的时候，是否知道自己身处何方？"

最后一次讨论课，关于广东作家。钟培栋在解读王十月《收脚印的人》时，提到了命运。他打扮时尚，语速极快，眼神里流露他们这一代独有的二次元气质，他一上台就抛出问题：我想问大家，你们相信命运吗？

透过课堂，我仿佛看到一个群体，在向自己的未来发问。

"从未想过留广州"

毕业季来临，校园内到处都是穿着白衬衣、黑裤子、打着领结、穿着皮鞋的年轻人。他们脸蛋洁净、身材挺拔，迷惘的眼神和刚刚进校时的好奇、新鲜，形成了鲜明对比。大学的时光确实很快，熬过大一的迷茫，进入忙碌的大二，大三倏忽就溜走了。大四已经不再属于他们，在学校和社会之间，大四是他们沟通两者的时间窗口，39路公交车站，成为他们通向外面的起点。属于他们的网络世界，一到毕业的关口，便显示了二次元的无力，便捷的电子设备，除了让他们更快地叫上快餐，更方便地办理"花呗"，现实的逻辑，依然没有改变。

龙洞的房价，随着六号线的开通，已经毫不掩饰地嗖嗖上涨。

对062111班而言，"房价"这个词，从未进入他们大学生活的视域，谁都没有想到，"房子"在他们毕业后的日子，悄然成为同窗分化的关键。但对1516045班而言，39路公交车站无处不在的房地产广告，不远处龙洞步行街的租房张贴，他们无法视而不见。

课堂上，莫源盛坦称从大一开始就关注房价。他们那个小镇，在他念高中时，首付只要一万多就可以办理入住，他外婆的那个广西小镇，一百多平米，首付同样只要一万多就可以换来钥匙。他不能理解，2016年从肇庆校区回到广州时，龙洞的房价还不到三万，怎么突然在一年之内，像服了兴奋剂一般飙升到了四五万，数字的变化，恰如魔幻，让他诧异，也让他心惊。校园内弥漫的金融氛围，对任何专业的学生都有渗透，一场和数字有关的游戏，看似和这个群体无关，但实际上和他们的关系最为密切。和秀珊一样，源盛考上大学时，村里的人都用羡慕的眼神对他说："你就好了，读大学了，可以包分配了。"他感觉无奈，不知怎样回答。从郁南遥远的大山，到达广州算不上中心的龙洞，赤裸的房价，将他生活的底色，暴露得一览无余。这个有着文学梦想的年轻人，在大一的时候，曾偷偷写过几十万字的作品，在第一堂课的发言中，曾当着全班同学的面，告知他上小学的时候，还要打着火把才行。他来到广州念大学后，没有像同龄人一样，习惯性地沉湎在二次元的虚幻和抚慰中；他悄悄地关注现实，房价一直是他丈量自己和未来可能性的尺度。他原本以为通过高考可以改变很多，现在发现，自己能握住的东西并不太多。大二时，他曾偷偷留意师兄、师姐的招聘信息，稍微好一点的单位，"非985,211，非硕士不可"；为了体验真实的上班族生活，他挤地铁、挤公交去市内兼职,"上一天班,什么都不想干,真的很累"。他渴望拥有自己空间的生活,他知道在同龄人中间,流行"活着就好"的信条。他想起村里人对大学的想象,但坚硬的广州,算来算去,仿佛无论如何努力,都难以在此驻留。他在默默的观察中,和小芬一样,已打定主意回到郁南的家乡。

胡小芬同样知道广州的真实房价。当初高考时,父母怕她嫁给外省人,不同意她出省念书,她小姑嫁到雷州县,奶奶都嫌远。她离家的范围,妈妈的标准是,只能在湛江嫁人,而奶奶的标准是,只能在徐闻。小芬告诉她们,"现在交通方便,只要有钱就可以了"。"那万一没钱呢? 嫁得近,过年回来能见双方父母,嫁得远,过年回来只能见一方父母"。妈妈的回答,让她无话可说,却也无意中卸除了她对广州曾有的幻觉,她内心坚定了回家的决心,奶奶和妈妈的召唤,对她极为重要。她从大一开始,就着手考教师资格证,她知道应该趁早为回家做好该有的准备。"广州的房子贵得离谱,现在想也没用,爸妈五十多了,根本帮不上忙,奶奶说,爸爸还指望我毕业后,回村给家人盖一栋房。"

对1516045班而言,临近毕业,属于他们的大学时光还不到一年。刘早亮对自己的梦想,有过明确的描述,"有个稳定、简单的工作,有套房子,像普通的打工仔一样,娶个老婆,有个孩子,没有要发大财、开豪车的想法,只想过得简简单单"。早亮从来没有想过待在乡下,他目睹父母干活的辛苦,对此深有感触。妈妈为了增强他读书的动力,他很小的时候,就让他干活,从无任何娇惯。他从小体验过割水稻、插秧的滋味,做饭、喂猪这些同龄人陌生的活计,他拿捏准确、得心应手,对劳累的家务和农活,他保有深刻的记忆。父母最大的希望,是他不要回到农村,他们所经受的辛劳，不忍儿子复制。早亮理解父母的心思，他还未到结婚的年龄，但不让自己孩子受苦的念头，就牢牢扎根在心底，这种生命的直觉，显然来自父母的灌输。他偶尔会有留在广州的愿望，但"看到房价，心都凉了"。他以此度量回到家乡小城的可能，他感觉要过一种平凡的生活，都非常艰难、非常不易。

早亮妈妈来自四川偏僻的山村，在广东打工期间，认识了丈夫，生了第一个孩子后，妈妈留在家里，再也没有外出。2017年12月，我曾到他家拜访过一次。我想起早亮妈妈在收割红薯的地里，谈起大城市的房价，一种难以置信的空茫，跨越广州到小江的距离，逐渐弥漫在那张乐观、坚韧的脸上。我第一次意识到，城市和乡村的隔离，并不如我想象中那样确定，农村妇女，也并不支持我此前的成见，她们对城里的事情并非一无所知。早亮考上大学，一直是这个远嫁的四川女子最强大的支撑，她此前所有的生活信念，就是努力经营好家里每一寸土地，咬牙坚持每一项能给家里带来收入的生计。

村里没有孩子念书的家庭，早就建好了气派的楼房。妈妈对早亮毕业以后的处境，没有具体的感知，儿子带回来的关于广州房价的叙述，叠加上她熟知的家乡小城的房价信息，这冷冰冰的数字，不经意中瓦解了一个女人朦朦胧胧的确信。无论她如何强调，"不怕的，没有关系的"，我始终难以忘怀脑海中的一幕：在落日余晖的傍晚，在收割红薯的地里，在谈论房价不经意的叹息中，一个农家妇女，对房子和孩子命运之间关联的在意。

是的，和062111班相比，"房价"已成为我和1516045班同学之间不愿面对的话题。相比062111班将近三分之一的学生留在广州、深圳的事实，1516045班没有一个外来的孩子，理直气壮地和我说起要待在大城市,更没有一个孩子相信凭自己的能力、工资,能够买得起一个安居之所,能够在流光溢彩的城市立下足。对我而言,这明显的蜕变,中间的距离只有九年,如果说,062111班已经显露的分化让我担心,那么,对1516045班而言,孩子们不约而同的缄默和放弃,更让我直接感受到一个群体根深蒂固的困境。房子、房价对国家而言,只是一个经济维度的术语,但对1516045班的孩子而言,则是他们在离开学生宿舍后,锅碗瓢盆必须搁置的地方,他们的前途、去向、家庭、生活质量,都与此紧密关联。

随着对1516045班学生了解的深入,我发现从刚接手时的隔膜,网络的屏障不再成为我担心的理由。我真正担心的,是他们用网络以外的语言,对自己生存困境的叙述,我害怕一个固化、无出路的群体,变为残酷的现实。在孩子们偶尔扮酷的表达中,我分明感受到一种无形的东西,对年轻人的挤压,飞涨的房价、贬值的文凭、日渐减少的工作机会,已成为他们不得不面对的生存真实。

这一代孩子,面对自己的处境,竟然认为一切都理所当然,他们无法想象一个不用租房的时代,也从不怀疑高房价的合理性。他们一出生就面临的这些现实,会妨碍他们从更多的层面去理解自己的成长,妨碍他们从个人成功的价值观突围出去建构自己完整、充实、自我主宰、充满力量的生活。

时代就这样将一群孩子架在钢丝上。

1516045班的孩子,是这个群体的一部分,作为班主任,我见证了他们的成长。

六　广东学生

我到广东生活后，才真切意识到中国的南北差异。在广东学生眼中，我毫无疑问算得上正宗的北方人，尽管我再三向他们强调，我出生在汨罗江边，长大于洞庭湖畔，从小熟悉长江南岸的风光，在中国的地域分布中，属于典型的中部地区，但他们还是固执地认为，韶关以北的地方都是北方，下过雪的地方都是北方。他们骨子里依傍南方意识所构建的北方概念，早已越出了地理的边界，成为丈量世界的一把隐秘尺度。

广东学生对本土的认同心理，完全超出了我的预期。从我的求学经历看，我先后在湖南、湖北、广东、江苏、北京待过，"出省念书""去外地求学""大学越远越好"几乎是湖南学生的一种普遍心理，但从我接触到的广东学生看，如果让他们选择，首选肯定是在本地念书，就算考研，也鲜有去外地的愿望。如果非要去外地，香港、澳门这些毗邻广东的地方，会成为他们的重要选择。对外出读书，广东孩子尚且如此，更不用谈工作和定居，这种对故土的牵念，和广东改革开放的形象，构成了奇妙的对比。

更让我感到惊讶的是，问起他们不愿外出的原因，一方面固然来自对外地的陌生，尤其是对内地的隔膜；另一方面，则来自他们顽固的生活习惯，他们无法想象不能天天洗澡的日子，无法想象一群人在澡堂赤身裸体毫不尴尬的场景，无法想象不能喝汤的生活，无法想象不讲粤语的日子。无论我如何向他们描摹，我在武汉大学念书时，系里会每个星期给学生发一张洗澡票，所有的学生都会去澡堂，在寒冷而干燥的冬季，一周洗一次澡算很正常的生活习惯，同学们还是会睁大眼睛，不相信我描述的事实。我教过的2005级的一个学生，原本考上了浙江的一所高校，仅仅因为不能天天洗澡，毅然退学，然后考到了我所在的学校。当然，我知道，他们恋家，最根本的原因，来自广东本身就是改革开放的前沿地，是中国经济发达的热土，他们没有理由去比之落后的内地。

在课堂上，我常常发现，因为生活经验的差异，对同一件事，广东学生和外省学生呈现出了完全不同的反应。有一次聊到计划生育话题，晓霖说，"我好惊讶，班上居然有独生子"；而来自甘肃的辛追则说，"我好意外，在广东居然有六七个小孩的家庭，我以为我们这一代都是独生子"。南北差异、沿海与内地的差异，成为我教学日常中的有趣风景。我想起来自甘肃的婉丽，第一次来到南方的高校，在宿舍痛快淋漓地洗了一个热水澡后，就发誓再也不回到北方，我能理解广东学生对于故地的依恋。

来自汕头的大顺，曾这样总结广东人的特点，"广东有三个群体，客家人喜欢从政；潮汕人喜欢经商；广府人生活安逸，注重日常细节"。尽管在他眼中，广东人的性格有明显分野，但站在外省人的视角，传统、务实、低调、实干精神强，情绪节制，是我对广东学生性格的基本认知,这和我熟悉的武汉人火爆、热辣的性格形成了鲜明反差,也和我家乡湖南人的张扬、虚荣、激情四射形成了对比。这种温和的性格,固然和他们长期受实用主义商业文明的浸淫分不开,更离不开传统文化的熏染。尽管从正统和中原的视角,广东经常被视为文化的沙漠,但深入此地的肌理,可以发现渗透于日常生活的、无处不在的传统文化,正是滋养广东孩子气质和内蕴的秘密。

正因为师生之间这种奇妙的地域和文化差异,谈论广东,几乎是我们课堂和课外的一个重要内容。作为一个从湖南来到广东的内地人,"广州""深圳""东莞""白云区""棠下""城中村""中山大学""堂弟表弟""春运""抢票"等所构筑的南方印象,成为我对一个时代感知的重要切口。1984年,当我第一次看到南方的影片《雅马哈鱼档》时,其所构筑的广州图景,给了我极强的心理冲击。在八十年代的内地,农村还处于几千年未变的传统状态,而远在南方的广州,早已开始了如火如荼的经济建设。我的家乡,购买日常生活用品,依然要去花桥镇上的供销社,而广州的"龙珠街",在市场经济的浸淫下,早已充斥了异常丰富的商品;我的家乡,最高的建筑,不过小镇三层高的红砖房子,而在《雅马哈鱼档》中,繁忙的黄沙渔港背后,分明矗立着高高的白天鹅宾馆;更让人震撼的是,我村里与电影中珠珠同龄的一个女孩,也是我初中同学的姐姐,恋爱中仅仅因为在男朋友家里多待了几个小时,遭到家人的误解,唯一的选择,只能是投水自尽,而电影中的一代年轻人阿龙、珠珠,身上分明弥漫着自由而开放的时代气息。

这种青春年代深深烙下的南方印象和情结,无意中左右了我的人生选择。2005年，我博士毕业后，想都没想，就留在了广州，这才得以拥有机会，在生命中和一群广东学生见面。我不能否认，承载在广东记忆中的南方想象，早已成为我精神世界一个重要的参照系，在和更为年轻的广东学生的遭遇中，这种时空的错位，会让我忍不住从个人叙述的角度，去讲述地域隐含在时代变迁中的命运。对学生而言，这种来自他者的观照，既能够印证他们对故地依恋，也能够唤醒他们对故地的审视。

需要补充的是，作为一个外省教师，我时时为广东当地的教育资源匮乏感到不平。和北京、上海比较起来，广东对外来务工人员孩子随迁念书要更为宽容，而事实上，广东本身就是人口大省，每年参加高考的人数超过七十万，而同期北京、上海高考人数却逐年下降。广东作为经济大省，按理说，并不缺乏经济支撑，但长期的教育欠账，我课堂上的学生，显然都是这一后果的承担者。我无法勘测每一个课堂偶遇的学生和这一宏观情况的关系，但我知道，从某种意义上说，我十三年的从教经历，不过一个外省人和广东年轻人的遭遇史，我的观察和思考，毫无疑问，正是依仗"广东学生"这个特殊群体进入我的视线。

在前文中，我曾提到，"广东学生"作为一个概念进入我的视野，来源于我第一次上课的班级051841班，但却强化于我当班主任的062111班。作为一个外省人，尽管在广州生活了十七年，我都没有办法生出对一座城市的归宿感，但每次看地图，一想到学生遍布广东各地，竟然会有一种莫名的亲切感。他们大多普普通通，并没有太多戏剧性人生经历，尽管我试图从整体上将"广东学生"作为一个群体观照，但我知道，事实上，根本就不存在一个具有统一性、整体性的群体。需要交代的是，随着我和本省学生交往的增多，广东的丰富面相，逐渐在我眼前显影。一方面，广东是改革开放的热土，是全国经济极为发达的沿海地区，深圳的神速发展，以奇迹般的姿态印证了这点；另一方面，广东又是一片传统文化深厚，始终潜藏于幽微岁月中的古老土地，潮汕的精微、雅致、从容淡定是岁月淘洗的代表。这种朦胧而真切的感性认知及地域分野，成为我观照"广东学生"这个特别群体的基本依凭。在具体的写作中，我将从最传统的潮汕地区的学生群体进入，并以"深漂二代"作为对比。

和"导师制"所扫描到的学生一样，"广东学生"是我教学生涯中，最为重要、特别的群体。

潮汕女孩

如果要我说一个印象最深刻的广东地域，我脱口而出的地方不是天天生活的广州，而是潮汕。这种强化的地域印象，当然来自我教过的大量潮汕学生，事实上，在前文我提到的学生中，陈倩、杜子然都来自潮汕地区，他们都是我笔下的"潮汕学生"。毫不夸张，无论我从何种角度进入学生的生命故事，潮汕学生都是无法回避的重要存在。我的学生花名册中，潮汕学生是一个长长的名单：黄春燕、王建源、周宇、王美芬、陈雪、陈小鱼、陈瑜、林佳静、卓训嘉、韦鸿森、陈少彬、林桂东、吴浩天、许泽欢、蔡妍欢、陆锐娜、钟培栋、曾庆迎、温文妍、黄晚秋等。

王建源是我交往最久的潮汕学生，他来自051841班。建源曾经告诉我，"潮汕地区主要指潮州、汕头，包括汕尾地区，有统一的方言。但潮阳、潮南、汕尾一带和人们印象中的潮汕地方有点不一样"。建源给我的印象，就是文质彬彬，极为讲礼节，他毕业以后，并未进入具体的单位就业，而是自己开发产品做生意，我常买的洗头水"萌哥三侠"，就来自建源的公司。大顺来自汕头，他曾和我提到，"潮汕人大部分有信仰，哪怕没有一个特定的教，但是信仰方面的东西，他们都懂一点。如果外人跟他们聊这些，他们马上就能感受到你的意思，他们对信仰特别有感觉"。他和建源一样，毕业以后，也不是特别看重找一份稳定的工作，在辗转几家公司后，心心念念的依旧是自己创业。周正伟是我2016年《大学语文》课上金融系的学生，尽管还未毕业，但已经和老家的熟人，联合起来在学校后门开了一家粥馆。学校不准外卖公司进校园后，这种"里应外合"的餐馆，反而拥有了特别的优势，我有时和学生聚餐，也会选择他的餐馆。听正伟说，在他的潮汕校友群中，像他这种情况并不少见。显然，无论早已毕业的建源、大顺，还是尚在学校的正伟，他们对商业的敏感和热情，都与潮汕地区深厚的商业文明密不可分。

　　但在潮汕的学生中，和我交往更多的是女生，事实上，潮汕女孩内在的恬静、雅致、轻言细语，让我印象更为深刻。她们对经营一份笃定、安稳的生活，充满了祖辈延续下来的耐心。在固有的印象中，潮汕女孩更多要延续古老土地赋予的生儿育女使命，当下流行的女性意识、女权主义，仿佛和这个群体没有太多关系。但作为受过高等教育的女性，她们的成长、选择、困惑、出路，更能折射她们从个体层面与时代的遭遇和突围。

　　下面要讲到的温文妍、陈雪、黄晚秋，都是我既非班主任也非"导师制"所带的学生，我将她们称为"潮汕女孩"。

温文妍

温文妍是财经传媒系成立后招的第一届学生，来自062112班，和我当班主任的062111班是平行班，因为两个班经常合在一起上课，我对062112班的学生也极为熟悉。现在想来，我对第一届学生印象最深刻的事情，就是062112班在毕业当年，有六个学生考上了研究生，温文妍就是其中的一个。

温文妍长相清秀，文文静静，个子中等，单薄清瘦，是典型的潮汕女孩气质，恬静、温婉，永远挂着一丝淡淡的笑容。我每次上课，走进教室，都能感受到因为大量广东孩子存在所带来的特别气场。

文妍1986年出生于潮州市潮安县古巷镇，有一个比她大两岁的哥哥。奶奶被卖去福建生下大儿子不久，终于找到一个机会，带着孩子连夜逃了回来，后来嫁给了爷爷，生下了七个孩子，爷爷很懒，在文妍爸爸十三岁那年病死，奶奶因此拖着一个多子女的贫困家庭艰难挣扎。"我爸是全村最惨的那个，最穷的那个，一直被别人欺负。"

因为出生环境的恶劣，爸爸在家族里面，性格特别固执，也特别硬气，他靠着这种执着，硬是将一个家庭从全村最穷的状况变成全村的首富。"爸爸从小的梦想，就是一定要在大马路建一栋大房子，他再也不想去走那种小巷子，不想住那种每个晚上出来，都要敲门的小巷里面的房子。"1990年，文妍四岁时，家里盖起了全村最早、最高的楼房，一家人搬进了新房子。

家庭环境的转变，固然得益于时代提供的机遇，但更直接的原因是父亲的敢闯敢干。"他外表不会光芒四射，但生命力特别强大，看起来沉默寡言，但内心意志坚定，总想着一定要做起来。"因为家里穷，奶奶没有让爸爸念多少书，到小学二年级下学期，就被奶奶叫回来退了学。在潮安县，古巷镇同样以生产陶瓷著名。爸爸年轻的时候，曾在生产队主管陶瓷贸易。"他啥都会，会雕塑、会设计、会生产，经常自己设计陶瓷产品，但他最喜欢做的、最想做的，还是贸易，还是做买卖。"文妍到今天还记得，小时候经常看见爸爸将钱塞在身上，一部分缝在衣服里面，一部分随身携带，十块钱的一大叠，带着现金外出。生产队解散后，从1986年开始，也就是文妍出生那年，父亲开始自己干，中间转过几次型，最擅长做瓷釉。他是一个好奇心很强的人，一直没有停止探索，事业进展非常顺利，直到近几年，哥哥从学校毕业，能够接下父亲打下的家业，才稍微松了一口气。哥哥继承家业后，根据形势变化，主要做卫浴。

从家庭结构和经济状态而言，文妍出生于典型的潮汕家庭模式：重商的氛围、男主外女主内的家庭模式、子承父业的传统。但隐匿在家庭深处皱褶的真相是，尽管经济上衣食无忧，但父母对立的关系，一直给文妍的成长，带来了极大的阴影，"最严重的时候，因为父母的紧张关系，我必须去看心理医生"。爸爸尽管能干、懂经营、会赚钱，始终是一个家庭的顶梁柱，但从小压抑和缺爱的环境，让他不懂得表达感情；妈妈性格固执、倔强，也不擅长沟通，"父母各有各的想法，然后谁也不让谁，一丁点都不让，吵了一辈子"。

除了有一个能干的爸爸，文妍的妈妈，也极为能干，"啥都会做，啥都可以做好，和爸爸一样，为这个家庭付出了很多"。她的特别之处在于，她不像身边其他的潮汕女人那样，安心做一个家庭主妇，甘于在背后支持丈夫的打拼，她也想和丈夫一样，去外面打拼，去充分实施个人的诸多想法，但囿于家庭的牵绊，她几乎没有做成功一件事。在文妍眼中，妈妈仿佛总是看不到自己。"我妈说奇葩就是奇葩，她干啥都没干成。她也想搞陶瓷，没搞成，然后又搞了什么？然后又炒股，学人家炒股炒了十多年，一直亏着，就是那种半死不活的状态。她好奇心重，有一段时间说想学我做面包，好了，帮她买机器，买了一堆东西，然后一转身，也没坚持。"

文妍从小没有在经济上经受过太多困惑，也没有留守儿童的经历，但置身父母"一天一小吵，三天一大吵，一个月必定有一次搞得天翻地覆"的家庭环境，她内心极度缺乏安全感。"在我的价值观里，我觉得有钱没什么，我对钱没太大感觉，我一直渴求一种温馨的家庭关系。"直到上研究生，她还在为父母的关系揪心，甚至建议父母离婚，但父母身处现实的环境，又爱面子，不可能去离婚。导师意识到她的困惑，只是告诉她，"那是他们的功课，不是你的功课，你介入的话，只会让问题越来越糟，最好的改变是从你自己先开始"。

2010年大学毕业后，文妍没有迫于经济压力，急于去找工作，她遵从内心的想法，继续攻读研究生。如果不是父母关系给她内心带来的沉疴，她的人生道路光鲜、顺利。研究生毕业后，同样身为女性的导师，坚决反对她接着念博士，主张她赶快成家、嫁人。"她说女孩子读什么博士？女孩要结婚、生小孩，没精力做什么学问，那不是女人做的东西，男生做起来更快，女孩做了半天才出成果，又慢又累，如果想读博士，以后再来。"女导师用半生的人生经验确证一点，对女孩而言，学历固然重要，但更重要的是一个安稳的家庭,她说服文妍打消了继续攻读博士的愿望。

文妍原本准备回潮州工作,但男朋友学的是 IT 专业,在北京工作过两年,于是两人选择来到深圳。男朋友对自己需要什么,有非常清晰的认知,他和文妍同乡,比她大三岁,毕业于西安一所重点大学,对自己的专业和职业前景有清晰的规划。在谈恋爱阶段,文妍感觉男友能理解自己,知道自己需要什么,两人能很好地沟通。"他一直问我,你自己要什么,他说,你如果找到了,就去做喜欢的事,不用考虑其他。"这种柔软、让人舒服的相处模式,完全不同于自己和父母的关系,也不同于父母之间的沟通,这让她内心获得了熨帖的依靠。很快,在研究生毕业第二年,她就建立了自己的家庭。

文妍提到一个细节,在没有买房以前,男朋友带她去深圳城中村看房子,她看到那种又破又小的房子,内心特别震撼。"租房子时,我第一次去深圳看房子,看哭了好几次,因为男朋友家里经济条件比较差,他一心想存钱买房子,不想在租房上花太多钱,带我尽看一些又老又破的房子,我一边看一边哭一边看一边哭,觉得这里不行,那里也不行,甚至跪着哭;男朋友见状,就说好吧好吧,租好一点,租好一点,后来就租了一间两千多的,本来他的租房预算是一千多。我这时才意识到,我没有办法接受太差的居住条件。"很显然,和大多数同龄人比起来,文妍在经济上足够幸运,她家庭优渥的条件,使她避免了一毕业,就必须从最底层开始打拼的命运;而这些,对租住在龙洞城中村的春艳、伟福,对辗转在赤沙、龙洞的大顺,对不知在哪个角落蜗居的沐光和则良而言,不过是大学毕业后,人生必然要面临的第一课。

2014年，在父亲的支持下，加上丈夫的积蓄，文妍在深圳购得了自己的房子，很快就结束了短暂的蜗居岁月。"结婚生子、买房买车，一年之内，完成了很多人生大事。"赶在深圳房价飙升前获得了一个安居之所，这为文妍顺利进入中产的生活奠定了基础。丈夫在一家IT公司上班，文妍原本考虑过孩子断奶后，去找一份工作，但发现自己并不想进入体制内的单位，而民营的单位，在深圳竞争非常激烈。更重要的是，她发现生完孩子，如果让婆婆过多介入小家庭的生活，不但老人难受，自己也难受，她承认自己的选择，源自并不清晰的自我认知，"我不知道自己到底需要什么"，但她内心坚定了独自照顾孩子的想法，于是决定暂时放弃就业，当起了全职家庭主妇。

妈妈显然不认同文妍的人生选择，她无法容忍女儿不去赚钱，总认为女儿太穷了，过得不幸福。她不能理解女儿整天看书，像个书呆子，不能理解女儿去学习塔罗，去上一些女性的能量课。"反正她看我的时候很悲伤，一直觉得我没钱，过得不好，无论我怎样告诉她，我的幸福感特别高，前所未有的高，她就是不相信，我不能按照妈妈的价值观来生活，否则只有崩溃。"

文妍并不忌讳谈起目前的情况：做女儿时爸爸养着，做妻子时丈夫养着。丈夫尊重她在家庭生活中的付出，认为带孩子、料理家务，比他的工作更有价值，这种发自内心的认同，是文妍获得生命充实感的根源，也是妈妈的人生和她最大的差异。说到底，妈妈对生活不安分、不切实际的想法，及其由此产生的焦虑，归根结底来源她对家庭的付出，得不到爸爸的认同。两代潮汕女人的人生轨迹，在错落的时空中，隐匿着奇妙的人生图景，文妍的选择，仿佛更能契合他者对潮汕女子的想象，但父母一辈在时代的快速旋转中，在误解、不愿让步、不能表达的错位中，只能承受粗疏的情感生活，并成为文妍理解、经营生活的重要前提。

文妍惊讶地发现，相比妈妈对自我存在和被理解的强烈渴求，她的同代人，尤其是九零后女孩，仿佛更愿认同自己的女性身份，更能坦然享受女性身份带来的现实便利。很多女孩并不认为待在家里，就是没有出息的表现，相反，如果经济条件许可，她们会注重打扮，注重自我享受，会将时间、精力花在学日语、插画、做甜点等兴趣爱好上；她们敢于表达，自信从容，哪怕是在居家的环境中，也懂得让女性的生命能量流动起来。这些女孩，衣食无忧，和文妍一样，都受过高等教育，但她们所受到的教育，并不完全用来解决就业问题，而是有助她们改变自我认知和对生活的态度。尽管研究生毕业以后，文妍并未进入职场，尽管她承认研究生三年，磨损了她不管不顾的勇气，但她毫不否认教育对女性的改变，教育对自身的改变。她内心的笃定、安稳，和丈夫良好的沟通，以及丈夫对她的尊重和疼爱，和教育所给予她的熏染密不可分。

尽管婚后的一段时间，她和丈夫的关系，隐性地复制了原生家庭的模式，"我直到结婚后，才意识到父母关系对我的影响，因为我从小是父母吵架的理由，受到妈妈的打击特别多，我会用同样的方式去对待丈夫，仿佛自己不配拥有良好的夫妻关系，会在自虐中去获得一种认同感"。每次对丈夫发完脾气，文妍内心特别内疚，但每次都是丈夫的宽容、理解，化解了即将爆发的矛盾。这让她意识到，不能复制父母曾有的互相伤害的相处模式，对于丈夫的耐心，她心怀感激、倍感庆幸。在深圳快节奏的大环境中，大家都在拼命往前走，文妍不能说完全没有焦虑，但在快速调整后,她已完全找到了自己的生命节奏。"以前我不允许自己停,现在我允许自己停,以前我总觉得生活无意义,随时可以撒手的那种。但结婚后,整体来说,我很享受现在的状态,我知道活着一定要过好每一天。丈夫懂专业,感恩我的付出,能够看到我的长处;我懂得经营家庭,两人配合好,我现在幸福感高,内心什么都不怕,最担心的就是一家人生老病死会分开。"

深圳房产的增值,成为文妍研究生毕业以后,最为重要的事情,她的生存质量和阶层分布由此得到了可靠的保障。尽管根据潮汕人的传统,爸爸打拼的家业,并不会给女儿多少,但爸爸在女儿结婚买房时,所给予的慷慨资助,已经令文妍深怀感激。她很难想象,如果没有家人的支持,她和丈夫会在深圳房价失控前,果断供下一个安居之所。而如果在深圳没有自己的房子,就算父母家境殷实,她同样很难想象,自己今天在过什么样的日子。她目前所过的生活,正是则良一辈子的奋斗目标,也是沐光梦想中的日子,更是春燕对未来的具体设想,"有房有车,能够成家,能够给家人一份安稳"。文妍对此深怀感恩,也深深意识到,正是父母创下的良好经济条件,让她免去了更多让人无望和难受的折腾。

关于未来的发展,文妍曾考虑过像父亲那样,等孩子大点,几年后去做一些实业,但近年来的经济状况,还不足以支撑他们去大手笔地落实一些项目。"最坏的情况,是一切清零,大不了卖掉房子,换一个地方从头开始,这一点我和丈夫有共识,也正因为有这个共识,我们内心更为笃定。"

当然,对文妍而言,相比学生时代,她的身份有了明显改变:今天,她是一名心甘情愿的家庭主妇,是一个男人的妻子,一个孩子的妈妈。母亲的身份，让她的生命产生了深刻的改变，"没当妈妈之前，我不会在意自己的行为，不会想去探索自己。当了妈妈之后，我会调整自己的状态，会好好去爱自己，会允许自己享受生命，不再为难自己，勉强自己，不再让自己活得蓬头垢脸，不再掩盖自己发光。我知道，对孩子最好的爱，就是让自己活得更有光彩，这样才能积蓄能量，去更好地爱家人"。

在和自己的童年、过去、家庭彻底和解后，文妍突然感到生活充满阳光，简单而美好。和062111班的大多数同学一样，她以另一种方式，同样抵达了属于他们这一代的幸运和安稳。

陈　雪

在温文妍毕业三年后，2013年，陈雪来到了广东F学院。大二那年，从肇庆校区回来，我被安排给他们班上中国现代文学史。她上课极其认真，总喜欢坐在前面的位置，永远保持微笑，比多数潮汕姑娘更喜欢笑，后来才知道，这种固定的微笑，更多来自家庭教育对孩子性格的要求。

陈雪1994年7月出生于潮州枫溪区，有一个比她小两岁的妹妹，妹妹也在广州读大学，念的是一所二本高校的英语专业。枫溪区接近潮州市区，从产业分布而言，它承载了潮州最为出名的陶瓷产业。爸爸在一家陶瓷厂上班，主要负责去掉多余的陶泥，以便陶瓷的造型更为漂亮，她曾去过爸爸的工厂两次，规模还算大，是外省人开的一家私营企业。"陶瓷污染重，河水都是黑的，河里到处都是没有人处理过的垃圾，臭死了。"妈妈从十六岁开始，就在一家建筑公司做文员，在陈雪的感觉中，这家公司仿佛随时会倒闭，但事实上一直没有倒闭。妈妈要干的活，无非就是喝茶、说话、看电视，加上打印东西之类。她从来不敢问父母的收入，"不是特别确定，从小不敢问这些东西"。她只知道，父母的工资"很低很低"，低到后来必须在家里悄悄开一家麻将馆，才够维持一家人的基本开支。

在这个爱笑女孩的眼中，潮州人特点鲜明。其一，"不管有钱没钱，都特别讲究生活质量"。在他们看来，赚钱就是用来花的，不然赚钱干什么呀？这一点，和我的家乡湖南汨罗人特别相似。因为爱消费，陈雪身边的人特别在意养生，总是"会买一些贵重的保养品"。其二，喜欢打麻将，麻将馆经常开在私人住宅中，私人会提供茶水、零食。警察如果要来抓人的话，立即便有内部消息传出来，提前告知秘密。其三，六合彩盛行，市场上到处有人聊六合彩，不断会听到熟人说，"要买什么呀？"陈雪整个家族都买六合彩，大姨因为六合彩被人追债，四处借钱，刚刚大专毕业的儿子，一工作就不得不背负母亲欠下的巨债。陈雪从小见识了家庭的乌烟瘴气，见识了大姨牌桌上的臭脸和姑丈输牌后的碎碎念，见识了小姨夫为了躲债，整整十年并不安稳的生活。陈雪隐秘的念头就是，"尽管生活还得继续，还能怎么样，但能走多远就走多远"。

2008年，爸爸的工作变得特别不稳定，"有时候突然待在家中好几十天，我也挺担心的"。在这种情况下，父母将楼上的房子租下来，开了一家麻将馆。为了吸引客源，夫妻两人轮流陪客人，"我能明显感到，爸爸特别累，他是在赚钱，不是在娱乐"。爸爸性格老实、憨厚、对人和善、喜欢画画和下棋，曾得过枫溪区象棋比赛二等奖。陶瓷厂工作变得不稳定后，他也曾离家外出，参与街边的赌棋活动，以获得一些收入，"有时候会下到第二天早上才回来",因为这些琐事,伴随经济的紧张,父母会有矛盾,"妈妈特别固执,但头脑灵活,总是计划着要开一些店,但因为成本和决心的问题,从来没有开成"。爸爸不是一个特别积极向上的人,失去工作后,他看起来比较悠闲,有点事不关己的感觉。

妹妹考上二本大学后,每年的学费将近两万,这对一个没有固定收入的家庭而言,几乎算得上天文数字。陈雪还在念书,在大四外出兼职时,就被妈妈交代必须负担起妹妹的学费。对于一直生活在潮州小城的妈妈而言,她显然不知道大女儿在外的具体境况,无法真切感知房租、水电、交通等费用,在女儿离开校园的那一刻,就会变成具体的开支。为了省钱,陈雪很快学会了做便当。

相比大姨、小姨一家大起大落的生活,陈雪一家还算简单。目睹小姨开照相馆,因为受到当地中学校长腐败案的牵连,被迫离家躲债的变故;面对大姨因为痴迷买六合彩,将一家人的生活拖入绝境的惨状,陈雪深刻意识到,简单有时就是最大的福分。

妈妈的为人哲学是,"凡事都要忍,随大流,不要做一个独特的人,大家怎么来你就怎么来,迁就能解决问题,就尽量迁就"。陈雪始终记得,小时候,妈妈对两姐妹强调最多的话,就是要学会隐忍。她始终记得,每次和妈妈外出,别人的随口夸赞,"很有礼貌啊,特别规矩啊,吃饭不挑食啊,待人很和气啊",会让妈妈感觉到满足。妈妈将待人和气,和人保持良好的关系,视为最重要的教育理念。"你即使讨厌一个人,也不能对他臭脸,也要和颜悦色。"陈雪反感妈妈的这个要求,但遇见讨厌的人,还是能习惯性地做到不摆臭脸,让她别扭的是,"感觉自己整天挂着假笑"。

因为经济条件的局促,妈妈会经常告诉两个孩子要好好读书,"成绩好,就能省钱",这是她始终牢牢记住的话,也是妈妈给予她对读书功能最直观的理解。陈雪理解家庭的难处,也理解父母小心翼翼经营一份生活的艰辛,她的早熟、好说话、不与人轻易发生冲突,显然与此有关。而事实上,伴随她童年更为真切的脆弱感受,妈妈几乎从不知晓。"我会被一次考试打败,会给自己压力。小学时,我其实特别脆弱,有时候还会在楼梯哭泣,可是又不敢让人看到,哭了之后,回家还只能装作若无其事。"为了不落人后,她会不可思议地主动要求报兴趣班。回忆起童年,陈雪感觉自己"呆板、很乖、没有活力,更没有童年趣事"。进入初中后,她惊讶地发现自己并没有青春期的叛逆,"想起来就觉得很恐怖",高中阶段,她预想中的叛逆期还是没有如期来临,"我在想,是不是压抑太久,后面会释放出来,可是后面也没有释放,所有的压抑,其实全部都自己吞了"。

高中进入一个尖子班后,陈雪感觉学习压力极大,必须争分夺秒地学习。有一次室友请她一起去吃饭,她先吃完,嫌室友吃得慢,就先走了。"我为什么走呢?因为我想去学习呀。然后我就走了,她们全部惊呆了。"直到上了大学,她还是无法原谅高中时代诸如此类的迂腐。"我现在都特别特别愧疚,很久之后,我还想着和那些同学道歉。"她还记得有一次,为了节约时间,没在中午洗头,赶在晚自习前,匆匆洗头去了教室,"头发湿淋淋的,根本就没吹干,冲到教室后,我看到一个男生在笑,顿时觉得自己好蠢、好尴尬"。

进入大学,意识到应试教育的一套失效后,陈雪仿佛突然明白过来,为什么自己的同龄人都如此乖巧,为什么他们都不愿意表达内心真实的想法。她开始思考学习之外的东西。"应试教育让人失去理想,因为应试,孩子从小的人生目标就是学习,学习的目标是考大学,而大学毕业就为了找一份工作,大家根本就不知道自己喜欢什么,也没有时间去培养自己的兴趣,更不知道自己的兴趣在哪里。"她明显感到,相比中学时期的压抑,自己的大学要开阔很多。她逐渐明白,除了学习,生活还有很多东西,渐渐知道自己需要什么。她开始自我摸索、挖掘,尽管在别人看来,这个过程极其孤独,但在她看来,在大学期间,"知道自己想要做什么,真的非常重要"。

一旦有了清晰的自我认知,陈雪性格中被压抑的部分,在大学期间终于获得了释放。她主动追求男朋友,主动和老师交流,主动将自己写的东西发给我看,主动和更多的人说话,也敢表达自己的不快和不满。尽管她知道现实中的感情准则是"谁先付出谁吃亏,谁先认真谁先输,所有人,无一例外"。但为了不给自己留下遗憾,她还是会主动和大胆地向自己喜欢的男孩表白。她目睹身边的同龄人,尤其是女孩子,很少像自己一样勇敢,她们更容易向现实妥协,越来越强调物质的东西,只找自己摸得着、看得着的一切,对不切实际的幻想,会毫不犹豫地丢掉。她知道她的潮汕老乡中,很多人并不喜欢金融专业,但因为工作好找、稳定,就会委屈自己去学并不热爱的专业。她还知道很多同龄人并不喜欢公务员,但因为缺乏安全感,想要更稳定的生活状态,还是会随大流地去考公务员。"我觉得很多人都很迷茫,有些人可能会说自己不喜欢这个东西,不喜欢这个专业,不喜欢这个工作,可是你要问他,你喜欢什么?他们也不知道。所有人都觉得那种积极向上的东西,不切实际,他们一定要寻找那种容易实现,比较贴近自己的东西,我有时也感觉挺悲哀的。"对于时代的感受,陈雪很认同"丧"这个词。

上大学后,陈雪找到的释放方式,就是偷偷躲在房中写日记,宿舍的人不能理解她,"整天写,有什么好写的"。她变得不爱回家,突然发现,小时候倍感简单、温馨的家,对她并没有太大的吸引力。妈妈教给她的隐忍、随大流,在光怪陆离的大城市的冲击下,像一张褪色、错愕的脸。故乡潮州的古旧、缓慢,人与人之间的距离或亲密,她只有离开这个小城后,才能感知到那种城镇日子的慵懒、黏滞。在广州快节奏的生活洗礼中,她和来自甘肃的刘婉丽一样,明确知道自己对故乡那座城市,并无半点靠近的欲望。

2016年暑假一到,陈雪便决定投入到实习生活中。她没有在考研和工作中摇摆,念二本的妹妹,每年两万元的学费,直截了当地帮她做出了选择,父母期待她大学毕业后,理所当然地将这个担子扛起。经过多种岗位的尝试,她发现自己无论如何写不了那种"太硬的、太书面的、太商业的"公司文案,"无论如何都写不出",她断绝了去公司当文员的念头,而这是她最有优势的就业目标。偶然的机会,她得以在卓越教育机构当助教,工作的愉悦,让她将就业目标锁定在教师职业,她彻底摆脱了考公务员的想法,坚定选择了一条和大多数潮汕女孩都不一样的路。

但要在广州找一个公立学校的教师岗位,其竞争、难度,并不比公务员和考研容易多少。唯一让她欣慰的是,在近两年的就业市场中,她突然发现,因为中小学课外辅导的火爆,进教学机构,居然成为她实现教师梦想的一条现实途径。"我确定好当老师后,就固执地想进教育机构,可是比较好的教育机构,只有新东方啊，卓越啊，学而思啊。"她感觉教育机构刷题厉害，加上在卓越实习过，于是就将就业的目标，锁定进卓越。"我不知道自己是否被他们洗脑，我喜欢他们提出的大语文概念，而其他机构没有这些项目。卓越的那个人很欣赏我，欣赏我的固执，欣赏我非去不可的决心。我舍友看不惯我，卓越那么摔你，你为什么还要去？但我就是想去，我觉得自己很不要脸，很无耻的感觉，觉得自己总往人家脸上贴。"

陈雪进教学机构的过程一波三折。经过面试后，陈雪总算半只脚跨进了卓越。"面试过后，就是培训，培训过后，还有一关，是试讲。培训的内容，主要是洗脑，导师会一直跟你强调，教育好伟大啊，非常心灵鸡汤。"一周培训结束后，试讲这个环节，她被刷了下来，后来面试名师教育时，问题同样出在这个环节，"说到底，主要还是自己没有教学经验，不懂套路"。她后来顺利通过了精彩语文的学大教育，但因为感觉精彩语文广告打得太厉害，她选择了放弃。在找工作的过程中，她感觉很多教育机构都缺人，但找教育机构的人也多，竞争依然激烈，直到顺利进入某机构，她终于初步实现了自己的教师梦。

去某机构后，陈雪才发现，和她同时竞争的，有很多人来自985、211高校，中间不乏研究生，这让她多少获得了一些安慰。"我突然感觉挺幸运的，他们读了名校、读了研究生，无非和我一样，除了工资比普通老师高一点，工作性质和我差不多。"身处其中，她一直不敢提起自己的学历，不敢问同事来自哪个学校，怕他们反过来问自己的情况。当然，学历也并非毫无用处，陈雪后来发现，尽管她获得了工作机会，但因为来自普通学校，最后还是被降级为普通老师。

在教育机构，压力来自家长对教学过程的直接介入，很多机构允许家长听课，她进的这家同样如此。陈雪记得，她第一次上课，班上来了七个学生，有三个选择了退班，"因为是菜鸟，我能接受这一点，毕竟和我竞争的，是一个有六年教龄的老师"。她还观察到，那些研究生同事，比她更有想法，对升职更为热衷，而在她看来，升职的过程，无异一场自我极限施压的惨烈战争。"我已带五个班，光是备课，就已经很累了，带更多的班只会更累，而带班是升职的前提。这种情况，我宁愿不要升职，我不要，我没有那种往上爬的心思。"因为工作压力太大，尽管教育机构的从业者多是年轻人，但辞职的人还是非常多。

让陈雪欣慰的是，当自己工作遇到困难时，教研组会有人帮她，大家会资源共享，在具体的工作中，她确实能感受到该机构价值观中倡导的情怀。但无论如何，每到招生季，陈雪能感到，教育机构对家长勒索的本性就会暴露无遗，"身边每天都有人宣传，动员家长尽量给孩子报班，我真心觉得孩子可怜"。更让她感慨的是，裹挟在升学压力中，一只无形而又无处不在的手，对孩子们的勒索同样触目惊心。在成为一名小学生的课外老师后，陈雪不得不承认，相比自己小时候所承受的学习压力，与现在大城市的孩子比较起来，实在算不得什么。"广州的孩子，几乎每个都报班，无论家长还是学生，把它当作一件正常的事情。大部分孩子从周一到周日都在学习，各种各样的作业，学校的作业、机构的作业，无穷无尽地刷题。最恐怖的是小升初，小升初考的内容要求特别高，大部分是初中的知识，比较牛的学校，需要学生考295分，295分是什么概念？就是95、100、100，也就是说，数学和英语一定要满分，容许语文扣一点分，对，因为有作文。

我觉得这些孩子太惨了。"

因为进入教育机构,陈雪得以知道更多的内幕消息,"民办学校教学质量好,收费贵,但教育局不给他们考试招生。因为放开口子,教育局所属的学校,就会流失自己的生源,民校没有办法,只能偷偷摸摸进行暗考,很多学校会跟教育机构合作,然后我们就会通知学生去参加考试。"面对屡禁不止的奥数,陈雪的观察是,"其实我不明白,孩子学了奥数能干吗?可是,小升初特别注重奥数,中学有很多的奥数班,我不知道这么变态,到底是要干吗"。她所理解的教育机构的逻辑,就是通过难度极大的知识灌输,在恶性竞争中,摧毁孩子的自信,让孩子认识到自己有多差,然后急切地意识到,"必须报班,才是唯一出路"。

她历经各类培训机构,身处其中最深的感受就是洗脑。有一天,她的一个产品经理,对这份职业产生了怀疑,"为什么呢?因为他觉得,在冬日的周末,外面阳光很好,孩子们应该出去玩耍、奔跑、蹦跳,而不是呆若木鸡、心不在焉地坐在教育机构的教室里。突然之间,他就对自己的职业产生了怀疑"。陈雪对此感同身受,当初的教师梦,在现实的碾轧下,不过划出一道和常人相反的生活轨迹。"别人休息的时候我忙碌,别人忙碌的时候,我休息。周一、周二休假时,坐在地铁上,我感觉广州所有的年轻人,好像突然消失了。"面对同行抢生源的急切,她骨子里的固执,再一次坚硬起来。"现在的教育城,最恐怖的事情是抢学生,大家使尽营销手段,在寒暑假将孩子绑住,让家长觉得,我的孩子如果不报班,就会落后于人。但我不想这么做,如果我的学生不想报班了,我绝不勉强。"

"我以后如果有了孩子,绝对不让我的孩子报班。"这是陈雪在一年的职业体验中，说得最为坚定的一句话。关于未来，经过几年在广州的历练，她早已没有了非留不可的热望，如果别的城市能让她找到更好的生活，她随时都可以打点行李。

黄晚秋的就业经

和陈雪同班毕业的，还有潮汕女孩黄晚秋，晚秋的毕业论文由我指导，在毕业前夕，因为这个缘故，我和她的交往骤然增多。在所有即将离校的毕业生中，她是少有的主动约我聊天的学生，和大多数茫然失措的表情相比，她快乐的笑容充分说明，通过大学四年的学习，她找到了一个自己满意的去向。

晚秋出生于汕头市，家在市内有宽敞的住房。她自称是"学渣的逆袭"，高中时就读一所普通的中学的普通班级，考上大学后，光是中文专业不让学数学，就让她非常满意。她从来没有动过心思转向热门的金融、会计专业，对金融专业根本就不看好，认为学生不过学一点皮毛，还不如中文、数学这种基础专业，来得更为扎实。大学期间，晚秋的成绩一般，她对自己的最低要求是"不能挂科，可以垫底也不能挂科"。她更多的时间都在往外面跑，"喜欢跟年长一辈的人交流，能学到很多东西"。她对大学生活有清晰的认知，"大一大二浑浑噩噩可以，但是到大三，你就要认识自己，要知道自己能干什么，知道自己不想要干什么，认识自己是最重要的事情，其他的都次要"。

在看清"因为放开二胎，女生特别不受待见，我们系今年找工作好惨"的现状后，她没有在考研和就业之间犹豫，果断选择就业，决定就业后，她没有在广州和汕头之间迟疑，而是果断选择汕头。晚秋知道汕头不比广州，就业的机会明显要少，但因为经济形势的变化,广州的就业机会,也不能和以前相比。自己如果留在广州,最好的出路,也无非是像陈雪那样,去一个教育机构。而去教育机构,在她看来,不但压力大,而且不稳定,充满了政策风险,她亲眼看见一个室友进了卓越以后,每天十二点还在改课件,很多时候甚至改到晚上两三点。在她看来,与其在广州诚惶诚恐地漂着,不如回老家安安心心待着,大三那年,她将考公务员作为自己最重要的决定。

在分析了考试的套路后,她认为"行测很重要,很重要,就好像学中文的,首先必须认字一样。掌握了行测,那个银行考试啊、京东招考啊,都是一本通,都有套路,做多了就知道"。晚秋嘴中的"行测"即"行政职业能力测试",她告诉我,"行测是国考的题,国考考两科,一个是申论,就写大作文;一个是行测,就考综合能力。对一般人而言,申论可以不管,但行测一定要做,因为无论什么考试,银行也好,企业也好,都会考行测。像我们学校的学生,就算银行考不上,分分钟考个公务员当一当,也不错"。

公务员当然不像晚秋说的那么容易,"分分钟考个当一当",对临近毕业的学生而言,这是他们的终极梦想和最好出路。只不过,很多人一开始并没有清晰规划,在认清考研、留广州的难度后,才将回到故乡考公务员当作最后的心理防线和安慰。而摆在眼前的现实是,这条路走起来也并不容易,不但难考,而且受制于各类因素,就算考上,也要做好心理准备,恰如晚秋所言,"公务员就是熬日子、熬时间、熬年限,熬着熬着,就过去了,职务晋升上,如果没有关系,只能等到所有人都提完了,才到你。在基层,一辈子能熬到一个科级,就到头了"。

晚秋最终没有考公务员，而是参加校招，考了家乡的中国人寿。她对这份工作非常满意，"从家里骑二十分钟的电动车，就能到达单位，工资水平也很不错，高于汕头的平均水平很多"。她认为自己的成功除了较早地准备行测，还有一条重要经验，是重视简历和面试，"这些都有套路，全都是套路，我第一次做简历，丑得要死，后来男朋友教我一些要避开的坑，诸如有些人认为自己写作能力强，就喜欢卖弄文字，写很长，其实没什么用；有些人介绍自己的实习经历，会说在移动实习，做了什么什么，得到了上司的一致好评，还不如直接说我卖了两百张卡"。经过多次积累，晚秋做简历的经验是，"能用数字，就不要用文字，能写短就不要写长，能写多就不要写少"。

晚秋还提到，面试也有套路，自己刚刚参加面试时，"也是吓得腿直抖，但走多了几场，就会发现，面来面去都是一个问题，都差不多，天天回答，习惯了，坐下来就知道问什么，最后变成了老油条，也不紧张了"。她的面试经验是，"要不怕被刷，前三场面试不要想成功，就当积累经验，要尽量去适应那种感觉，适应被面试官质问、拷问的那种感觉。现在的学生很乖、很实诚，一旦面对考官刁钻的问题，要懂得灵活处理。比如，他叫你讲缺点，你肯定不能说缺点，这都是套路，就算要说，也只能说一些无关紧要的东西，要放在你所处职位的具体情境来说。举个例子，你卖一样东西，你可以说，我在这一批实习生里面，业绩只能排第二，或者排第三，不能排第一。他问为什么，你就跟他说，没有排到第一的原因，是公司给我委派工作的地点或者客户有局限，人少地点偏，但我尽了最大的努力，只能排到第三，这样表述，反而能够取信面试官。当然，讲到自己的优点，也不能太夸张"。说到底,"面试有套路,网上叫'面经',学生找工作前,一定要多去百度知乎找'面经',了解面试的流程、感受。我知道现在很多学生太实在了,很多套路都不懂,这个一定要看"。

晚秋的男朋友,用同样的方式,考进了烟草局。在临近毕业的紧张氛围中,两位年轻人用自己独有的生存智慧,在权衡和选择中,给自己的人生,找到了一条稳妥的生存之道。晚秋将自己的成功,归因于对现实的清醒认知,她在离开学校之前,再三提醒我,一定要"提点师弟师妹,一定要告诉他们重视行测,这样就能少浪费时间,避免多走弯路"。

关于就业,晚秋是第一个和我讲到具体操作层面的学生,这是学生给予老师的一份独特信任和坦诚。因为对生活没有太多不切实际的想法,在生存层面,她反而比很多同学活得明白、不纠结。关于专业、前途、就业,这所有的一切,在她的视野中,被处理和打点得清清楚楚,没有半点含糊和犹豫。

对她的父母而言,女儿所受到的高等教育和最终选择,在现实的天秤中,毫无疑问获得了最大的性价比。

讲完三个潮汕女孩的故事后,我突然发现,潮汕女孩并没有我想象中的整体性和共同特点。散落在我教过的几千个广东学生中,她们是没有太多地域标识的普通个体,之所以对潮汕学生的印象格外深刻,实在是因为在我的花名册中,潮汕学生的比例,较之其他地方,明显要高得多。更为重要的是,在和学生交往的过程中,我能明显感到潮汕学生要更为抱团、更认同自己的老乡身份,这从学校规模庞大的"潮汕老乡会"中可以获得验证,从"广东F学院"被戏称为"广东潮汕学院"更能获得验证。我还听说,"潮汕老乡会"每年都会举行球赛,而他们提供的冠军奖杯,比学校总赛的冠军杯更大。

落实到温文妍、陈雪、黄晚秋身上,从时间跨度而言,她们中间相隔了七年。温文妍的人生状态,和062111班学生的整体状态完全吻合,当然,她的人生选择,无论是考研还是买房,关键时刻还是得益于背后家庭的经济支持。她从小到大,确实不需要为经济因素考虑太多,这是她和同届学生的明显差异,也是她和晚了七届的陈雪、黄晚秋之间的明显差异。值得一提的是,对广东学生而言,因为整体处于经济发达地区,像温文妍这种出身优渥的学生,并不少见。

陈雪的处境,是多数潮汕姑娘面临的基本处境。她尽管出生在城市,但家境太过普通,更重要的是,等到她大学期间唤醒自我后,伴随而来的,是对现实不想妥协的坚持。她宣称不能写"太硬的、太书面的、太商业的"公司文案,强调自己"无论如何都写不出"那些能适应就业但无法遵从内心召唤的文字,而事实上,她所念大学的最大使命,就是教会学生运用最实用的技能和知识。陈雪的家境,需要她具有黄晚秋般务实的认知,但她的个性、她的青春,决定她的眼睛无法只看到眼前的东西,她无法说服自己去选择爱刷题的学而思,无法勉强学生续报她的课程。我留意到,如果深入和学生交流,任何时候,都能发现一些和现实保持对抗的学生,陈雪是这样,062111班的吴志勇更是典型。不可否认,任何抵抗都会有现实的代价,陈雪的未来,显然没有温文妍、黄晚秋人生的确定性,像更多的年轻人,湮没在人流中的无声奋斗一样,陈雪不过其中最为普通的一员。她的故事,不过是伟福、春燕、大顺、则良、沐光、芳坤故事的另一个版本。

晚秋的选择，最让长辈放心。作为老师，我为她此后衣食无忧的人生感到庆幸，也为她通过念大学就能置换到的一份安稳生活，感受到自身工作的意义。但我不能否认内心深处的真实失落，事实上，这也是我从教十几年来，最为纠结之处。现实对年轻人的训诫、淘洗，多年工具化的教育管理、就业至上的信条，是晚秋面临的现实处境；她身处其中，不过及时调整姿态，更快地加以适应，以另一种更为彻底的工具化方式，找到对付的途径。对现实的顺受和看透，是她面对时代、命运时不纠结的秘密。从个体角度而言，这是一个突围者的胜利，但从教育效果而言，却也掏空了年轻人身上更为重要的青春特质。

这是我作为一个施教者的两难境遇。

我当然无意从三个女孩极具偶然性的人生选择中，归纳出任何规律性的东西，但潮汕女孩温文妍、陈雪、黄晚秋，却让我获得了另一个窥视学生命运的窗口。

深漂二代

深圳是最让我百感交集的地方。如果说广州奠定了我对南方的印象，深圳恰恰是我内心深处，最能铭刻南方精神密码的处所。这个年轻快捷、野心勃勃、充满活力的城市，让我隔膜而又着迷。我甚至一次次设想，如果不是自己太过执迷文字、书本的虚空诱惑，能够早早意识到，从事更为实在的职业，其实会拥有更为丰富的人生历练，我是否会在一次次的迁徙大潮中，跟随身边人南下的脚步，开始另一种人生？尽管在《大地上的亲人》中，我呈现了家人南下打工的境遇，但在我的视域中，其实还有一个和我联系更为密切的群体——一个因为抓住了机遇，人生获得极高性价比兑现的群体。我高中很多没有考上大学的同学，或者考上了大学但没有选择内地就业的同学，因为早早加入了南下的队伍，大多获得了不错的发展。1997年，在大学毕业分配的工厂下岗后，很多和我同时失业的同事，没有选择继续深造，同样跟随南下的队伍，大多也获得了很好的发展。

在巨大的人生遭际的变换中，我愈发意识到，对七零后一代而言，最幸运的地方，不在于念了大学的年轻人，能够获得好的发展机遇，更重要的是，那些错过高等教育或者被下岗浪潮抛弃的同龄人，只要他们乘势而为，同样能借势获得好的发展机遇。过去的二十年光景，没有谁会意识到，自己既是历史的见证者，也是历史的在场者，阶层的转换，在一个成本最为低廉的时代，悄然获得了兑现，这种触目惊心的对比，总是让我忍不住结合自己的从教经历，不自觉地勾连起和我同样起点的学生。

下面要出场的张晓霖、姚冰冰、张亚康是最典型的"深漂二代"，在我关于"广东学生"的呈现中，他们是一个客观而独特的群体。他们的父母大多和我同龄，透视他们的命运，我实际上看到了同龄人的另一种人生。

张晓霖

和黄晚秋一样，张晓霖同样是我辅导毕业论文的学生。晓霖性格温存，不喜欢说话。在家里的四姊妹中，她最调皮，挨打也最多。在老家上学前班时，晓霖不爱去学校，每次都逃回家，爷爷没办法，经常陪她坐在学校，很多次，送她上学的爷爷还没回到家，她便已先逃回了家。

晓霖1995年出生于河源，有两个姐姐、一个弟弟。因为是家中的第三个女儿，晓霖猜想，"妈妈生我的时候一定很伤心，全家都盼望生个男孩"，仿佛生为女孩是自己的错。妈妈生下她没多久，和爸爸一起去了深圳打工，在六岁以前，她一直留在爷爷、奶奶和阿太身边。一家六口人，分了三个地方：父母将大姐、弟弟带去了深圳，二姐送去了外婆家，晓霖留在出生地。因为有三位老人疼着，晓霖倒没有留守儿童的情感缺失，反而因为在乡下，获得了放养机会，精神上面极为愉快。晓霖到现在还记得，阿太将妈妈寄回给老人吃的燕窝，总是忍不住让她多吃几口。因为和老人感情深厚，晓霖上了大学，始终惦记着年老病多的爷爷、奶奶和阿太。

六岁时，妈妈坚持将晓霖接到深圳。因为深圳的生活压力极大，爷爷、奶奶坚决反对将晓霖带走，阿太则担心孩子回到父母身边挨打，怕他们轻看这个女孩。父母去深圳的最大目的，是想让孩子获得更好的教育，无论老人如何反对，晓霖六岁时，还是来到了父母身边；同年，寄居外婆家的二姐也一起来到了深圳。妈妈为了大女儿获得就读学位，很早就在龙华区买了一套小房子，大女儿和最小的儿子因此顺利落户深圳，但因为超生，晓霖和二姐无法落户，只得择校。晓霖承认，尽管妈妈的脾气较大，孩子挨打较多，但她还是对妈妈充满了感激，让她在上学的年龄，享受到了城市良好的教育资源。

妈妈对教育的重视，有家族渊源，外公是校长，妈妈在结婚前，也当过一两年民办教师。爸爸读书极为厉害，只因家境贫寒，无法延续学业，不得不早早走向社会谋生。多年来，爸爸一直不想给别人打工，很早就在琢磨做生意。在没有去深圳以前，晓霖的父母在老家开理发店，勉强能够维持生计。姑丈因为先去深圳，就建议他们换个地方，外出看看，这样，爸爸妈妈也跟随来到了深圳，他们没有听从姑丈的建议进厂，而是依然坚持以做生意为生，也就是做个体、开店子。在深圳龙华租下门面后，父母决定重操旧业，先从理发店干起。九十年代的深圳龙华区，流动人口极多，工业区内，人才市场随处可见南下打工的人员，理发店坚持了很多年，晓霖记得，自己去深圳后，父母的理发店还在经营。"我记得理发店是玻璃门，里面是红色的椅子，软软的，坐在上面挺舒服，墙上贴了一些画，整体布置比较简单。"因为流动人口多，理发店的生意极好，一些从很远地方来的人，挑着担子、被子，一副行色匆匆的模样。理发店旁边有很多餐厅，餐厅经常发生争执，她曾目睹餐厅门口，一个人被打倒后，一辆车直接从他的手臂碾过去，这个残忍的画面，至今让她心有余悸。

晓霖记得她所在的龙华区，有一个很大的工厂，叫龙芯工厂，专门生产电器，招工极为火爆。爸爸发现开餐馆生意更好，于是转手了理发店，开始做饭馆生意。晓霖上小学后，大部分时间都在餐馆的隔间写作业，父母会随时吩咐她看一下店，店里来来往往的人多，她学习上难免分心。父母的饭馆主要做快餐，五到八块钱就有两荤一素。店里的馒头、面包都是自己做，因为太忙，父母请了很多工人，工人很少有坚持长久的，大都是临时工，忙里偷闲时，店里的员工会逗晓霖玩耍。

父母开饭店后，忙碌的程度完全超出了想象，爷爷、奶奶只得来到深圳，帮着照看孩子。在晓霖印象中，无论是开发廊，还是开餐馆，父母都特别累，从来没有任何放松时刻。"我们上初中后，和爸妈见面比较少，爸爸从来不回家，就住在店里。那几年人才市场火爆，店里生意特别好，总是感觉忙不过来。我记得父母每天早上五六点就起床，去菜市场买菜，一直忙到深夜一二点，好多年都是这样子，基本没时间休息。"

在父母最忙、最累的日子，爷爷奶奶负责照看几个孙子的生活。父母基本没时间辅导孩子们的学习，晓霖感觉两个姐姐比自己更自律，成绩也比自己好很多，弟弟也很懂事，成绩也不错。爷爷奶奶为了提高晓霖的成绩，有一段时间总是炖猪脑给她吃。"每天炖，我每天都吃不下，因为是甜的，还有那个样子，我看着都要吐了。"

餐馆开了几年后，因为实在太累，父母体力难以支撑下去，爸爸留意到了巨大流动人口背后的另一种需求：照相。于是，他们盘掉餐馆，迅速开了一家照相馆，主要经营证件照以及资料的复印业务。这家店，父母一直坚持到今天，成为一家人衣食住行的基本保障。尽管因为竞争加剧，生意比不上以前，但比之理发店和餐馆，还是能获得较好的收益，相对也轻松一些。

从六岁来到父母身边，晓霖从小学念到高中，十二年间，见证了父母开店的数次转型。晓霖发现，爸爸懂得观察生活，特别善于发现商机，脑袋灵活，行动能力也强。"父母看起来很平凡，但他们特别坚韧，敢于接受挑战，愿意从零学起。"尽管他们没有时间辅导孩子的学习，但孩子们还是从父母积极的生活中，感受到了力量和勇气。晓霖记得刚刚开照相馆时，要学打字、学电脑，爸爸、妈妈还有舅舅，尽管都四十多岁，但还是坚持买书自学，从头开始。店里的复印机、冲洗机，从修理到调试，爸爸硬是一个人仔细琢磨，将技术摸透。很多来店里打工的人，学到技术后，很快就选择离开，自己独立开店。

当然，对晓霖而言，让她印象最为深刻的事情，是家里铺位遭受的强拆。客观而言，从理发店、到饭馆、到照相馆，因为一直处在流动人口密集的龙华区，父母尽管吃了很多苦，但还是幸运地积累了可观的财富，"九十年代，生意最好的时候，一天都可以赚两三千，所以我们家很早就买房了"。

算起来，父母买下第一套住房，是在1998年。2003年非典期间，龙华区的商品房只要每平米三四千元，父亲准备再投资一套更大的房产；但在妈妈看来，三四千元的单价也已很贵，考虑到四个孩子带来的沉重负担，以及随之而来的各类择校费、学费，妈妈没有支持爸爸购买第二套住房。但面对房东无法预期的涨租，为了减少铺租，父母选择在龙华区大浪街道附近，买了一个铺位。家里的照相馆，很长一段时间，一直开在自家购买的门面里。随着深圳房价的飞涨，所买的铺位也获得了极大的增值。"我记得2005年左右，龙华的房价大约每平米五六千，到2011年，大概涨到七千左右，又过一两年，很快就涨到一两万了，到现在，已经五六万了，算起来，那间商铺，现在要上千万才能买到。"让他们一家措手不及的是，就在晓霖临近毕业的2016年，因为市政修路，政府要进行拆迁，算起来，却只能补助一百万左右。晓霖的父母极为伤心，也进行过一些抗争，"但政府部门的那些人一直过来劝说父母，说这个是法定的，他们拿着过去两年的评估价，说是九十万都不到。父母不服，他们答应重新请评估公司，就变成了一百万，然后还答应加上一些补贴，可以增加一点点，但也增加不了多少。然后就告诉父母给个日期，强调一定要在日期内答复他们，不答复就没有任何补贴，而且也不会有人再过来理会他们"。父母的心血，原本以为搭上了房价飙升的快车，能够获得一些额外的收益，没想到，遭受的却是最无奈、最绝望的强拆。权衡之下，父母选择了屈服，"做不了钉子户，之前深圳北站，也是因为拆迁出现了钉子户，最后还是被强拆了。父母拿着补助的一百万，买一间厕所都困难"。妈妈接受了结果，拿到补贴后，决定在偏僻一点的地方，去按揭一套更大的房子，孩子们已逐渐长大，一家人需要更大的空间。

回想起来，父母在深圳的日子，就是开店、赚钱，为了几个孩子，像机器一样昼夜不停地运转。尽管因为忙于生计，父母平时没有时间管孩子们的学习，但父母对教育的重视，总是在关键时刻得以体现。晓霖至今记得，回到父母身边后，为了让她得到中心小学的学位，妈妈凌晨三点就过去排队，并最后通过熟人，将自己的学位解决。也正因为创业、守业过程中所经历的苦楚，妈妈期待孩子们念完大学后，"能够做一份办公室的工作，不要去开店做生意，不要过太忙、太累的生活"。四个孩子也极为争气，大姐从深圳最好的中学毕业后，考到了北京上大学，随后又保送了研究生；二姐高考考砸，原本可以上一本，最后进了广东F学院；晓霖坦言自己懂事迟，没人管，没有像姐姐很小就学习奥英、奥数，学习上并不突出，高考成绩出来后，刚好压线广东F学院，于是就来到了二姐身边。"二姐的事，一直都是爸妈做决定，她时常后悔；我的事，一直自己做主，我从不后悔自己的选择。"

如今，父母的经济压力，比之以前，已经小了很多。二姐在深圳当教师，同时在深圳大学念英语专业的硕士，大姐研究生毕业后，也决定回深圳，弟弟也已经考上大学。晓霖毕业前，回深圳找了一家会计中心的工作。尽管从高中开始，晓霖一直企图摆脱生活了多年的龙华区,以至念大学,发誓一定要离开深圳,但最后,兄弟姐妹还是回到了父母身边,回到了龙华区。深圳这座年轻的城市,对一直在此长大的孩子而言,已经有了家的味道,也有了具体的情感牵绊。在对自己整个家庭进行审视时,晓霖坦言读书对自己的改变极大,"我有想做的事情,想先定一个小目标,等工作稳定下来后,再学一些东西,我感到真正的学习才刚刚开始"。

而目前,最令晓霖担忧的是,父母在多年的打拼中,透支了健康,人到中年,后遗症已逐渐显现。2017年,临近毕业之际,爸爸做了一个加急的脑瘤手术,而妈妈因为操心太多,总是心跳过快。在照顾父亲的过程中,晓霖想了很多,"虽然我们四个都很大了,但是我爸妈很辛苦,从没享受过生活"。也正是在照顾父亲的过程中,通过和父亲交流,她才知道,现实房价的严峻和疯狂。"我以前都不太懂,爸爸和我说,才了解了一点情况。"晓霖知道,凭借自己的工资,无论如何都不可能在深圳买得起住房,面对马上走向社会的现实,她内心笼罩了另一重担忧,她的目标,是在离父母较近的东莞,找到一个安居之所。

在独立之前,晓霖突然意识到,父母给予她的家庭如此重要,而一家人的关系,其实弥漫着她此前很少体会到的温馨。

姚冰冰

和晓霖一样,姚冰冰的父母来到深圳,也是因为姑姑、姑父先在深圳打拼,随后鼓励待在四川的哥哥嫂子南下。和最先来深圳的第一代"深漂"一样,因为受教育程度较高,姑姑、姑父的眼光,没有局限于深圳,为了两个女儿的教育,他们早早布局香港，及时在港置业，随后将两个女儿带过去念书，一家人深圳、香港两边跑。冰冰有四个姑姑，除了一个在香港，还有一个在成都，一个在绵阳。

冰冰的父母都是大学生。外公外婆五六十年代时候，因为国家三线建设，来到新疆工作定居，妈妈出生在新疆，随后一直念到大学，选择了热门的财会专业。爸爸在成都读的大学，念的电子专业。爸爸的选择和爷爷有关，爷爷很早就在老家打理了一个电器铺，经常帮街里乡亲修电器，爸爸受爷爷影响极深，到念大学，很自然就选择了从小熟悉的本行。

冰冰1995年在成都龙泉驿出生不久，父母就南下深圳，将她留在了爷爷、奶奶身边。偶尔，爷爷、奶奶会带冰冰来到深圳，和父母短暂见面，而父母则会抽空带冰冰回新疆，去看外公外婆。一直到五六岁，冰冰才回到父母身边。

父母来深圳后，决定自己创业。爸爸因为一直对电器、电子行业情有独钟，很自然地选择了与此相关的行当。一直到冰冰念高中以前，爸爸工厂做的产品，都专注于备份器，研发出来后，开始几年卖得还不错，但很快，产品就被抄版，被各种厂家抄版，根本做不下去，只得改行。"没有办法，爸爸的版权得不到保护，盗版卖得比正版还好，他只能眼睁睁地看着，最后工厂被迫改做灯管，也就是相当于开了一家LED。"

爸爸是一个执着、有闯劲的读书人，执行能力强，凡事喜欢自己来，钟情创业，内心始终被实业的梦想所牵引。妈妈看准了爸爸的专业水平，一直建议他去更大的平台打工，这样不但少操心，而且工作稳定，薪水也不低。但爸爸觉得那样没意思，一心想做自己的事，无论发生什么，多年来，始终没有动摇做实业的决心。妈妈为了支持爸爸的事业，一直在他的公司负责财务工作。

　　冰冰曾经去过父亲的工厂，在深圳宝安区沙井那边，厂子比较简陋，共分为三个区：一个是办公区，有几张办公桌；一个是生产灯管的流水线作业区；一个是负责研发、修理的实验区。厂子规模不大，大约有二三十个工人。在冰冰印象中，她念高中时，厂子生意还不错，尽管公司的运营分为淡季和旺季，但整体而言，在深圳实体经济形势好的阶段，哪怕父亲从事的是制造业，依然能获得不错的收入。事实上，她并不清楚家里具体的经济状况，她只记得父母经常对她说的一句话，"你只管专心读书，其他的事不用操心"。但近两年，从大三开始，冰冰明显感到厂子的经营比以前艰难。首先是招工困难，沙井那边的工厂，到处都挂满横幅，常年招男女普工，但很少有人去；就算好不容易招一个年轻人，要求特别多，要包吃、包住，还不能加班，哪怕发加班工资，他们宁愿休假，也不会答应加班；更让人手足无措的是，稍稍干得不爽，动不动就提出辞职。冰冰明显感到，和她同龄的打工者，越来越多的人，选择回乡；她还观察到，年龄稍大的工人，随着一线城市房价的飙升，生活压力剧增，也越来越不愿留下。爸爸工厂有一个叔叔，在厂子里干了七八年，因为深圳物价太贵，房租猛涨，他攒不下余钱，也只得回到了老家。除了招工难，工厂之间的竞争，也越来越激烈。爸爸告诉她，以前工厂效益好的时候，利润比现在高很多，赚钱要容易很多。但近几年，不但利润下降很快，成本支出也越来越大，更重要的是，接单比以前困难了很多。"爸爸刚刚转型做 LED 灯管时，头一两年订单不断，根本做不过来；但现在，同类厂家越来越多，接单都要靠抢，而且还要注重差异竞争，要尽量做一些别人没有的东西。"

尽管如此，父母还是没有放弃经营多年的工厂。"爸爸很务实，他明明知道制造业越来越难，他也为此头疼，但就是舍不得放弃。"在深圳，很多人像晓霖父母一样，抓住流动人口带来的商机，通过辛苦劳动，支撑一家人的生活；同样，在深圳，在珠三角密密麻麻的工业区，也有很多人像冰冰父母那样，心怀做实业的愿望，一心想将自己的专业技能，在特区的开放环境中，变成看得见的产品，并参与国际竞争和流通。在社会转型的经济发展大潮中，他们开办的工厂，吸纳了无数流动人口的就业，不但改变了自己的命运，也改变了他人的生活。

因为爸爸对实业的执念，在家里经济条件最好，同时也是深圳房价最低时，爸爸并没有选择投资房地产，"他觉得投资不动产没什么意思，又不能产生新的价值，他总觉得投入生产，做出产品，才是实实在在地在做事"。直到近两年，面临工厂经营的困境和资产的严重缩水，目睹房价的飞涨，父亲为了给家人一个安居之所，才在宝安区买了一套房子，"尽管在深圳浓厚的炒房环境中，爸爸没说什么，但房价的飞涨，还是让他措手不及，他很后悔在十几年前，手头现金充裕的时候，没去买房、买铺，没有给家庭留下更多的保障"。对爸爸而言，工厂面对的困境，固然让他难熬，而房价非理性飙升对他财富的吞噬，更是从根本上，彻底瓦解了他坚守多年的实业梦想。冰冰面对爸爸精神的变化，也不得不承认，"不知道怎么回事，深圳这几年变了，变味了"。

冰冰始终记得父母对自己说得最多的话，"我们没法给你提供多少人脉，你得靠自己"。这种价值认同，显然渗透了两人南下打拼的人生体验。相比内地，深圳确实让人感受到了拼搏的价值和生命的活力。尽管对父母一辈来说，深圳并不具备故乡的意味,但对六岁就随家人定居深圳的冰冰而言,和晓霖一样,她对深圳有着强烈的认同和归宿感。在冰冰眼中,出生地成都,就像一个养老的地方,年轻人长期待在成都,容易丧失斗志。她早已习惯深圳的快节奏,习惯了深圳的创业氛围和包容性,习惯了满眼看过去都是年轻人的身影,习惯了年轻人扎堆滋生的敢想敢干的勇气。"深圳就是这样,只要有点子,就会有人欣赏。"

但妈妈却不希望冰冰去做企业,在女儿的人生规划中,父母期待着一条最稳妥的路:支持女儿去香港念硕士,然后留在香港读博士,或者回内地读博士;博士毕业后,希望女儿可以找一个大学教书。在妈妈眼中,要在深圳创业已经越来越难。"现在对产品要求越来越高,更新换代越来越快,各项技术太发达了,什么东西都被人做尽,要弄个新的很难。"事实上,相比父母刚刚到深圳创办工厂的日子,爸爸的工厂正面临前所未有的压力,确实越来越走下坡路。而教师这个职业,在妈妈看来,"教育会永远存在,总要有人教书,对女孩而言,做个教师,稳稳当当,对家庭也好"。更重要的是,父母看重深圳的教育前景,明白经济发展到一定程度,必然会重视教育的趋势。在他们熟悉的龙岗区,越来越多的内地高校,准备在龙岗建分校,他们希望女儿能够提早做好应对,以便抓住深圳教育发展的新一波红利。尽管当下教育机构火爆,冰冰很容易实现当教师的梦想,但父母坚决反对她大学毕业后选择教育机构,而是希望女儿能够按部就班地念完学位,为以后的发展做铺垫。事实上,冰冰也一直按父母的设想在行动,从进大学开始,就着手准备考雅思、找中介,为出境求学做准备。

和晓霖因为父母太忙,几乎没有时间、精力去管孩子相比,冰冰作为独生女，父母尽管工作也忙，但妈妈还是会在工作之余，将女儿的学习、生活置于最重要的位置。冰冰记得爸爸没这么操劳、公司相对好做一点时，一家人会利用假期，去广东周边的地方游玩。父母和她的关系，就像朋友一样，没有任何来自家长的威压。面对长大的女儿，父母有时会谈起对未来女婿的要求：妈妈希望女儿找一个体贴人、心疼人的男人，有没有钱不是最重要的标准；爸爸的要求更简单，只要对方没有太大的毛病，诸如赌博、吸毒之类的恶习，两人能和谐相处就行。而在冰冰看来，父母抽象的标准都过于理想化，还停留在他们自己的世界中，根本就不知当下年轻人所面临的具体境况。"我当然知道两人价值观相同很重要，但我理解同龄人找对象对经济的要求，对我们这一代人而言，生活太难了。"

冰冰去香港念书，是自己去办的贷款，她能感受父母砸锅卖铁也要送她念书的决心，但对于家里真实的经济状况，她无从了解。就像父母告诉她的，"你得靠自己"，这句话铭刻在她内心，早已成为所有行动的指南。父母一辈来深圳的打拼，姑姑、姑父香港、深圳两地的奔波，早已成为冰冰眼中"深漂一代"的生活常态。

对于理想中的生活，冰冰有具体的期待：除了工作，她认为一定要有自己的闲暇；阅读、健身、旅游、弹钢琴、接触新生事物，过一种真正丰富多彩的生活，都是她的小目标；除此以外，"多陪伴父母"，也是她未来最大的心愿。她知道妈妈来到深圳后，一直因为工作太忙，未能尽孝而愧疚，她不希望自己有这样的遗憾。

和晓霖一样，冰冰希望学业结束后，能够回到深圳工作。

对别人是他乡，对冰冰而言，深圳就是故乡。

张亚康

张亚康是1516045班学生，我是他大学的班主任。和晓霖、冰冰不同的是，他1997年在深圳出生后，父母始终将他带在身边，尽管户口依然落在化州，但他对故乡没有任何记忆，所有的印象只停留在过年回家时，父母带他们兄弟俩一路奔波。每年春节，在深圳打工的叔叔、伯伯、姑姑都会回去，人很多，热闹异常。

爸爸1970年出生，四姊妹，三兄弟，一个妹妹。因为家境困难，爸爸参加完中考后，就外出打工，到达工厂后，竟然收到了高中的入学通知书；权衡了很久，考虑到家庭的实际情况，最后爸爸放弃了上高中，就在工厂待了下来。妈妈比爸爸小一岁，来自邻镇，通过相亲认识后，跟随爸爸一起外出，只有小学文化程度。

在南方，很多经营小生意的，大都来自同一地方，他们互相抱团，信息共享，加上血缘关系的亲近，极容易将一个产业的规模扩大。深圳的出租车司机，很多来自湖南攸县，广州的打印店，多是湖南邵阳人，在亚康化州老家的村庄，则有很多菜市场的摊贩。亚康的姑姑、姑丈干这行，叔叔也干这一行，很自然，跟随家中的亲人，亚康父母来到深圳龙岗后，也选择了这一行。

亚康六岁那年，爸爸经过菜市场多年的摸索，决定放弃贩卖蔬菜，准备从事屠宰行业卖猪肉。亚康印象深刻的是，爸爸决定转型后，经常将他带去一个地方练车。拿到驾照，成为爸爸的第一个职业准备，毕竟拉货、送货，此后会成为他屠宰工作的一个重点。摊位很快确定下来，猪肉贩卖，只要能吃苦、不怕脏、不怕累，倒是不需要太多的资金和技术准备。一旦进入正常运转，比之贩卖蔬菜，因为流程更为复杂，父母工作的劳累，完全超出了当初的预想。和晓霖家一样，父母忙不过来，远在故乡的老人，只能离开村庄，来到深圳帮忙。亚康远在化州的奶奶，立即被请到深圳帮忙照看孙子，妈妈也放下了一切事情，开始和爸爸共同经营猪肉档口。从2003年开始，一家人以屠宰、贩卖猪肉为生，此后再也没有变更过行当，从此在深圳定居下来。

父亲在贩卖猪肉的同时，还要屠宰生猪。在市场不甚规范时，他只能从事私宰，直到市场逐渐规范，才变成工厂的统一行动，也有了相对固定的屠宰场所。但工厂机械化能承担的任务，也无非是猪肉分边，真正宰杀生猪的程序，还得人工完成。在亚康心目中，父母的工作，就是典型的夜班，不但在作息时间上，和正常人完全错开，而且环境恶劣，劳动强度极大，生活中没有任何休闲和享受。父母一天的劳作，基本流程如下：

晚上十点起床，吃完饭就开工。爸爸先去屠宰工厂，将订好的生猪屠宰好，然后将猪肉运回来，送去档口。妈妈则负责去档口打理各类装备，同时将爸爸从工厂运回的猪肉分边、拆分。由于贩卖猪肉分类极为精确，不但要分清猪肉、下水及内脏，同时还要将所有骨头剔除出来，肥瘦也要分开。光猪骨就分为排骨、大骨、脊骨、颈骨头；瘦肉更麻烦，在南方，由于注重炖汤，瘦肉的每个部位，都有不同的功能，丝毫不得混乱，除了常见的肉眼、梅柳，还有猪手附近的猪展和脊柱旁边的里脊。这些琐碎的拆分，工作量极大，需要三四个工人帮忙，拆分最后完成，要持续到凌晨三四点。

拆分好后，父母会去吃点夜宵，然后从早上五点多开始，兵分两路。妈妈回到档口，开始贩卖猪肉。除了零售，父母的客源，很大一部分来自饭店，饭店的人起床早，天还没亮，就会到档口拿货。大约从六点多开始，菜市场人流逐渐增多，妈妈会一直忙着给散客卖货，要到上午十点多，才能将猪肉卖完，收拾好档口回家。爸爸在猪肉拆分后，会稍稍休息一下，然后赶在天亮前，将工厂宰好的生猪，继续送往各个约定的档口。送货完毕，从上午七八点开始，爸爸要赶回统一的屠宰工厂，挑好第二天要宰的生猪。若工厂货源不够，拿不到供货，则会立即奔往深圳周边东莞、汕尾的生猪养殖基地，以保证第二天的货源。生猪价格波动大，对市场反应极为灵敏，爸爸为了价格合适的货源，要跑好几个地方，往往要忙到下午三四点，才能回家。

妈妈十点多从菜市场档口回家后，并不意味着能休息，而是要履行一个母亲的职责，开始准备两个孩子的午饭，等到安顿好中午放学回来的孩子，自己洗漱完毕，已到下午一点多。这个时候，妈妈必须抓紧睡觉，到晚饭时间，则要立即起床准备一家人的晚餐，往往等到收拾完毕，安顿好家人，已到晚上七八点。妈妈要做的事情，就是抓住这个空当，继续睡觉休息，等到晚上十点，她一天真正的工作才刚刚开始，天天如此，从无周末。爸爸因为下午三四点才能回来，休息时间比妈妈更少。"父母非常累，从无喘息的机会，他们从年头忙到年尾，只有过年时才能休息一下。"亚康记得，爸爸过年时，经常昏睡一天，仿佛一年的劳累，只有这个时候，才能得到排解。

父母经营的档口，生意时好时坏。一般情况下，一天可以屠宰并贩卖十头生猪，最好的情况，如果和厂家合作顺利，一天可以达到三十多头。在亚康看来，父母现在面临的最大挑战，是工人越来越难请，珠三角这几年的用工荒，竟然直接波及自己的家庭，这一点，和姚冰冰爸爸的工厂如出一辙。因为是家庭式档口，仅仅凭借父母的体力，根本忙不过来，但现在工人难找，哪怕工钱开到八千到一万，还是难以招到稳定的工人。弟弟从中专毕业后，没有去找别的工作，一直跟随父母经营档口，亚康每到假期，也会去档口帮忙。

对亚康一家而言，真正改变家庭走向的事情，是父母2007年左右，在龙岗平湖买了一栋六层高的楼房。那一年，他读小学四年级，父母考虑到养育的两个儿子，将多年打工累计的积蓄，一次性变成了看得见、摸得着的安居之所。房子买来之后，随着平湖流动人口的增多，很快全部出租：一二楼租给一家饭店做生意，四楼租给姑姑和叔叔住，五楼租给一起做生意的熟人，六楼租给打工的人，自己一家几口住三楼。在随后深圳的房价飙升中，全家人恍如梦中，尽管房子升值巨大，每月的出租收入可观，但父母依然恪守一种最朴实的生活方式，十几年如一日地坚持档口卖猪肉的营生，从未有过任何改变。亚康直到上了大学，才意识到父母十年前的举动，早已暗中决定了自己的人生选择，在其他舍友"坚决不留大城市"的共识中，回到深圳是他内心最坚定的声音。他当然知道，这种底气，来自父母十年前的一个决定。时代戏剧性的一幕，落在了这个家庭身上，悄然改变了一对普普通通打工者的人生，也改变了亚康的命运。亚康目睹大学周边龙洞房价的飙升，想到远在深圳龙岗的家，他内心响起一种真实的声音，"特别庆幸爸爸做出了正确的决定，我突然认识到，啊，我爸好厉害"。

父母的付出，毫无疑问给家人提供了可靠的经济保障，对于家里唯一的大学生，父母的期待，恰恰和自己的生活相反，他们希望儿子不要过起早贪黑的生活，以奶奶的话说，希望孙子能"当个白领，在办公室吹吹空调，有口饭吃就行了"。亚康坦言自己的性格、价值观受父母影响大，但对于未来的生活，他也不希望像爸爸妈妈那么劳累，不喜欢上夜班，他看重正常的人际交往，希望有正常的作息时间。假日里，在档口帮父母做生意，亚康坦言，直到今天，他都无法适应父母的工作环境，也不喜欢做生意。他希望自己能找一份稳定的工作，希望去当教师，哪怕小学、中学都可以。

宿舍的八个男孩，有四个来自1516045班。面对一年比一年严峻的就业形势，八人中间，有四人选择考研，两人选择考公务员，两人想找银行。"秋招结束后，很少有人成功上岸，大部分待在宿舍很咸鱼，小伙伴要么等待考研的结果，要么等待考公的结果，要么等待明年的春招。"秋招没有找到工作的年轻人，内心压力极大，但外表都很佛系。亚康注意到，身边的同龄人，会很积极地去投简历、去参加招聘，但不会很认真地准备，有些人就算很早将行测的书买回来，也很少刷题，他们内心觉得一切都是枉然。亚康并不认为他们的佛系和缺乏上进心有直接的关系，"除了看什么时候醒悟过来，主要还得看际遇"。面对并不明朗的前途，亚康也有真实的焦虑，尽管父母对自己的要求极低，只要求他能找到一份养活自己的工作，但他面对"分分钟失业的感觉"，还是有一种无法掌握的空茫。当教师的梦想，尽管相对清晰，但他知道，这种选择，也只是因为他不知道自己到底该干什么，而做出的权宜之计。尽管父母曾经很实在地交代过两兄弟，他们在深圳辛苦打拼的家业，"以后都是你们的"，但亚康知道，在竞争激烈的特区，以后的生活，还得靠自己。

待在深圳时，亚康并不觉得深圳有多好，但离开深圳来到广州读书后，他能明显感知到深圳的好处。大一时在肇庆，肇庆缓慢的生活节奏，让他无比窒息；大二来到广州，广州的公共服务，和深圳有明显差异。无论如何，毕业回到深圳，是他内心最坚定的声音。他希望自己能够考上研究生，能够住在深圳的家中，将户口上的化州，换成让他更为亲切的城市，深圳。

深圳作为全中国最年轻的城市，尽管发展起来仅仅三十多年，但三十年的光景，足够闯荡的一代，孕育下一代新人。张晓霖、姚冰冰、张亚康，毫无疑问是名副其实的"深漂二代"，他们的父母，尽管普通，却是中国近二十年社会转型中，最早南下的一批人。在将三个学生的家庭，进行了简单梳理后，我竟然获得了某种整体性的把握，并印证了此前的诸多直觉。

从年龄层次而言，除了冰冰的父母生于六十年代末期，晓霖和亚康的父母，都出生于七十年代初期，是我的同龄人。借助老师的身份，我通过学生透视他们父辈的人生和命运，实际上是透视我的同龄人，在时代的大潮中，与深圳的遭遇史。

有意思的是，三个家庭和深圳的结缘，不约而同都来自先行一步亲人的带领。由此可以看出，无论转型期中国，城市化的步伐迈得如何矫健，其背后终究会渗透来自农业文明的人伦互助。晓霖曾经提到，自己家很早在深圳买房后，家里一直住了很多人，他们与叔叔、姑姑一家，长期共处一室，以致三姐妹上大学后，始终都是三人同睡一张床，各自并未拥有独立的空间。亚康家同样如此，在父母没有购买住房以前，整个家族同时租住一栋住房，在父母买了独立的住宅后，整个家族更是住在一起。这种大家庭之间的守望和互助，毫无疑问是身处异乡的打工者，非常重要的情感支撑和慰藉。更重要的是，每个家族互助背后，往往意味着内部成员会共享一门独特的营生技能。晓霖父母最早经营的理发店，来自村庄理发的传统；亚康父母经营的屠宰业，也来自家族的传统营生。

　　值得一提的是，不管三个家庭来自何方、受教育程度如何，他们在深圳立足的根本，都来自实实在在的劳动付出。无论晓霖父母从理发店、饭店到照相馆的数次转型，还是冰冰爸爸对电子、电器工厂的执着，还是亚康父母始终坚持的猪肉档口，都呈现了对劳动最原初、质朴的信念，而对劳动的回报，是深圳作为改革开放的前沿阵地，对一代人最为强烈的诱惑。他们在忙碌的青春中，尽情透支了精力，流下了汗水，但他们都通过踏实的付出，改变了自己的命运，也共同铸就了深圳的经济奇迹。我在三个学生的讲述中，强烈感受到一代人的尊严和智慧，每个家庭背后，既是一部心酸的打工史，更是一部让人欣慰的奋斗史。更让人敬重的是，无论外在的处境如何变化，他们始终保有最初的本色，依然坚守最朴实的劳动理念，并将奋斗、独立的理念，通过个人的行动，传递给下一代。他们是真正给社会做贡献的人，是幸运的一代人，是敢于自我挑战的一代人，也是能吃苦的一代人，从这些普通人身上，能明显感到特区的奇迹，和无数普通劳动者敢闯、敢干的勇气密不可分，他们身上，篆刻了真正的南方精神密码。

　　我还留意到，三个家庭，都极为重视教育，他们在奋斗的同时，都将孩子的命运，寄托在教育上面。晓霖妈妈尽管忙，没有多少时间管孩子的学习，但关键时刻，会果断给孩子做出最好的选择；冰冰的父母，更是始终持有"砸锅卖铁"，也要送孩子深造的决心；亚康作为家中唯一的大学生，更是承载了长辈最朴实的心愿。我不知道这种执着的理念，是来自他们打拼过程中，对知识价值的确认，还是来源于自身经历渗透的某种直觉，也许，他们已深刻意识到深圳环境的改变，意识到自身创业的奇迹已不可能在孩子一代复制，意识到在新一轮洗牌中，唯有教育，才能让孩子拥有放心的明天。三个家庭，没有一个希望孩子从事自己的职业、重复自己的道路，"深漂一代"所经历的忙碌、劳累、无奈、艰难、困苦，在对孩子的本能期待中，显露无遗。

但三个家庭的命运走向，显然也暗示了社会的诸多隐忧。让我感触最深的一点，是房地产对家庭财富的决定作用。如果说，"深漂一代"做实业的热情、激情，让我真切感受到了深圳的活力和创造，以及对个体价值的充分确认，和对劳动的尊重；那么，近十年来，房价的飙升，经济的脱实向虚，则导致了实业和房地产金融化后的失衡。其中，冰冰父亲对实业的执念，以及因为不愿炒房所带来的悔意，就是地产经济对实体经济伤害的一个典型。而晓霖一家，所买商铺被强拆的遭遇，则折射了普通个体在时代裂变中，无法掌握命运的茫然和无奈。三个家庭中，唯有亚康的父母，享受到了房地产飙升的好处，因为养育两个男孩的压力，他们在恰当的时机，凭借内心最传统的置业举动，不但让一家人真正立足深圳，也彻底改变了一个家庭的命运。但在亚康看来，这种纸面的财富，除了让家人成功逃避了房价飙涨的压力，并无兑现的可能；真正让父母内心妥帖的事情，依然是每天起早贪黑奔波于屠宰场和档口，不敢对生活的经营放松半点。面对越来越严峻的就业形势，亚康同样感受到真实的迷茫。

三个家庭与房产的遭遇史，呈现了近十年来，普通人戏剧化的命运。对深圳而言，失控的房价，给它自身的发展，留下了巨大隐患，并从根本上瓦解一个实业见强城市的后劲和活力。在和1516045班学生交往过程中，我真切感受到，房价的失控和飙升，直接影响了学生对现实的感知和毕业去向。如果说，经济下滑导致就业机会的减少，还只是让他们感受到了找工作的难度，他们还可以凭借青春的热血，将希望寄托在个人能力的提升上；那么，浪漫主义般飙升的房价，则彻底瓦解了他们在大城市奋斗的念头，除了"丧"，除了选择逃离，他们找不到任何留下的现实理由。三个"深漂二代"的故事，让我从侧面领受了一个群体的秘密。

还有一点让我担忧的是，相比"深漂一代"的执念、粗粝和勇气，"深漂二代"显然更迷恋一份精致和稳定的职业，三个孩子，没有一个愿意做生意，没有一个愿意从事实业生产。冰冰坦言，就算爸爸将一个工厂给她，她也接不了手，亚康更是难以接受父母的职业环境，不愿过黑白颠倒的生活。

值得注意的是，较之"深漂一代"对深圳情感上的疏离，"深漂二代"对这个年轻的城市，有着强烈的认同心理，大学毕业，他们不约而同选择回到自己长大的地方。对于深圳，他们甚至开始建构故地的概念，这是相比父辈，年轻一代更为深刻的变化和精神印记。更让我感慨的是，不管父母创造了多少财富，没有一个孩子觉得获得父母的财产，是来自血缘的一种理所当然，他们骨子里更看重自己独立的打拼，没有半点依靠父母的念头。

我对南方精神念兹在兹的隐秘直觉，在这种独立而坚定的精神表达中，获得了梳理和廓清，这是我内心的妥帖之处。